东亚数字人文丛书

东北古史研究的数字人文体系建构

陈建红　苗威　著

齐鲁书社
·济南·

图书在版编目（CIP）数据

东北古史研究的数字人文体系建构 / 陈建红, 苗威
著. -- 济南 : 齐鲁书社, 2024.1
（东亚数字人文丛书）
ISBN 978-7-5333-4678-2

Ⅰ.①东… Ⅱ.①陈… ②苗… Ⅲ.①东北地区 - 地
方史 - 研究 - 古代 Ⅳ.①K293

中国国家版本馆CIP数据核字(2023)第188087号

策划编辑　刘　强
责任编辑　曹新月
装帧设计　亓旭欣

东北古史研究的数字人文体系建构

DONGBEI GUSHI YANJIU DE SHUZI RENWEN TIXI JIANGOU

陈建红　苗威　著

主管单位	山东出版传媒股份有限公司
出版发行	齐鲁书社
社　　址	济南市市中区舜耕路517号
邮　　编	250003
网　　址	www.qlss.com.cn
电子邮箱	qilupress@126.com
营销中心	（0531）82098521　82098519　82098517
印　　刷	山东临沂新华印刷物流集团有限责任公司
开　　本	710mm×1000mm　1/16
印　　张	23.5
插　　页	3
字　　数	295千
版　　次	2024年1月第1版
印　　次	2024年1月第1次印刷
标准书号	ISBN 978-7-5333-4678-2
定　　价	89.00元

国家社科基金资助冷门"绝学"团队项目
"东北边疆古史谱系研究及数字人文平台建设"
（项目编号 21VJXT007）成果

总 序

三代迄今，文明连贯，有各种文本记述，汗牛充栋；在东亚区域内，文翰一脉，不论国别，"衣冠唐制度，诗书汉文章"，典籍浩繁。微言大义、体裁完备的文献，给书写区域与国别、研究历史与现实提供了厚重支撑，同时，也对辨章学术、捭阖史实提出了更高的要求。在新的历史条件下，数字人文是弘扬传统的重要手段，也是现代与古典对话的成功表达。

历史的发展进程，正如先贤所感叹的"逝者如斯"。不同时期的东亚区域内，不断有古族、古国消逝于历史的长河之中。古典的"奉正朔"被近代的遵条约所取代，传统的以"朝贡"维系的区域秩序，被现代以"边界"切割的国别所中止。

原本应该在动态视阈下回望的历史，伴随着条约体制的确立及民族国家概念的明确，却被进行着刻舟求剑式的静止解读，由之带来了不同话语体系的异响与冲突。

作为历史上人类文明的典范区域，东亚地区的人们在交往、交流及交融中，曾凝聚为一个生命体；在互学、互润、互鉴中，铸造了一个共同体。在世界格局发生重大变革的今天，摆在我们面前的课题是，在唯物主义史观指导下，尊重历史，克服话语体系中的主观因素，增进理解、加强合作、消泯矛盾、促进发展，共建人类命运共同体。这是一个时代命题。

回顾数千年的文明史，文本的载体经历了从甲骨、金石、简帛、纸质直到电脑与互联网的演进。而大道的得来，也经历了韦编三绝、读书破万卷到如今的数据清洗，人文学者始终保持着对"方法"的尊重及对"技术"的追求。1949 年，罗伯特·布萨神父在编制神学著作中的拉丁语词汇索引时，一筹莫展于繁琐复杂的资料，于是与 IBM 联手，尝试利用计算机解决难题，开启了人文计算的先河，并在随后的几十年间得到更多领域的垂青，计算机辅助人文研究渐成风尚。21 世纪以来，人类进入互联网时代，文本、图片等人文素材的呈现，普遍走向"电子化"。人文计算也从最初的语言学浸润到艺术学、历史学、地理学、文学等诸多领域，逐渐形成了自然语言处理、地理信息科学等新的分支，使"数字人文"的内涵愈加丰满，外延愈加包容。

与传统的人文研究相比，数字人文仍然是依赖于文献的研究。所不同的是，其所依凭的文献具备信息化与数据化的特点，超越了传统文科的研究能力，在组织方法与研究路径等方面存在巨大潜力，赋予人文学科更多、更有意义的"数字"外延。因此可以说，数字人文是传统人文学科为适应数字时代而产生的新范式。

我们既重视考据等传统的研究方法，也关注计算机等新兴的技术，并在研究材料与对象上融合应用，在不偏离传统人文学科的基础上，借助信息与数据技术，为研究提供新的路径。在坚持传统研究方法、夯实传承能力的同时，我们努力做好两方面的工作：一是将传统文献转换为结构化数据，并赋予其可计算性，将人文研究中的"定量"从一小部分拓展到文献全部，促进人文研究从传统到现代的递进；二是在"数字"与"人文"之间架好桥梁，推进低代码、零编程工作，使人文学者能够便捷地运用现代技术进行研究。

作为新兴交叉研究，数字人文的应用范围广泛，我们在研究中进行了具化。一方面，以"区域"作为限定。东亚区域属于同质文明，汉字的使用、儒学的遵从及宗藩的秩序等，使其长期处于共同体之中。因而，我们以东亚为空间限制，应用电子化的文献进行纵深挖掘。另一方面，以历史学作为核心挈领，兼及天文等学科，侧重于东亚历史话语的书写与表达，使东亚历史在编纂体系与解释体系等层面科学化。

本丛书以"东亚"为核心凝聚，既呈现历史学、艺术学等单一学科成果，也展示数字人文等交叉学科成果。在推动丛书付梓的过程中，我们得到了山东大学、齐鲁书社及学界同仁的支持，在此深表感谢，并期待就有关问题齐放与争鸣。

苗　威

2022 年 11 月于威海

目　录

图 次

表　次

绪 论

中国东北边疆历史内蕴丰富，悠久绵长，是历朝经略、由各族人民共同创造而形成的。东北边疆古史谱系是东北史的核心纲领，但由于中国东北边疆史研究存在着研究资源分布零散，族群、地方势力、中央行政建制交织，疆域空间叠加交织等疑难问题，引发了中国与周边国家历史话语的诸多争议。我们在前人研究的基础上，通过系统梳理史料，采用新的研究方法，将相关研究加以推进。

一、研究背景

21 世纪以来，数字技术高速发展，其在历史研究领域的应用，为东北边疆史研究的资源整合和问题解决提供了良好的契机，为东北古史话语体系的建构提供了新的尝试路径。

（一）选题的缘起

首先，东北边疆史研究的现实需要。现代国际关系确立以来，伴随着国界线的清晰划定，中国东北历史问题呈现复杂化态势。民族国家在追溯国史时，往往注入强烈的民族情感，并干涉邻国正常的学术研究，使历史问题现实化、学术问题政治化，这在相当程度上成为区域内国家交流的严重障碍。① 因此，东北边疆史认知已经不再是单纯的历史问

---

① 马大正：《深化边疆理论研究与推动中国边疆学的构筑》，《中国边疆史地研究》2007 年第 1 期。

题，它已经成为一个涉及历史、政治、经济、文化、族群认知、网络舆情等多层面、多维度的"时代课题"。陈寅恪先生有言："一时代之学术，必有其新材料与新问题。取用此材料，以研求问题，则为此时代学术之新潮流。治学之士，得预于此潮流者，谓之预流（借用佛教初果之名）。"① 对于东北边疆史研究者而言，除了对历史本真的追寻，还需要在复杂的区域情势下建设古代东北边疆史数字文献体系，实现东北史数字文献的准确、全面和可利用，用"数据权属"为"数据话语"奠定基础。在此基础上，通过数据筛选实现对国内外东北古史"问题"历史演变发展轨迹的洞察，对"敏感"历史研究动态的实时掌握，在取用"新材料"、掌握"新问题"的基础上②，探索数字人文技术在东北古史研究中的应用。因此，发挥数字人文优势，整合学术和技术资源，为建设中国特色东北古史话语体系增添新的尝试路径，是东北边疆史研究的现实需求。

其次，新文科建设带来的契机。将数字人文技术应用于东北古史研究，是新文科背景下关注的前沿问题、探寻历史问题解决路径的现实需求。对于历史研究领域而言，介入数字人文领域的学者普遍存在两种困境：一方面，历史研究者缺乏技术背景，如何使用日益丰富的学术资源并借此提升科研效率，是亟需解决的现实问题，对于疑点、热点问题的解决大多停留在"学术设想"层面，施行不足；另一方面，计算机等技术领域的探索者因缺少历史学科背景，在基于古籍、文献、档案等专业领域的数据标注、语义分析、情感分析等方面，找不到针对性的契合

---

① 陈寅恪：《陈垣敦煌劫余录序》，《金明馆丛稿二编》，北京：生活·读书·新知三联书店，2001 年，第 266 页。

② 张伯伟：《新材料·新问题·新方法——域外汉籍研究三阶段》，《史学理论研究》2016 年第 2 期。

方向。① 二者合则两利，在学术研究上都存在较大的需求空间和兴趣点（POI）。国家大力推动新文科建设，旨在突破学科壁垒，鼓励人文学科引入新技术、融入新思维，在发挥传统文科丰厚底蕴优势的同时，尝试新的研究方法以探索问题解决路径。② 建构东北古史数字人文体系，尝试利用多学科交叉的方式探索解决东北历史问题的新方法与新路径，与当前新文科的基本思路十分契合。

最后，中国厚重的文献基础及历代学者的学术积累。20 世纪初，傅斯年③、金毓黻④等中国学者持续关注东北史，开展了一系列基础史料的整理与研究，完成了重要历史遗迹的发掘与整理，并在此基础上就典型个体事件、主要历史人物、关键民族、重要历史分期等进行了一系列研究，累积了丰富的成果。这些研究从基本概念上阐述了各个时期民族的产生、迁徙、融合过程，以及与民族关涉的各类地方政权的兴废；从中国与域外、周边与中国等多重视角探讨了东北地区在东亚历史发展中的角色、地位与作用；以统一多民族国家的理论为指导，对东北地区的民族发展与边疆建设做了一系列理论化的论述，建构了东北地区的诸民族源流与历史归属的理论框架，积极回应了跨境民族及关涉历史疆域的归属问题、文化差异与共融问题。前辈的成果积累，一方面为东北边疆史研究数字人文体系的建构提供了操作空间，即史料文献的搜集、整理，数字化共享与数字文献体系的建构；研究资源的融合，数据化处理与数据基础的建构；东北边疆史"时间—空间"架构与数字空间体系的建构。另一方面，基于数字人文的东北古史研究与传统东北古史研究

---

① 陈建红、史话：《数字人文在边疆历史研究中的应用》，《云南师范大学学报（哲学社会科学版）》2021 年第 4 期。

② 龚旗煌：《新文科建设的四个"新"维度》，《中国高等教育》2021 年第 1 期。

③ 傅斯年：《东北史纲》，国立中央研究院历史语言研究所，1932 年。

④ 金毓黻：《东北通史》，重庆：五十年代出版社，1944 年。

是互为表里、相辅共赢的关系。传统学术研究成果既是数字人文体系建构的前提与基础，又是数字研究成果有效性的重要参照；数字人文既是研究方法的创新，也对传统研究内容的充实起到促进作用。

（二）问题意识与前期基础

中华人民共和国成立后，东北史研究在史料整理、考古发掘、专史研究等方面取得了丰硕成果。[①] 21 世纪以来，东北古代史研究，尤其是边疆史研究方面，获得了长足的发展，但是由于一些限制性因素，相关研究领域甚至进入了瓶颈期。[②] 首先，东北边疆史文献呈零散分布的状态，即地域方面分布在东亚各国乃至世界各地，内容方面零星散布在各种题材的文献中。历史研究者需要花费大量时间和精力完成相关文献的搜集、整理。其次，东北边疆史空间被现有国界分割，古代文献关于历史地理信息的记载零散、含糊，缺乏精确的历史地理信息系统支持，史地信息谬误频出。再次，东北边疆史研究成果涉及中文（古代汉语、现代汉语）、英语、朝鲜语（韩国语）、俄语、蒙古语、日本语等数种语言，对资料的搜集与整理、学术的表达与传播在一定程度上造成了语言障碍。最后，东北边疆史的研究主要涉及中国、朝鲜半岛、日本，以及欧美地区的部分学者和科研机构，由于语言隔阂和互联网技术阻遏，中国学者在学术前沿的把握上缺乏时效性。

针对上述问题，借鉴先进经验，将数字人文技术应用于东北边疆史研究中，为攻克疑难、追踪热点、综合解决重点问题提供了新的尝试路径，拓展了东北边疆史研究的数字人文空间。本选题在前期实验性研究的基础上，凝聚东北古史研究数字人文体系建构的三大核心问题，即文献、数据、空间，以问题为引领，开展前期储备工作。

---

① 荐闻：《建国以来东北民族史之研究》，《黑龙江民族丛刊》1989 年第 3 期。

② 范恩实：《中国东北边疆史研究回顾与展望》，《中国边疆学》第十四辑，北京：社会科学文献出版社，2021 年，第 21~42 页。

其一，数字文献资源方面。初步完成了东亚汉籍文献的搜集、整理及制作工作，具体包括中国重要典籍文献①、朝鲜半岛汉文文献、日本重要汉文文献、欧美馆藏中国东北地理志类古籍、东北古旧地图与部分地图手稿档案、近代海外东北边疆调查档案及中外东北古史研究成果，完成了部分珍稀东北方志、调查手稿、手绘踏查地图的数字化处理工作。随着工作的推进，各类数字化文献将在保持持续增量的同时，进一步整理融合。

其二，数据资源方面。搜集了大部分已公开的东北古史相关的古籍文本文档，通过 OCR 技术完成了部分重要图像文献的文本化，建立了东北古史基本古籍文献数据集。了解国内外公开数据的基本情况，建立了东北民族或政治势力的专题数据库，建构了研究专题题录和部分全文数据集。同时，实现了对可用于文本计算的东北古史方面的通用数据和专题数据的平台化管理，并完成了全文本格式（TXT）、半结构化格式（CSV/XML），以及纯文科学者日常研究可用的数据表格式（XLSX）。

其三，历史空间信息方面。依据东北边疆史地文献，抽取空间信息，建构了东北基础地名空间数据集②；对《中国历史地图集》中有关东北的地图进行配准，在此基础上建构了东北边疆、边界的矢量数据集③；依据考古及相关研究成果，依据民族或政权实体，建构了专题遗迹、遗址的空间数据集；依据《奉使辽金行程录》绘制了从中原至东

① 主要是对中国重要历史文献进行了深度编目加工。目前，完成了"二十四史"1956—1978 年版、2013 年校注版、2000 年简体版及许嘉璐主编的《二十四史全译》四个版本全文检索 PDF 文档的制作。

② 主要包括现代东北地图瓦片底图，并在此基础上融入了当代中国国境线、省、市、县、乡、村六级空间数据，东北主要山峰山脉的名称、坐标、海拔数据，东北主要交通数据、水系数据等。

③ 谭其骧主编：《中国历史地图集》第五册，北京：中国地图出版社，1982 年。

北基本交通路线的矢量图①；依据《朝鲜文人李海应〈蓟山纪程〉细读》②等朝鲜半岛文人的燕行文献，初步绘制了朝鲜半岛至东北的交通地图。这些由点、线、面矢量数据构成的数据集，为东北边疆史空间基础体系的建立奠定了初步基础。

其四，数字人文技术积累方面。通过编写程序、批量加工整理古籍文献，通过搭建文献数据库，实现了数字文献的平台化管理与共享；建构了基于古籍文本库的多文本遍历检索模型，实现了基于东北古史专题概念群的文本计算，实现了古籍文本标注、文本分词、词频统计、词向量计算、空间数据可视化等一系列数字人文应用技术在东北古史文献数据中的应用。在具体实践上，完成了东亚汉籍文献中高句丽史料辑录、校注与分析的全程数据模型实验工作，撰写了相应的学术论文。以此为基础，完成了古朝鲜、渤海等的古代关系史料的辑录；建设了历史地理信息可视化编辑平台，初步实现了古朝鲜、高句丽、渤海、辽金矢量数据的可视化呈现。

其五，数字人文平台建设方面。按照新文科需求推动、技术先行的策略③，采用数字平台建设实践与历史研究相结合的方式完成研究。前期已完成数字人文平台基本技术架构，核心内容包括基于数字文献的数据存储、检索与浏览；基于古史文本数据、半结构化数据、结构化数据的多元数据内部交换与共享机制；基于 WebGIS 的历史地理空间数据管理、编辑与可视化展示，文本、数据智能处理模型和可视化图数据库内部共享机制三个部分。在这个平台中，实验既是基础应用，也是平台成

---

① 赵永春辑注：《奉使辽金行程录》（增订本），北京：商务印书馆，2017 年。

② 刘顺利：《朝鲜文人李海应〈蓟山纪程〉细读》，北京：学苑出版社，2010 年。

③ 樊丽明：《"新文科"：时代需求与建设重点》，《中国大学教学》2020 年第 5 期。

长源动力；选题的基本数据和结论来源于科研实验，也在平台中实现可视化结果输出。平台数据、技术的完善、选题研究内容的深入和结果优化形成良性循环和双赢增长。

其六，国家社科基金冷门"绝学"团队项目的资助与数字人文实验室的支撑。研究过程中涉及命名实体识别、图像检索、本体模型设计、关联数据等技术的应用，以及计量分析、文本分析、社会网络分析、时空分析、情感分析、可视化呈现等研究方法，对软硬件环境有一定的要求。在课题研究实践过程中，根据选题特点，同时着眼于东北古史数字人文体系建设的未来需求，团队师生在山东大学的支持下，建设了数字人文实验室，为工作的顺利推进和持续发展提供了系统性保障。2021 年，本研究得到国家社科基金资助，入选为国家社科基金冷门"绝学"团队项目，为后续研究工作提供了更多的保障。

二、文献综述

在大数据环境下，数字技术为人文学科研究提供了新方法、新工具、新平台和新内容，推动了人文学科研究范式和研究内容的变革。[①]现阶段，数字技术至少已在文献检索、空间可视化和历史数据分析三个较成熟的方向上推动着历史研究。[②] 对于东北古史数字人文体系而言，数字文献的搜集、整理与呈现，东北古代边疆空间数据可视化，东北古史数据生产与分析模型建构是其核心。梳理东北古史文献及其数字化发展动态，了解数字人文技术现状，有利于进一步明确所研究问题，理清研究思路。

---

① 宋玲玲、郭晶晶：《科学知识图谱视角下国内外数字人文领域研究分析》，《图书馆杂志》2020 年第 7 期。

② 梁晨：《量化数据库："数字人文"推动历史研究之关键》，《江海学刊》2017年第 2 期。

（一）国内研究动态

知识的生产与再生产始终是确保学术研究生命力、促进学术知识增量的重要体现。① 基础数据积累是东北古史数字人文体系建设的前提和基础，也是确保数字人文体系建设稳定持续、客观真实、推陈出新的根本保障。东北古史研究数字人文体系的建构虽然依托于信息技术，但其基础内容和核心目标仍以东北边疆史为中心，需要依托现有的历史研究成果。

自 20 世纪初始，傅斯年、金毓黻等中国学者持续关注东北史，累积了一定的成果。具体成果包括，开展了一系列基础史料的整理与研究，完成了重要历史遗迹的发掘与整理，并在此基础上就典型事件、主要历史人物、古代民族、地方政权等开展了以史料文献、考古发现为基础的研究，阐述了各个时期民族的产生、迁徙、融合过程②，以及与民族关涉的各类地方政权的兴废③；从中国与域外，周边与中国等多重视角探讨了东北地区在东亚历史发展中的角色、地位与作用④；以中华民族多元一体理论为指导，对东北地区的民族发展与边疆建设做了一系列理论阐释，建构了东北地区诸民族的源流与历史归属的理论框架，并积极回应了跨境民族及历史疆域的归属问题、文化差异与共融问题⑤。对

---

① 袁剑：《2013 年的中国边疆研究：使命、范式与转型》，《中国图书评论》2014 年第 1 期。

② 孙进己：《东北民族源流》，哈尔滨：黑龙江人民出版社，1989 年。

③ 赵炳林：《东北地区古代民族政权研究》，广州：暨南大学出版社，2013 年。

④ 王禹浪：《东亚视野下的东北史地研究》，北京：社会科学文献出版社，2015 年。

⑤ 张博泉：《论东北民族宏观与微观研究的统一》，《社会科学战线》1993 年第 2 期；徐新建：《从边疆到腹地：中国多元民族的不同类型——兼论"多元一体"格局》，《广西民族学院学报（哲学社会科学版）》2001 年第 6 期；关捷、陈志贵：《东北民族文化与多元一体中华文化格局》，《首届全国民族文化论坛论文集》，2005 年；肖瑶：《从晚明辽东民族格局看"多元一体"理论》，《大连民族学院学报》2007 年第 4 期；赵英兰：《从满化、汉化，到民族多元一体化——清代东北族际关系之演变》，《东北亚论坛》2007 年第 5 期；赵永春：《"中国多元一体"与辽金史研究》，《中央民族大学学报（哲学社会科学版）》2011 年第 3 期；邴正：《东北古代方国属国史总论——〈东北古代方国属国史〉总前言》，《社会科学战线》2018 年第 9 期。

于东北古史数字人文体系建构而言，有以下几个方面需要重点关注。

第一，东北边疆史文献的整理与研究已成规模，为系统数字化处理奠定了数据基础。东北史料的最大特点是凌乱分散。① 傅朗云将东北古史文献归纳为四种类型，即金石文献、典籍文献、档案文献和报刊文献，并认为中国东北古史文献的整理始于 20 世纪 20 年代，指出较早对东北文献进行系统搜集整理的是金毓黻先生，这以金先生于 1927 年出版《辽东文献征略》一书为主要标志。② 金氏《辽东文献征略》"所述诸事，多系随笔撷拾，故无一定体例"③。全书凡 8 卷 91 篇，其中历史地理类 18 篇（郡邑 14，山川 4）、金石类 17 篇、人物类 43 篇、典籍类 7 篇、杂录 6 篇。在此之后，金氏从《静晤室日记》中辑录《东北文献零拾》6 卷 190 篇，体例与《辽东文献征略》略同，分典籍、名贤、郡邑山川、古迹、杂录五类，皆为服务东北研究之用。④

金氏对东北古史资料进行系统整理，辑录完成了《辽海丛书》。该套资料初名"东北丛书"，1933—1936 年刊行于沈阳，正集十集，共收录文史资料 83 种，计 380 卷。丛书立足东亚，专注中国东北，视野广阔，辑录广博，对于朝鲜半岛、日本与我国东北相关或中国流散之书多有搜集。其版本取舍严谨，依凡例所言："本编所收群籍，大略不出专著、杂志、文征三类。若辽海先正著述则属之专著；其有原书已佚，由他书缀集仅能成编者，则属之文征；至前代方志，传本极少，体似专著，义同杂志，本编亦取而重印之；若夫其书已佚，又无零篇断简可征者，则别撰辽海经籍考，预悬存目，以待征访。"⑤ 因此，丛书所刊之

① 饶良伦：《评李凤飞主编的〈东北边疆史料学〉》，《北方论丛》2002 年第 3 期。

② 傅朗云：《中国东北地方文献学刍议》，《古籍整理研究学刊》1990 年第 1 期。

③ 金毓黻：《辽东文献征略·凡例》，沈阳：辽沈书社，1986 年，第 7 页。

④ 赵成杰、牟哥：《金毓黻与东北文献研究——以〈辽东文献征略〉〈东北文献零拾〉为中心》，《东北农业大学学报（社会科学版）》2017 年第 4 期。

⑤ 金毓黻：《辽海丛书·凡例》，沈阳：辽沈书社，1986 年，第 1 页。

书多以珍稀抄本、稿本、绝版复本居多，并严加考订、辑补，在相当程度上保持或恢复了古籍的原貌。内容上，其涵盖了诸多史书、方志、史地笔记、金石、舆图、文集等珍贵地方史资料，集中呈现了东北地区的历史沿革、民族变迁、社会发展及历史地理状况，是东北历史研究不可或缺的重要资料。《辽海丛书》可谓一时之最，多为后世史料整理类书籍所参照，也是东北古史数字文献重要参照的底本，以该底本为基础的全文本数据是东北古史文本计算的重要基础数据。

当代，对东北历史资料进行持续性整理与出版的重要成果是《长白丛书》和《黑水丛书》。《长白丛书》① 起自 1986 年出版的《吉林通志》。根据《长白丛书》现有的成果可知，文献整理系列按集出版，丛书整理系列包含地方志、诗文集、史籍文献、游记档案、谱牒金石等东北地方各类文史资料，大多经标点校勘、考订注释、辑佚汇编，分集、按部、分册出版。该套丛书规模宏大、内涵丰富，是中华人民共和国成立以后东北历史研究中非常突出的史料文献整理成果。② 该套丛书中的《朝鲜文献中的中国东北史料》收录了《三国史节要》《三国遗事》《高丽史》《通文馆志》《燃藜室记述》《增补文献备考》《北路纪略》《北征日记》《北征录》九种文献中的东北史料，为我们通过文本挖掘手段辑录朝鲜半岛文献中的东北史料提供了很好的文本参照。③ 20 世纪 90 年代，《长白丛书》开启了研究系列二期工程，共出版图书 44 册。同时，相关人员编撰了《东北文献辞典》④。该辞典以东北地区为域，

---

① 《长白丛书》是由李澍田主编、吉林文史出版社出版的东北文献大型丛书，目前已搜集 105 册。

② 宫健泽：《东北地方文化研究品牌：〈长白丛书〉》，《古籍整理研究学刊》2017 年第 3 期。

③ 吉林师范学院古籍研究所、李澍田主编，王崇实等整理：《朝鲜文献中的中国东北史料》，长春：吉林文史出版社，1991 年。

④ 李澍田主编：《东北文献辞典》，长春：吉林文史出版社，1993 年。

以中国古今图书为限，着力征集有关边疆文献、民族文献、稀见文献等，"收书五千，文愈百万"，是一部难得的东北历史文献工具书。① 该辞典文本对于东北文献语义网的构建具有较高数据价值。

《黑水丛书》是黑龙江地方文献丛书，该套丛书遵循"搜残""存佚"的功能，广泛搜集与黑龙江有关的地域文献，全套丛书共 15 册，自 1992 年《黑龙江志稿》始，至 2009 年陆续出齐，与《辽海丛书》《长白丛书》鼎足而立，是东北地方文献丛书的重要组成。② 三套丛书搜集、整理了大部分重要的东北地方文献和相关研究成果，是东北古史数字文献体系的重要基础。

第二，在专题文献的整理与出版方面，近年来部分出版机构加强了对中国边疆史料档案的整理与出版工作，其中不少是东北边疆的相关史料。这些文献大多是在当代图书电子化之后，对散布于各类丛书、文集或流散的版本进行搜集整理，并按照各自出版的主题进行系统编排。虽然部分成果与前人的整理工作有交集与重合，但也辑录了许多之前未刊的文献或新版本。例如，中央编译出版社出版的《边疆边务资料文献初编》③ 中的《东北及北疆边务》，《边疆行政建制初编》④ 中的《东北及北方》，《边疆史地文献初编》⑤ 中的《东北边疆》；黑龙江教育出版社出版的《中国边疆研究文库》中含姜维公、刘立强主编的东北边疆

---

① 宫兵：《长白丛书研究系列首批成果出版》，《农业考古》1991 年第 1 期。

② 万福麟监修，张伯英总纂，崔重庆等整理：《黑龙江志稿》，哈尔滨：黑龙江人民出版社，1992 年，第 1 页。

③ 《边疆边务资料文献初编》编委会编：《边疆边务资料文献初编·东北及北疆边务》，北京：中央编译出版社，2011 年。

④ 《边疆建制资料初编》编委会编：《边疆行政建制初编·东北及北方》，北京：知识产权出版社，2011 年。

⑤ 《边疆史地文献初编》编委会编：《边疆史地文献初编·东北边疆》，北京：中央编译出版社，2011 年。

各类文献 15 卷①；国家图书馆分馆选编的《清代边疆史料抄稿本汇编》中包括若干关于东北古史资料的珍贵抄本和稿本，具有很高的史料价值。② 这些文献在相当程度上丰富了东北历史文献的种类和数量，并为东北古史数字人文体系的构建提供了相对扎实的文献基础。

　　除了大型丛书和系统专题文献的出版，东北史学者还着手整理了一系列更加精细的专题文献。这些专题文献整理成果将分散的东北古史资料以专题的形式凝聚起来，使东北史资料在实现颗粒化提取的同时兼具系统性，极具数据价值。其中起步较早、内容翔实的是金毓黻的《渤海国志长编》③。该书所收罗史料遍布中国、朝鲜半岛、日本，辑录中外文献 158 种，其中朝鲜半岛、日本文献 52 种，考订翔实，既是关于渤海国中外史料的辑录，也是一部渤海国史专著，"作为史料集，本编近乎完美"④。其内容和体例为渤海专题文献的辑录提供了参考底本。此外，书中年表、世系表、大事表、属部表等，本身已具备数据属性，宗臣、诸臣、士庶、遗裔等人物信息，配合职官、族俗、地理考的相关内容，对于构建渤海政权历史知识图谱具有很高的数据价值。

　　由东郭士、孙进已等主编的《东北古史资料丛编》对古代经、史、子、集中的东北史料进行了辑录⑤，涉及中国、日本及朝鲜半岛的古代文献，以断代体编撰，文献所涉知识节点丰富，内容相对准确。尽管该套丛书最终未全部出版面世（仅到第四卷《辽卷（上）》），但仍然可以作为东北历史文献智能辑录的训练集或对照样本集，也可以作为东北

①　邢广程主编：《中国边疆学》第三辑，北京：社会科学文献出版社，2015 年，第 351~353 页。

②　国家图书馆分馆编：《清代边疆史料抄稿本汇编》，北京：线装书局，2003 年。

③　金毓黻：《渤海国志长编》，辽阳金氏千华山馆铅印本，1934 年。

④　[日] 外山军治：《评金毓黻〈渤海国志长编〉》，《史林》1934 年第 4 期。

⑤　东郭士等编：《东北古史资料丛编》第一卷，沈阳：辽沈书社，1989 年，第 1~4 页。

历史文献知识图谱的参照性节点。① 此外，专题资料辑录还有诸如《中国正史〈高句丽传〉详注及研究》②、《中国正史中的朝鲜史料》③、《中朝边界沿革及界务交涉史料汇编》④、《高句丽史籍汇要》⑤、《渤海史料全编》⑥、《〈明实录〉中的女真史料选编》⑦，以及新近出版的《清代东北打牲史料编年》⑧ 等。另外，《中国廿六史及明清实录东亚三国关系史料全辑》等东亚古史资料辑录整理成果中也含有东北古史的大量资料。⑨ 专题史料整理成果涉及内容全面、专业，数据相对准确，在基于全局网络的东北古史资料搜集过程中是很好的索引样本和对照样本。

　　第三，东北文献目录的整理具有数据价值，便于文献资源数字化索引的构建。文献目录、典籍题录一般由专业机构或业内资深专家编撰，具有视野广、数据精专、体例规范等特点，是东北古代文献搜集必不可少的高信度参照数据。东北地区地方文献目录整理始于 20 世纪 80 年代。1980 年，东北三省主要的 17 家图书馆成立《东北地方文献联合目

---

① 孙进己等编：《东北古史资料丛编》第二卷，沈阳：辽沈书社，1989 年；孙进己等编：《东北古史资料丛编》第三卷，沈阳：辽沈书社，1990 年；冯继钦等编：《东北古史资料丛编》第四卷，沈阳：辽沈书社，1990 年。

② 刘子敏、苗威：《中国正史〈高句丽传〉详注及研究》，香港：香港亚洲出版社，2006 年。

③ 姜孟山等主编：《中国正史中的朝鲜史料》（一），延吉：延边大学出版社，1996 年；刘子敏等主编：《中国正史中的朝鲜史料》（二），延吉：延边大学出版社，1996 年。

④ 杨昭全、孙玉梅编：《中朝边界沿革及界务交涉史料汇编》，长春：吉林文史出版社，1994 年。

⑤ 杨春吉等主编：《高句丽史籍汇要》，长春：吉林人民出版社，2005 年。

⑥ 孙玉良编著：《渤海史料全编》，长春：吉林文史出版社，1992 年。

⑦ 辽宁大学历史系：《〈明实录〉中的女真史料选编》第一、二册，1983 年。

⑧ 胡迪编著：《清代东北打牲史料编年》，长春：长春出版社，2021 年。

⑨ 朴兴镇主编：《中国廿六史及明清实录东亚三国关系史料全辑》，延吉：延边大学出版社，2007 年。

录》编辑组，对东北地方文献进行联合编目。第一辑为报刊部分，由辽宁省图书馆主编，收录东北三省 17 个主要图书馆所藏的中、日、俄、英等多国语言的报刊，共计 1873 种。该目录著录项目详细、数据规范，整理了刊名、刊期、出版地、编辑或出版者、创刊及停刊卷期、年月、注释、总藏、馆藏及藏书单位代号等信息。① 其数据所依据的纸本文献，按照图书馆文献编目规范进行整理，具有很高的数据信度。第二辑为图书部分，由吉林省图书馆、黑龙江省图书馆和大连市图书馆联合编制。② 第三辑为《东北抗日联军及东北抗日武装斗争史料索引》。③

近年来，东北地区藏书机构也根据自身馆藏情况进行了相关文献的编目工作，还根据自身藏书特点、地域和学术优势建立了一批特色资源典藏库、数据库。大部分资源已经实现数字编目，部分珍贵古籍、档案正在逐步进行数字化，有的甚至已经实现全文检索。这些目录数据对于东北古史文献资源的调研、获取具有很高的参考价值，也为数字文献题录数据的建构提供了数据源。如东北师范大学的《馆藏东北地方文献目录（中文部分）》④，吉林大学的"东北地方志目次库"和"东北地方志全文库""民国金石学文献数据库"⑤ 等。

---

① 何速：《〈东北地方文献联合目录〉第一辑出版》，《图书馆学研究》1982 年第 3 期。

② 大连市图书馆社会科学参考部、黑龙江省图书馆采编部编辑：《东北地方文献联合目录》第二辑《外文（日、西、俄）图书部分》，大连市图书馆，1983 年；田帝、蒋三军编译：《东北地方日、俄文文献目录》，哈尔滨：东北林业大学出版社，2014 年。

③ 吉林省图书馆社会科学参考部编辑：《东北地方文献联合目录》第三辑《东北抗日联军及东北抗日武装斗争史料索引》，吉林省图书馆，1983 年。

④ 东北师范大学图书馆：《馆藏东北地方文献目录（中文部分）》，1983 年。该目录目前已经实现电子化，可通过东北师范大学图书馆数字平台检索。

⑤ 吉林大学图书馆特色资源［DB/OL］. http://lib.jlu.edu.cn/portal/resource/tese/index.aspx，浏览日期：2022 年 1 月 14 日。

　　除专业藏书机构外，还有部分学者进行了专题文献编目。如傅朗云、杨旸的《东北民族史略》附有《东北地方志总目》，并列出了相关的藏书机构①；李澍田编著的《东北史志文献要略》辑录了东北三省史志文献资料（包括日文资料），并对重要史略进行了介绍和评论，其本身就是一部较为实用的检索工具书②；郝瑶甫的《东北地方志考略》收录了现存东北地方志 267 种，并对书目进行了辑录③。目前，东北地区的大部分方志都已经有了数字化原版，这些方志整理类的书籍为数字编目和知识图谱的构建，提供了非常有价值的训练集和验证集。

　　第四，东北古籍研究工作成果丰硕，为文献数字化工作提供了文献学支撑。除了各类史料的整理工作，古籍研究工作也取得了不少成果。通过分析超星发现统计的 1637 种东北地方史古籍研究成果发现，东北古籍在研究成果的区域分布上呈现出鲜明的地域特色，以东北尤其以吉林省为主。其中，研究机构方面，以东北师范大学、吉林大学、北华大学、通化师范学院等吉林省内高校为主；论文刊载方面，以东北地区的期刊为主，其中以东北师范大学的《古籍整理研究学刊》发表相关论文最多，占 64.7%；学者也主要分布在东北地区的高校与科学研究机构中。④

　　总体来说，自近代以来，东北古籍文献的整理工作在几代学者和重要学术机构的共同努力下，其文献累积、发掘及编目整理逐步走向系统化、科学化，重要文献被陆续整理出版，为东北历史研究提供了丰富的

---

①　傅朗云、杨旸：《东北民族史略》，长春：吉林人民出版社，1983 年。

②　李澍田编著：《东北史志文献要略》，吉林师范学院，1982 年。

③　郝瑶甫：《东北地方志考略》，沈阳：辽宁人民出版社，1984 年。

④　超星发现系统 ［DB/OL］. http：//ss.zhizhen.com/s? sw＝%E4%B8%9C%E5%8C%97%E5%8F%A4%E7%B1%8D&size＝15&isort＝0&x＝0_554，浏览日期：2020 年 9 月 3 日。

基础资源。东北古文献的整理主要是以学者为中心的文献编撰、以研究单位为中心的专题图书收藏，总体尚处于散布状态。资源形式仍以纸质图书和 PDF 图片文档为主，尚未形成资源统合。研究者在使用时仍以"检索—借阅""下载—浏览"等模式为主，立足于数据分析的情况普遍尚未呈现，信息孤岛状态仍然存在。值得关注的是，超星发现系统、中国知网（CNKI）① 等虽然已经可以对图书的书目数据进行初步可视化呈现，但事实上并没有得到应有的交流，更遑论使用。当然，这种基于综合型大平台的数据分析存在着数据不精确，分析不能深入到文本等局限，但也为东北边疆史的数字人文研究提供了可资借鉴的技术范例。

第五，东北地区的历史地理研究成果为东北基础历史空间信息的架构提供了参考数据。谭其骧主编的《中国历史地图集》是近百年来最完善的中国历史政区地图，也是近百年来中国现代历史地图编绘最高水平的成果。② 其东北历史地图部分的信息可以提取为历史地名、位置等空间数据，地图上的点、线、面进行了相应的考证，是东北基础历史空间信息的重要参考数据。针对东北所做的专门注释文献《〈中国历史地图集〉释文汇编·东北卷》③，注解较为翔实，是东北史研究中的重要历史地理参考著作。由孙进己、冯永谦总纂的《东北历史地理》是一部系统研究东北历史地理的著作，对东北地区的建制沿革、方舆考证进行了全方位的论述④；全书分为四卷，分上下两册，按历史阶段将东北地区分为原始时代、青铜时代、前汉时期、魏晋时期、三燕—北魏—北

① 中国知网［DB/OL］. https：//www.cnki.net/，浏览日期：2020 年 9 月 3 日。

② 蓝勇：《中国历史地图集编绘的历史轨迹和理论思考》，《史学史研究》2013年第 2 期。

③ 谭其骧主编：《〈中国历史地图集〉释文汇编·东北卷》，北京：中央民族学院出版社，1988 年。

④ 孙进己、冯永谦总纂：《东北历史地理》，哈尔滨：黑龙江人民出版社，1989年。

齐—隋时期、唐代、辽、金、元、明、清多编，进行了详细论述和考订。该书内容丰富、考证翔实、条理清晰，虽卷帙浩繁但易于检索①，是东北历史空间体系构建必要的参考资料。同时，其在历史地理考证的相关内容中，大多数地址表述明确，可以进行历史空间位置信息提取，并进行空间坐标数值匹配，也可以作为其他空间数据的重要验证。《中国东北与东北亚古代交通史》②按时代顺序和社会变迁清晰、详尽地论述了古代中国东北与东北亚交通发轫、发展及演变的过程，阐述了从"自然交通"向"部族交通"再向"社会交通"演进的特点，对东北地区的大量地名、交通路线和建制沿革进行了基于历史空间的点、线、面的考证，准确描述了中国东北与东北亚区域交通历史发展的图景。③该书与上两部著作一起，是构建东北基础历史地理信息体系的重要参考资料。

　　除了综合性研究成果，一些东北地区专题历史地理成果在细部历史空间建构上更具数据参考价值。如《〈辽史·地理志〉汇释》，将以《辽史·地理志》为中心的历史地名融合多家注释并给出基本判断，是兼顾地名信息颗粒化与历史考证的优质数据。④赵永春教授辑注的《奉使辽金行程录》属于使者行程记类专题文献，其与朝鲜半岛的《燕行录》一起，可以丰富以辽金时期使者交通为主体的东北历史"时间—

---

①　邵奇等：《跨越三十载的皇皇巨著——〈东北历史地理〉评介》，《北方文学》2019 年第 23 期。

②　王绵厚、朴文英：《中国东北与东北亚古代交通史》，沈阳：辽宁人民出版社，2016 年。

③　崔向东：《载纵载横　接续古今——评〈中国东北与东北亚古代交通史〉》，《中国边疆史地研究》2017 年第 2 期。

④　张修桂、赖青寿编著：《〈辽史·地理志〉汇释》，合肥：安徽教育出版社，2001 年。

空间—人物"数据系统。① 《唐代交通图考》第五卷《河东河北区》关于唐代幽州东北塞外交通的内容中有唐代时期东北交通信息,其篇末附《唐代幽州东北塞外交通图》,经纬度清晰,可以直接进行地图配准和矢量化处理,转换为空间数据。② 关于东北历史地理学术论文,据中国知网统计结果显示,相关度较高的为397篇③,主要涉及具体历史地理位置考证④、交通道里⑤、空间布局⑥、地理沿革⑦、历史自然地理和环境变迁⑧等诸方面。这些专题论文对于东北边疆史的细部空间建模具有很高的数据价值。

第六,东北地区考古成果的系统整理,为通过数字手段实现东北古史研究"由文献到疆土,由推论到定论"提供了客观数据。东北古史体系的建构,需要借助考古发掘成果的佐证。东北遗迹的考察和记录早

---

① 赵永春辑注:《奉使辽金行程录》(增订本),北京:商务印书馆,2017年。

② 严耕望:《唐代交通图考》第五卷《河东河北区》,台北:台湾"中研院"历史语言研究所,1986年,第1793~1794页。

③ 吕惠成:《明、清、民国时期辽河流域历史地理述略》,《吉林师范大学学报(人文社会科学版)》1994年第3期。

④ 冯永谦:《辽东京道失考州县新探——〈辽代失考州县辨证〉之一》,《辽金历史与考古》第一辑,沈阳:辽宁教育出版社,2009年,第202~235页;王禹浪、王天姿:《辽、金春州再考》,《哈尔滨学院学报》2021年第12期。

⑤ 王绵厚:《关于辽沈历史上"北趋甬道"交通地理的考察——辽宁地域文化交通地理在沈阳地区的一段历史个案解析》,《辽宁大学学报(哲学社会科学版)》2013年第2期。

⑥ 佟薇:《空间视域下的渤海国五京研究》,东北师范大学博士学位论文,2017年;解丹:《金长城军事防御体系及其空间规划布局研究》,天津大学博士学位论文,2011年;郑威:《汉帝国空间边缘的伸缩:以乐浪郡的变迁为例》,《社会科学》2016年第11期。

⑦ 孙进己、冯永谦总纂:《东北历史地理》,哈尔滨:黑龙江人民出版社,1989年。

⑧ 陈跃:《清代东北地区生态环境变迁研究》,山东大学博士学位论文,2012年。

期可追溯至发配到宁古塔一带的文人，这些文人对肃慎遗迹、渤海上京城及其周边的遗迹等进行了踏查，写成了笔记、文章或者体现在与友人的通信中，留下了较为原生态的记录。①

近代的踏查报告，主要来自日本、俄国的"考古学家"，他们出于殖民侵略的需要，对东北地区的众多遗迹进行了踏查。② 另有一些先进的中国人③，包括清政府的地方官员④，出于保卫边疆的需求，也对东北地区的各种遗迹进行了踏查，并撰写了比较有影响力的调查报告。中华人民共和国成立后，加强了对东北地区文物的调查和保护⑤，也对重点文物进行了考古发掘。这些考古发掘成果大都已经在文博内部刊物或者公开杂志上发表。⑥ 一系列考古成果的公布，为

---

① 目前关于清代流人的方志文献共有 12 部，即杨宾《柳边纪略》、方拱乾《绝域纪略》（又称《宁古塔志》）、吴兆骞《天东小纪》、张缙彦《宁古塔山水记》、祁班孙《东行风俗记》、杨锡履《口外山川纪略》、方登峄《卜魁杂志》、方式济《龙沙纪略》、方观承《卜魁风土记》、吴振臣《宁古塔纪略》、程煐《珂雪集》、英和《卜魁纪略》。目前文本流传的有 7 部，《天东小纪》《东行风俗记》《口外山川纪略》《卜魁杂志》《珂雪集》五部亡佚。参见马丽：《清代东北流人方志文献研究》，东北师范大学博士学位论文，2013 年。

② ［俄］H.K. 鲍什尼亚克：《阿穆尔边区考察记》，《海洋文集》第 40 卷，1859年；［日］鸟居龙藏：《满蒙古迹考》，陈念本译，上海：上海商务印书馆，1933 年。

③ 宋教仁：《间岛问题》，上海：中国国书公司，1908 年。

④ 曹廷杰：《东三省舆地图说》，1887 年；吴禄贞：《光绪丁未延吉边务报告》，1908 年。

⑤ 中华人民共和国成立后，分别于 1956、1981、2007 进行了三次全国文物普查，东北地区也进行了相应的文物普查工作。由吉林省文物志编委会刊印的《吉林省文物志丛书》，共计 48 册，600 余万字，是第二次全国文物普查中吉林省考古著作系列成果之一。该丛书是全国第一套，也是唯一一套涵盖全部省（自治区）下辖市、县卷本的文物志；中华人民共和国成立后，国务院先后公布了八批国家文物保护单位，各省也根据自身的实际情况，设置了一部分省级文物保护单位。

⑥ 《博物馆研究》《北方文物》《东北史地》《东北亚历史与考古信息》等是东北地区考古成果发表的重要期刊。

东北边疆史研究注入了新鲜的素材。当前，东北边疆史研究中对于考古成果的利用一般是从考古地层学和考古类型学的方法和视角出发①，通过对遗址、遗迹底层叠压关系的揭露，对大型城址、建筑遗址形制的分析②，对陶瓷器、金属器等具有明显时代特征的器型的研判，分析东北特定区域、特定时段的历史，以突破东北历史文献记录不足的局限，最大限度地还原东北边疆史的本来面目。以渤海史研究为例，学界关于渤海都城的研究大多以最新的考古成果为依托③，结合文献进行分析④，目前已拓展到了对外部地理环境的分析⑤、内部建筑基址的系统梳理与复原⑥、政治制度与历史文化内涵的深度挖掘⑦等方面。与

----

① 刘晓东：《渤海文化研究——以考古发现为视角》，哈尔滨：黑龙江人民出版社，2006 年。

② 王禹浪、于彭：《近十年来渤海国五京的考古发现与研究综述》，《黑龙江民族丛刊》2014 年第 3 期。

③ 黑龙江省文物考古研究所编著：《1998—2007 年度考古发掘调查报告　渤海上京城》，北京：文物出版社，2009 年；吉林省文物考古研究所等编著：《西古城——2000—2005 年度渤海国中京显德府故址田野考古报告》，北京：文物出版社，2007 年；吉林省文物考古研究所等编著：《八连城——2004—2009 年度渤海国东京故址田野考古报告》，北京：文物出版社，2014 年。

④ 魏国忠：《唐代渤海五京制度考》，《博物馆研究》1984 年第 3 期；孙进己：《渤海国的疆域与都城》，《东北民族研究》（一），郑州：中州古籍出版社，1994 年；魏国忠等：《渤海国史》，北京：中国社会科学出版社，2006 年；刘晓东：《渤海文化研究——以考古发现为视角》，哈尔滨：黑龙江人民出版社，2006 年；杨雨舒、蒋戎：《唐代渤海国五京研究》，香港：香港亚洲出版社，2008 年；魏存成：《渤海考古》，北京：文物出版社，2008 年。

⑤ 王培新：《渤海都城城址布局比较分析》，魏坚、吕学明主编：《东北亚古代聚落与城市考古国际学术研讨会论文集》，北京：科学出版社，2014 年；金石柱、李东辉：《地理学视角下的渤海史研究》，《延边大学学报（社会科学版）》2013 年第 4 期。

⑥ 赵虹光：《渤海上京城宫殿建制研究》，《边疆考古研究》2009 年第 1 期；刘大平、孙志敏：《渤海国建筑形制与上京城宫殿建筑复原研究》，哈尔滨：哈尔滨工业大学出版社，2018 年。

⑦ 刘晓东：《"车书本一家"的考古学诠释——论渤海文化与中原唐文化的趋同性》，《北方文物》2002 年第 1 期；刘晓东、李陈奇：《渤海上京城"三朝"制建制的探索》，《北方文物》2006 年第 1 期。

之类似的还有近年来的一批学位论文及相关著作，如《鸭绿江、图们江及乌苏里江流域的新石器文化研究》①、《中国东北地区辽金元城址的考古学研究》②、《高句丽山城研究》③、《渤海国城址研究》④ 等。这些成果对相关专题的考古成果进行了系统的整理和疏证，为东北古史空间构建提供了重要参考数据。

从数字人文视角来看，东北考古成果的整理与研究仍有拓展与延伸的空间。无论是用传统方法在纸本文献中爬梳的资料，还是通过文本计算所获得的专题数据，都可以按照研究需求转换成地理空间数据。系统地搜集、整理及甄别不同历史时期的遗迹空间数据，借助数据模型分析，再结合文献，可以准确地呈现东北边疆史空间的可视化样态；而瓦片地图的使用和时间轴的加载，可以实现空间演进的动态呈现，进而构建一套界线清晰、沿革有序、展示生动的东北历史空间数据体系。这种情况下便可以通过现代技术将文献中的空间描述还原到空间本身的坐标上，将更多推定的结论落实为确定的状态。

要想完成东北古史空间数据体系的构建，以考古信息为基础的历史地理信息技术的应用是必不可少的。在基础数据统计方面，东北地区依托各地文管所对各地历史文化遗迹进行了系统踏查，在此基础上出版了各地的文物志。文物出版社组织出版的《中国文物地图集·辽宁分册》⑤、《中

---

① 杨占风：《鸭绿江、图们江及乌苏里江流域的新石器文化研究》，北京：文物出版社，2013 年。

② 赵里萌：《中国东北地区辽金元城址的考古学研究》，吉林大学博士学位论文，2019 年。

③ 郑元喆：《高句丽山城研究》，吉林大学博士学位论文，2010 年。

④ 韩亚男：《渤海国城址研究》，东北师范大学博士学位论文，2015 年。

⑤ 国家文物局主编：《中国文物地图集·辽宁分册》，西安：西安地图出版社，2009 年。

国文物地图集·吉林分册》①、《中国文物地图集·黑龙江分册》② 包含了目前最为权威的东北地区文物信息。随着第三次全国文物普查的完成，有关东北地区更加合理科学的文物统计信息即将出台③，该套文物信息由国家文物局组织采集，提供了统一的数据采集样表，数据结构极为清晰，在遗迹定位上采用 GIS 五点定位的方式，位置更加准确，为东北地区历史空间数据体系的构建奠定了坚实的数据基础。

（二）国外研究动态

由于古代中国疆域是动态发展的，东北古史文献无论是在内容、著者国别还是文字表达等方面，都充分体现出跨国性特点。④ 因此，了解国外研究动态是东北古史研究不可或缺的一步。相比于国内偏向传统的边疆历史文献整理，国外关于东北边疆历史的数字人文研究已经先行一步，偏向于技术理论顶层建构的学术探讨，在古籍数字化、边疆文献数据通用共享、AI 趋向研究、话语传播国际化、边疆通识教育、大众普及等方面取得了一定的成果。

1. 历史文献数字化发展迅速

在数字化方面，中国主要是对印刷文献进行数字化处理。相比之下，海外汉籍数字化开始较早，进展较为迅速。保存东北历史文献较

---

① 国家文物局主编：《中国文物地图集·吉林分册》，北京：中国地图出版社，1993 年。

② 国家文物局主编：《中国文物地图集·黑龙江分册》，北京：文物出版社，2015 年。

③ 2007 年 4 月，国务院下发《国务院关于开展第三次全国文物普查的通知》，在"十一五"期间，全面部署第三次全国文物普查工作，此次普查历时 5 年，取得了丰硕成果。［EB/OL］. http：//www. gov. cn/gzdt/2012-07/24/content_2190563. htm，浏览日期：2022 年 1 月 17 日。

④ 孟祥荣、金恩辉：《东北地方古文献的跨国性问题》，《图书馆工作与研究》2005 年第 2 期。

多、数字化工作比较完善的海外国家主要是美国、日本、韩国等。美国方面主要有国会图书馆、哈佛大学图书馆和哈佛燕京图书馆。美国国会图书馆除藏有大量中国汉籍、方志外，与中国边疆历史研究相关的还有边疆会议项目（Meeting of Frontiers）①。该项目于1999年启动，最初数据是国会图书馆的书籍、手稿、照片、地图和影音资料，其后与俄方合作，补录了中俄边界资料等内容，如黑龙江、乌苏里江流域的资料，萨哈林岛资料，黑龙江铁路专辑，以及部分地图、手稿等，是研究东北边疆历史的重要文献。哈佛大学图书馆②所藏中国古籍、拓本和中文档案资料也实现了数字化。其中，与东北边疆史相关的，除善本方志外，还有满文古籍和蒙古文古籍。另外，哈佛大学图书馆对2768幅古旧地图实现了数字化，其中有《天下九边万国人迹路程全图》等多幅涵盖东北地区的高清地图数据③；哈佛大学图书馆提供标准数据编目编码的高清版本开源数据，可以直接下载，容易获取。哈佛燕京图书馆④是美国最大的东亚汉籍藏书机构，其所藏中国古籍、方志等数据中包含有东北古史资料。此外，与东北古史研究有关的还有伪满洲史资料数据、古旧地图数据、旧海关数据等多个专题数据库。

　　日本收藏中国文献资源的机构众多，大多不同程度地包含了与中国东北边疆史研究有关的数据。资料相对集中的有日本国立公文书馆、日本国立国会图书馆、东洋文库等。日本国立公文书馆有专

---

① 边疆会议项目［DB/OL］．http：//frontiers. loc. gov/intldl/mtfhtml/mfdigcol/，浏览日期：2021年3月26日。

② 哈佛大学图书馆［DB/OL］．https：//curiosity. lib. harvard. edu/chinese-rare-books/，浏览日期：2021年3月26日。

③ 哈佛大学古旧地图数据［DB/OL］．https：//curiosity. lib. harvard. edu/scanned-maps/，浏览日期：2021年3月26日。

④ 哈佛燕京图书馆［DB/OL］．https：//library. harvard. edu/libraries/yenching/，浏览日期：2021年3月26日。

门的数字档案馆，除了内阁文库中的古籍，还包含中国东北、内蒙古地区的档案。该馆的亚洲历史资料中心把日本国立公文书馆、外务省外交史料馆和防卫省防卫研究所图书馆所藏有关日本及其亚洲近邻各国的历史资料数字化，并通过互联网实现共享，其中不乏与中国东北有关的资料数据。① 该数字档案馆已经具备部分数字人文特征：一方面，馆内的检索目录提供通用开源数据；另一方面，其中的亚洲历史资料中心对资料索引进行了深度处理，实现了按主题检索。东洋文库②是日本最大的汉籍藏书机构，藏书量达到 95 万册，其中中国方志 3000 种、家谱 860 种，还有部分"满蒙"文献及部分与中国东北古史研究相关的文献。日本研究和藏书机构中关于东北的资料也非常集中，京都大学人文科学研究所③、东京大学东洋文化研究所④、国际日本文化研究中心等机构通过数字平台实现数据开源，正在陆续上架与中国东北古史研究相关的资源。

韩国方面，与东北边疆史研究关涉紧密的学术机构和数字化文献平台主要有韩国学中央研究院韩国学资料中心⑤、首尔大学奎章阁数字平台⑥、

① 日本国立公文书馆亚洲历史资料中心 ［DB/OL］. https：//www. jacar. go. jp/，浏览日期：2021 年 3 月 26 日。

② 东洋文库 ［DB/OL］. http：//www. toyo-bunko. or. jp/library3/shozou/，浏览日期：2021 年 3 月 26 日。

③ 京都大学人文科学研究所 ［DB/OL］. http：//edb. kulib. kyoto-u. ac. jp/exhibit/index. html，浏览日期：2021 年 10 月 1 日。

④ 东京大学东洋文化研究所 ［EB/OL］. http：//shanben. ioc. u-tokyo. ac. jp/，浏览日期：2021 年 10 月 1 日。

⑤ 韩国学资料中心 （한국학자료센터） ［DB/OL］. http：//kostma. aks. ac. kr，浏览日期：2020 年 12 月 20 日。

⑥ 奎章阁 （규장각） ［DB/OL］. http：//kyujanggak. snu. ac. kr，浏览日期：2020 年 12 月 20 日。

成均馆大学尊经阁①数字平台、韩国学中央研究院藏书阁②数字平台、韩国国史编纂委员会韩国史数据库③、韩国历史信息综合系统④，以及韩国景仁文化社韩国古典综合数据库等。另外，一些专业性学会机构的学术成果和会议材料也通过各自网站实现了数字化共享。这些数据平台以各自机构所掌握的数据为基础进行开发，既有综合性数据平台，也有专业性数据平台，各机构之间各有特色，在此基础上基本实现了资源共享。这些数据平台包含了东北边疆史的大量文献信息和研究成果，其中朝鲜半岛用汉字书写的相关资料更是丰富而集中，此外也涵盖了中国、日本及欧美的部分相关数据资料。

韩国历史信息综合系统整合了韩国国内与历史学研究相关的 30 多个数据库的资源，在这个系统中，各个机构的电子数据实现了基本融合。在这里，可以直接浏览韩国国内乃至海外的古籍、档案资源，且各种资源根据自身特点拥有系统的编目，研究者可以根据自己的需要检索或者浏览相应的资源。为了便于检索，该系统还开发了汉字、韩文、日文难查字字典，支持多语言检索。韩国学中央研究院的特色在于藏书阁古籍资料、韩国珍稀档案、古地图的电子化，以及韩国历代人物综合情报系统。

奎章阁所藏的中国典籍、内阁日历、《承政院日记》、《日省录》、古籍书版、古地图、地理志、古文书、近代政府档案等多个与中国东北

①　尊经阁（존경각）[DB/OL]. https：//east. skku. edu，浏览日期：2020 年 12 月 20 日。

②　藏书阁（장서각）[DB/OL]. http：//jsg. aks. ac. kr，浏览日期：2020 年 12 月 20 日。

③　韩国史数据库（한국사데이터）[DB/OL]. http：//db. history. go. kr，浏览日期：2020 年 12 月 20 日。

④　韩国历史信息综合系统（한국역사정보통합시스템）[DB/OL]. http：//www. koreanhistory. or. kr，浏览日期：2020 年 12 月 20 日。

边疆史相关的专题已经完成数据化编辑，即已经摆脱了传统的扫描图片——编辑为 PDF 格式——编目上传的模式，对重要文档进行了数据化编辑：一是对原本内容进行全文文本录入，实现全文检索；二是根据内容对文本进行编目，《朝鲜王朝实录》《日省录》《承政院日记》《备边司謄录》等都有明确的时间记录，基本按照年、月、日对内容进行精细化编目，如《承政院日记》以明确的年、月、日进行编目，并记录了当日的职司人员和记录人员。这样标准的数字化编辑，可以赋予文本内容精确的时间和人物属性，从而构成时间—地点—人物—事件的完整史料数据链条，对于文本的查询、浏览都极为便利，更为文本结构化处理、数据挖掘、文本计算、数据可视化处理等数字人文技术的应用提供了前提与可能。

　　与之类似的，还有韩国学综合数据库①。该数据库中包含东北边疆史数据的主要有《韩国历代文集》数据库、《韩国文集丛刊》数据库（与古典翻译院融合）、韩译《高丽史》数据库、《韩日关系史料集成》数据库、《韩国地理风俗志丛书》数据库、《满蒙地理历史风俗志丛书》数据库、古典翻译书数据库、《韩国学研究论丛》全文（Full-text）数据库。根据最新数据统计显示，《韩国历代文集》数据库收录新罗时代至近代以前的文集 4030 部，记事 1065573 件；《韩国文集丛刊》数据库在内容上与《韩国历代文集》数据库多有重合之处，为韩国古典翻译院标点本，共收录历代重要文集 1234 种；《韩国地理风俗志丛书》数据库辑录近代韩国发行的朝鲜半岛史地风俗书籍 643 部，记事 44579件；《满蒙地理历史风俗志丛书》数据库收录日据时代朝鲜总督府发行的有关中国东北地区贸易、外交、民族、风俗、习惯、传说、民谣、异闻、地名、杂记、行记、历史等领域的丛书，该套丛书是研究东北历史

---

　　① 韩国学综合数据库［DB/OL］. https：//db. mkstudy. com/ko-kr，浏览日期：2020 年 12 月 20 日。

的重要参考文献；《韩国学研究论丛》全文数据库是关于韩国学研究论文的集合，内容涉及自新罗时代至近代的历史事件、文学、艺术、外交等，也包含中日韩关系，中国东北政治经济、历史地理、社会风俗的相关研究成果，目前共收入 4593 篇。这些数据全网公开，支持全文检索，同时支持文本计算等数字人文类的研究，对于东北边疆史研究具有较高的参考价值。

　　通过上述情况可以看出，海外历史文献数据建设内容全面、技术理念先进，除深入开展文献数字化的相关工作外，更加注重文本的精深加工，在编辑、编目、文本编码、内容句读与翻译等各方面都有了长足发展，文献类型也由单一的印刷版本的数字化转向多元化方向发展。未来，在东北古史研究中，新史料的发掘及在此基础上所开展的专题研究，都是可以借鉴和采用上述相关资料库及资料的。作为东北边疆史的研究者，如果想要突破现有的史料研究阈限，了解这些史料的存在形式，那么掌握相应的数字文本处理技术，或者构建一套服务于大多数研究者的数据平台是非常有必要的。

　　2. 数字人文技术应用于历史研究

　　海外数字人文技术在历史学领域的应用，并不仅仅局限于基本古籍、档案资料的数字化处理。欧美、日本、韩国皆有团队或机构开始着手利用数字人文技术对现有的学术资源进行深度处理和可视化呈现，在此基础上通过互联互通的数据库平台实现共享。其数据平台的大部分文献数据通过可扩展标记语言（XML）、逗号分隔值文件（CSV）等形式实现了通用化，并提供开放的应用程序编程接口（API），为研究者提供在终端利用古籍书目、珍稀档案文档、古地图的可能。韩国信息集成系统中的韩国珍稀档案在通过瓦片格式实现高清浏览的同时，将所有文字内容进行了文本录入，每一张珍稀档案都支持全文多语种检索，并且通过可扩展标记语言（XML）实现相对精确的文本数据传达，以此为基础，通过数据本身的时间、地域、内容属性可以进行文本计算。从这一角度来看，其已经打破了档案、图片之间的"信息孤岛"，实现了档案内容由电子文献呈现到文本数据呈现的升级，在保证准确传达信息的基础上，为研究者高效率地开展研究、利用资源提供了充分的可能。

《韩日关系史料集成》数据库主要收录韩国历代史料中有关韩日关系的史料，其立足朝鲜半岛本土文献，共收录《三国史记》关涉史料91条（新罗71条，百济20条），《三国遗事》关涉史料15条，《高丽史》关涉史料687条，《高丽史节要》关涉史料583条，《朝鲜王朝实录》关涉史料18222条，编目清晰，数据条目结构属性统一，无论是从传统的文献精读方面，还是基于文本计算的史料远读方面，都对研究东亚古代关系具有很高的参考价值。

东亚各国都在努力推动历史文献数据的公共性使用，比如韩国公共数据门户平台面向全网开放，韩国学综合数据库等都向读者开放检索，以此为东亚一体及共同发展做出文化方面的努力。

文献通用化数据的开发与开放为我们获取和利用这些数据提供了极大的便利，也为东北古史数据的整理提供了借鉴。当然，这也对东北史研究者掌握通用的数字人文技术、拓宽研究资源的获得渠道、改善历史研究与书写方法、进一步提升研究质量提出了新的要求。

3. 数字人文技术推动历史话语体系国际化

海外学术研究机构和文献平台的异彩纷呈，为加强多元学术资源的聚集、整理与编译提供可能。各机构、平台在齐头并进、保持特色的同时，更加注重彼此之间资源的互联互通，如果多方协作统一数据标准，则有望在融通之后建设一个国际化的通用平台，进而保障学术研究的深度与精度，促进学术普及。当然，建立一套科学的、面向全网的文献体系是相关工作的前提。上述诸文献数据平台通过链接实现互通，例如韩国国史编纂委员会、韩国学中央研究院，以及各个大学的图书馆机构，已经实现了多个数据平台的融合，从而在文献获取与阅读方面为学术研究提供了高效的数字环境。

为了克服语言障碍，便于历史话语体系的传播，韩国成立了古典翻译院，对汉籍进行标点和翻译，通过网络平台实现了原文、韩国语、原版图像的对照阅读，支持中文、韩国语全文检索，脚注信息、编目索引、异体字、年号等辅助信息也可以单独查询，既保证了使用的便利性，也保证了原始文献的准确性。其文本内容的每一段都设置有唯一性编码和统一资源定位符（Uniform Resource Locator，简称 URL），为古籍文本的结构化编码及文本通用化提供了便利。① 需要指出的是，韩国方面历史学术资源的翻译是双向的：对内，将本国汉籍文献、中国古籍、俄罗斯考古资料（主要是渤海方面）翻译成韩国语，以助推本国研究者突破语言障碍；对外，则将本国的研究成果翻译成中文、英文等，加强国际传播，提升研究成果的国际影响力。

数字人文技术在古代史研究领域的应用是历史研究发展的趋势之一，掌握了数字人文技术，才能掌握更多东北古史研究的优质资源，跟进历史研究的趋势。东北边疆史复杂多元，在研究过程中既需要扎实的理论建构支撑，又需要大量的史料实证，更需要基于历史地理的可视化数据支持。无论是调取海外文献和学术成果，还是实现中国东北古史话语体系建构的基本目标，加强话语的海外影响，都需要引入数字人文技术进行纵深与拓展研究。

（三）数字人文发展动态

数字人文（Digital Humanities）也称为人文计算，是一个数字技术与人文科学交叉形成的研究领域，具备集学习、研究、教学、创新于一体的属性，近年来得到越来越多的关注。它主要是利用信息技术对人文

_____

① 韩国古籍大多由汉古文字撰写而成。近代以来，韩国去汉字化，推广韩文，导致韩国民众对于古文献的阅读和理解能力逐步下降。在这种情况下，韩国教育部于 2007 年组织成立了韩国古典翻译院，专门从事古典文献的翻译工作。目前，该机构已经完成了多部朝鲜半岛古籍的翻译。

学科进行调查、分析、综合和呈现，在方法论上具有多学科交叉的性质。一般认为，数字人文早期兴起于语言文学领域，主要是对语言的计算和文本的分析。[①]

目前，全球范围内的数字人文研究中心数量快速增长，根据国际数字人文中心（Center Net）会员名录，全球数字人文中心达 203 个。[②] 随着大数据数字化（Big Data Digital）时代的到来，数字人文技术得到快速发展，以文本挖掘（Text Mining）、数据分析（Data Analysis）、数据可视化（Data Visualization）为基础的文本远距离阅读（Distant Reading）和文本细读（Close Reading）在人文学科学术研究中取得长足发展，并成为西方历史书写的新趋势。[③] 网络地理信息系统（WebGIS）及网络 3D 绘图协议技术标准（WebGL）的提出，使得融合历史文献、历史遗迹、历史地图等元素，综合构建基于现代信息技术的可视化东北古史空间体系具备了技术条件。

从国际学术前沿来看，历史研究越来越倾向于使用数字人文的相关技术，无论是选题视角、研究思路、研究过程所凭借的工具，还是在研究成果中所呈现的各种图表和数据，都在一定程度上体现了这一倾向。[④] 通过对国内外主要学术文献平台和部分专业数字人文类杂志的检

---

① 人文计算的起源可以追溯到意大利神父罗伯托·布萨（Roberto Busa，1913—2011）。他在 1949 年开始尝试使用计算机处理神学家阿奎那（Thomas Aquinas）全集中的所有对话（共约 11 万字的中世纪拉丁语），半自动地生成中世纪拉丁文字词索引。这项工作历时数十年，并曾得到 IBM 公司的协助。这种取向影响了不少文学研究者，使他们积极利用电脑处理机器可读文本的内容，对大规模作品做出分析。

② 国际数字人文中心网络官网（Center Net）［EB/OL］. http：//dhcenternet.org/centers，浏览日期：2022 年 1 月 31 日。

③ 牟振宇：《数字历史的兴起：西方史学中的书写新趋势》，《史学理论研究》2015 年第 3 期。

④ 郭晶、王晓阳：《国外数字人文研究演进及发展动向——基于哈佛大学图书馆馆藏相关专著的梳理》，《图书与情报》2018 年第 3 期。

索，笔者发现近年来相关研究成果发表数量整体上呈逐年增加的趋势。[①] 我们分别对全球最大的在线科学、技术和医学（STM）领域学术资源平台 Springer Link[②]、国内最大的学术资源检索平台中国知网（CNKI）[③]、全球最大的科研社交网络服务平台 Research Gate[④]，专业的数字人文杂志 Digital Scholarship in the Humanities（DSH）[⑤]、Digital Humanities Quarterly（DHQ）[⑥] 进行了检索，发现了近年来相当数量的学术成果。（检索结果参见表 x-1）

表 x-1　数字人文研究成果统计表

序号	平台或杂志名称	检索关键词	检索结果
1	Springer Link	Historical Digital Humanities	21921
2	中国知网（CNKI）	历史　数字人文	742
3	Semantic Scholar	Historical Digital Humanities	46900
4	Digital Scholarship in the Humanities（DSH）	History	1031
5	Digital Humanities Quarterly（DHQ）	History	494

---

① 高胜寒等：《国内外数字人文领域研究进展分析》，《图书馆杂志》2016 年第 10 期。

② Springer Link ［DB/OL］．https：//link. springer. com，浏览日期：2021 年 7 月 4 日。

③ 中国知网 ［DB/OL］．https：//www. cnki. net/，浏览日期：2021 年 7 月 4 日。

④ Research Gate ［DB/OL］．https：//www. researchgate. net，浏览日期：2021 年 7 月 4 日。

⑤ DSH ［DB/OL］．https：//academic. oup. com/dsh，浏览日期：2021 年 7 月 4 日。

⑥ DHQ ［DB/OL］．http：//www. digitalhumanities. org/dhqd，浏览日期：2021 年 7 月 4 日。

　　从所检索学术成果的具体内容来看，与古代历史相关的主要是古代历史文献数字化基础上的 OCR 识别与文本辑录、基于非结构化的历史文本的远读（Distant Reading）与近读（Close Reading）、文献命名实体识别①、文本分析，以及在此基础上的历史问题综合研究。目前，国内最新的研究进展基本与之相似，如浙江大学的智慧古籍平台借鉴知识图谱理念，综合运用大数据的计量统计、定位查询、聚类查询、空间分析、数据关联、网络分析、机器标引、众筹众包等技术，将中国古典文献和研究成果图谱化、智能化。② 古籍整理方面还有古籍 OCR③、古籍句读④等单一功能的古籍整理工具，以及综合性的古籍数字化整理平台⑤，这些工具和平台为东北古籍文献的数据处理提供了技术借鉴和应用工具。

　　文本计算方面，目前国内尚未出现历史研究无障碍使用的工具平台，大多都是依托于数字人文实验，如北京大学数字人文研究中心⑥的"经籍指掌"包含历代古籍目录集成可视化、"宋元学案"知识图谱系统、朱子年谱可视化系统、"中国历史人物资料库" WEB 检索系统、中国古代历史人物迁徙可视化、宋代学术传承关系发现系统，其余在国内

---

① MARKUS 自动标记系统［DB/OL］. https：//dh. chinese-empires. eu/markus/beta/index. html，浏览日期：2021 年 12 月 21 日。

② 智慧古籍平台［DB/OL］. http：//csab. zju. edu. cn，https：//3g. 163. com/local/article/GOJL1T8V04379D64. html，浏览日期：2021 年 12 月 21 日。

③ 北京书同文 i-慧眼 OCR［DB/OL］. https：//dzcj. unihan. com. cn；北京龙泉寺古籍酷 AI 服务［DB/OL］. https：//ocr. gj. cool，浏览日期：2023 年 9 月 21 日。

④ 籍合网古籍自动标点系统［DB/OL］. http：//ancientbooks. cn；古诗文断句［DB/OL］. https：//seg. shenshen. wiki，浏览日期：2021 年 12 月 21 日。

⑤ 吾与点古籍自动整理系统［DB/OL］. http：//wyd. kvlab. org／；学衡数据［DB/OL］. http：//xueheng. net，浏览日期：2022 年 1 月 18 日。

⑥ 北京大学数字人文研究中心［DB/OL］. https：//pkudh. org/project，浏览日期：2022 年 1 月 18 日。

较为活跃的古籍数字化平台还有武汉大学数字人文研究中心、中国人民大学数字人文研究中心等。

历史空间分析方面，主要是基于文献、文物、GIS 数据的可视化研究。例如，苏格兰国家图书馆的可视化项目（Visualising Urban Geographies）构建了一个为历史学家提供绘图工具的平台，其中的爱丁堡历史城市地理项目，将历史数据、历史地图和现实地图叠加配置，综合呈现特定城市的历史地理空间，是数字人文技术推动历史地理研究的良好示范。该项目主要有地理空间检视、地图创建、地图发布和专题地图制作几大功能。地理空间检视功能主要是将地理参考地图集中在一个地方，可以通过叠加不同时期的地图来识别随时间变化所产生的历史空间变化，其空间距离、面积和高程的属性都是可设置的；地图创建功能主要是用户可以使用地理编码器获取基于地址的数据的纬度和经度，并将其绘制在所需的历史地图上；地图发布功能主要是指地图制作者可以通过自己的 Google 账号将地图发布到网络中；专题地图制作主要涉及基于 GIS 的数据可视化问题，即用户可以在平台原有底图的基础上使用带有空间位置信息的数据来制作诸如人口统计、社会和政治数据变化的图表和地图，用于辅助相关历史问题的研究。与之相类似的研究还有 GEPAM 项目所复原的二战时期城镇的 3D 模型。这些项目的研究为基于 WebGIS 的东北边疆史的研究辅助与成果呈现提供了较为直接的参考。

中国方面，起步较早、相对成功的有台湾"中研院"人文社会科学研究中心的"中华文明之时空基础架构"（CCTS）项目。① 该项目以谭其骧主编的《中国历史地图集》为基础，提供上古至清代的中国历代基本底图，并辅之以持续整理搜集的各类历史地图、遥测影像等基本

---

① 中华文明之时空基础架构 ［DB/OL］. http：//ccts. sinica. edu. tw/intro. php? lang＝zh-tw，浏览日期：2019 年 6 月 13 日。

数据，参考数据科学，是东北古史数据不可或缺的参考资源。由美国罗斯基金会资助、复旦大学历史地理研究中心与哈佛大学合作的中国历史地理信息系统（CHGIS）① 启动较早（2001 年），其目标在于建立一套中国历史时期的基础地理信息库，为研究者提供 GIS 数据平台，时间统计、查询工具和模型。目前，该库已更新至 V6 版本。由首都师范大学张萍教授领衔的丝绸之路历史地理信息开放平台是受国家社科基金重大项目与国家文化产业发展专项资金共同支持的科研项目。该平台在架构上主要是基于 WebGIS 技术，其研究空间主要是以丝绸之路沿线为基础，内容涉及相应历史空间的现状及古代诸王朝对这一政治、经济、文化流通空间的经略情况。从总体技术架构来看，该平台致力于建成一个提供基础历史地理信息和可视化编辑工具的综合历史地理信息平台。目前，该平台已推出测试版，部分数据可见，但多数使用功能和大部分数据尚未对外开放。

关于丝绸之路，复旦大学侯杨方教授在多年实地踏查的基础上采集了大量地理信息数据及影像资料，利用 WebGIS 技术复原了法显、玄奘的取经路线，高仙芝的远征路线，以及近代探险家荣赫鹏、斯文·赫定、斯坦因等的考察路线等，并通过多条线路对沿线的古城分布情况进行了标注。②

此外，浙江大学学术地图发布平台发布了部分历史数据，但东北边疆数据方面尚未见公开。台湾"中研院"历史语言研究所的中国历史地名查询系统③提供地名、地图与坐标三种检索功能，其中包含部分东

---

① 复旦大学历史地理研究中心 ［EB/OL］. http：//yugong. fudan. edu. cn/views/chgis_data. php，浏览日期：2019 年 6 月 20 日。

② 复旦大学丝绸之路地理信息系统 ［DB/OL］. http：//silkroad. fudan. edu. cn/project. html，浏览日期：2020 年 6 月 14 日。

③ 中国历史地名查询系统 ［DB/OL］. https：//newarchive. ihp. sinica. edu. tw，浏览日期：2020 年 6 月 14 日。

北历史地名数据，能够为东北古史地名空间信息提供参考。

东北地区尽管尚没有出现专门的数字人文研究中心，但使用数字人文技术对东北边疆历史进行研究的起点并不算晚。该方向的研究者多是来自于具有其他学科背景的交叉型研究者，这也符合数字人文研究的惯例。目前，学术界对中国古代城市历史地理进行研究的，主要有刘大平、金石柱、朴玉顺等数位教授。

自 2004 年始，哈尔滨工业大学的刘大平及其科研团队通过一系列硕、博士学位论文，完成了对渤海上京城建筑遗址的复原论证工作①；金石柱主要是通过 GIS 技术的空间分析方法，从宏观角度研究高句丽、渤海城址及相关遗迹空间分布特征②，他曾主持国家自然科学基金项目"地理学视角下的渤海遗址空间布局研究"，目前该项目已结项。沈阳

---

① 宋雪雅：《渤海上京城第一宫殿及其附属建筑复原研究》，哈尔滨工业大学硕士学位论文，2005 年；徐冉：《渤海上京宫城第三、四宫殿复原研究》，哈尔滨工业大学硕士学位论文，2007 年；李霞：《渤海上京城城门复原研究》，哈尔滨工业大学硕士学位论文，2008 年；刘川：《渤海上京城第二与第五宫殿复原研究》，哈尔滨工业大学硕士学位论文，2008 年；孙志敏：《渤海上京城内苑复原研究》，哈尔滨工业大学硕士学位论文，2008 年；孙志敏：《渤海上京城宫城主要建筑群复原研究》，哈尔滨工业大学博士学位论文，2014 年。以上学位论文皆由刘大平教授团队指导。刘大平、孙志敏：《渤海国建筑形制与上京城宫殿建筑复原研究》，哈尔滨：哈尔滨工业大学出版社，2018 年。

② 金石柱、李东辉：《地理学视角下的渤海史研究》，《延边大学学报（社会科学版）》2013 年第 4 期；金石柱、郑鑫：《延边地区渤海时期遗址分布与地理环境关系研究》，中国地理学会 2012 年学术年会论文，河南开封，2012 年；金石柱等：《朝鲜境内的渤海国遗址空间分布研究》，《延边大学学报（社会科学版）》2015 年第 5 期；金石柱等：《渤海国遗址空间分布与环境关系研究》，《延边大学农学学报》2015 年第 2 期；金石柱、肖龙：《吉林省东部地区高句丽、渤海国遗址分布对比》，《延边大学学报（社会科学版）》2016 年第 1 期；董振、金石柱：《基于 Logistic 回归模型的延边地区渤海国遗址预测研究》，《延边大学学报（自然科学版）》2015 年第 2 期。

建筑大学的朴玉顺主要从事高句丽建筑及山城遗址复原研究①，主持完成了国家自然科学基金项目"高句丽建筑演进研究"，对高句丽的建筑与城池进行了研究。

简而言之，数字人文属于近年逐步发展壮大的学术前沿交叉研究领域，东北古史数字人文体系的建构涉及历史学、考古学、历史地理学、民族学、民俗学、计算机科学与技术、地理信息系统等诸多学科领域，存在着显著的学科交叉特性。当前，数字人文技术在文献数字化、文本数据化、历史空间可视化诸领域取得了长足进步。将数字人文引入东北历史研究可以提高文献搜集、整理的效率，拓展文献共享空间；东北古史数据基础的建构，可以实现复杂文本环境下古史研究内容的快速聚合与远读，以及专题研究的文献抽取与文本细读；空间数据可视化可以为东北民族问题、边疆问题的研究提供科学的数据支撑。

三、研究问题

本课题拟解决的核心问题是东北古史研究数字人文体系的建构，即通过技术构建东北古史研究的数字化文献基础、数据基础、历史地理基础时空框架，并通过对具体历史问题的研讨建构数字人文研究模型。

其一，东北边疆史文献数据基础。以东北边疆史数字化文献为基础，通过文献数据库、文本—文献对照阅读系统实现文献集中管理、检索和文本的便利查证与精准引用。同时，探讨依托数字人文实验室实现

① 朴玉顺、邱弈：《丸都山城宫殿建筑复原》，中国建筑史学学术年会论文，甘肃兰州，2011 年；朴玉顺：《丸都山城宫殿建筑平面尺度构成特点》，中国建筑史学会年会暨学术研讨会论文，福建福州，2014 年；朴玉顺、姚琦：《独具特色的高句丽建筑造型艺术》，宁波保国寺大殿建成 1000 周年学术研讨会暨中国建筑史学分会论文，浙江宁波，2013 年；朴玉顺、姚琦：《从壁画和现有遗存看高句丽早中期建筑的造型特点》，《古建园林技术》2014 年第 2 期；朴玉顺、姚琦：《丸都山城宫殿建筑群使用功能划分探析》，《沈阳建筑大学学报（社会科学版）》2014 年第 2 期。

基于全网的东北古史文献的筛选机制，进而建立东北古史数字化文献的持续增量机制。

其二，东北边疆史数据体系。以数字文献的文本信息为基础，建立多文本辑录模型，进而建构东北古史专题文献数据生产技术链；以专题文献数据为基础，通过文本分词、词性标注、数据结构化处理，对东北古史专题数据进行特征分析和文本细读，建立东北古史史料特征分析模型；以时间、地名、人物、事件等本体信息为基础，构建东北古史百科生产系统，逐步完善东北古史文献解释体系；以数据可视化平台为基础，构建东北古史计算结果呈现体系和百科知识图谱。

其三，建设东北边疆史的空间体系。通过对古籍和研究成果中东北边疆史地名数据、历史遗迹数据、地图矢量数据的抽取，构建东北边疆史专题空间数据体系；通过开发东北古史空间数据平台，实现东北边疆史地名、边疆边界的便利化编辑，以及文科背景下低技术依赖的历史地图绘制、基本空间数据分析。

其四，开发应用型建模。以"渤海历史空间变动"为主题，打通数字化文献搜集整理、文本数据处理、空间数据抽取、空间可视化等各个技术环节，尝试建构数字人文技术在东北古史专项问题研究中的应用模型。

四、研究意义

（一）理论意义

东北古史研究存在着史料零散、文化遗迹跨越现今国境、学术成果涉及多国语言等诸多现实问题。加之，中、朝、韩、日、俄各自视角不同，对于史料的解读和史实的描述不尽相同，导致东北古史研究面临一些桎梏和局限。数字人文体系的建构，可以为东北古史研究提供助力：一方面，为研究者在史料文献、研究信息的获取上提供便利；另一方面，为研究者在课题选择上提供更加多维、多元的视角，在研究方式方法上提供更多可资借鉴的范例，在实际问题的解决上提供更好的技术支撑，在研究成果的发表、展示和传播方面提供更为便捷的路径。有鉴于此，本课题在理论上的贡献是将数字人文技术引入东北边疆史研究中，为东北古代文献整理、数据处理和空间问题的解决提供数字人文视角的范例。

（二）实践意义

其一，数据平台建设方面，我们经过几年的摸索，开发了综合平台。其中包含基于多类型文献数据存储、专题文本—文献对照阅读、WebGIS历史地图编辑器、东北古史百科的四位一体智能成长型东北古史研究数字平台。该平台承载东北古史相关文献及各种研究成果10万册，总体量超20亿字；承载中外各类基础文本数据、地图矢量数据、高清古地图栅格数据、珍贵原始档案5万件，总体量超过20TB；承载与数字人文相关的各种开源结构化、半结构化数据500套。这些数据将成为开展东北古史数字人文研究的基础。

其二，在技术方面，以数字人文为基础构建一套基于东北边疆史研究实际需求的多语言背景下数据挖掘与批量处理、非结构化文本数据抽取与文本计算、数据可视化处理、历史地理信息处理与空间可视化制图、珍稀古籍档案修复与呈现等的通用技术模型，并以此为基础搭建基于数字人文的数字共享平台，作为东北古史研究持续深入的技术依托。

其三，在科研方面，以数据平台为资源基础，以算法模型和样例为技术基础，服务于东北古史研究。这一方面可以为东北古史体系研究提供更多可利用的成熟数据，另一方面可以为提升这一研究方向的数字化水平提供技术支持。

五、研究思路

本课题以东北古史数字人文体系建构为研究核心，通过数字人文技术在东北古史研究中的应用，构建一种专门用于东北古代史研究的软环境。这种软环境是从史料收集、文献整理归纳、文献数字化处理，到史料中关键信息的按需抽取与数据化，再到东北古史空间基础架构的构建、全程参与的数字人文辅助体系。这种软环境对于没有技术背景的历史研究者而言是可操作的，即对于每一个研究节点，研究者都可以介入，为不同研究方向和不同技术背景的历史研究者提供其所需要的文献资源，以实际研究需求引入必要的技术环节，从而实现"技术辅助研究"，避免"技术桎梏研究"。

实现这一目标的基本思路是，数据平台由历史研究者主导设计，按照历史研究的实际需求，将技术及理念建构的东西放置到实际的东北古史研究过程中，采用例证的办法将技术过程一一呈现，说明当前已有的技术及其如何应用、应用过程、注意事项、应用效果、未来拓展方向等，从而辅助学术研究。

本书的基本框架结构是：绪论部分阐述选题的缘起、国内外数字人文领域的相关研究动态；第一章总论东北古史研究的数字人文空间，重点探讨东北古史建构的数字人文空间，具体分为内容建构和技术路径两个层面，建构的核心内容为文献体系、数据体系和空间体系，基本的技术路径是数据积累、平台建设和研究模型建构。第二、三、四章分别是东北古史文献体系及数据库建设、数据体系及平台建设、空间信息平台及其数据体系建设。第五章是对基于数据融合的东北古史空间变动个案的考察。

第一章

东北古史研究的数字人文空间

托德·普雷斯纳和杰弗里·施纳普在《数字人文宣言 2.0》中指出："数字人文不是一个统一的领域，而是一系列探索实践经验体系的融合。一方面，印刷品不再是生产和传播知识的唯一选项，印刷品自身业已被新的多媒体载体所吸引。"

数字人文主要是以工具的创新和方法的变革作为开端，技术、方法和平台的研发可以说是其研究和实践的物质基础。[1] 东北边疆史文献分布零散，研究者需要花费大量时间和精力进行搜集、整理与校勘。国内东北古史数据基础薄弱，适用于文本计算的数据共享程度不高，公开的以文本分析、数据分析、可视化为基础的研究模型相对较少。东北古史的一些敏感问题一直具有国际性热度，但囿于语言隔阂和互联网技术的阻遏，国际学界在研究中存在自说自话的情况，鲜少存在共识，需要科学技术的促进。而且，由于域外的干预，中国学者在学术发表上存在障碍，存在"失语"的风险。[2] 面对上述问题，数字人文能够带给我们新

---

① 蔡迎春：《数字人文评价：学科性、专业性、技术性》，《中国图书馆学报》2021 年第 4 期。

② 苗威：《建构中国特色的中国边疆学话语体系》，《中国边疆史地研究》2018年第 3 期。

的历史眼光，对历史研究无疑是有益的尝试。① 在新文科背景下，借鉴先进经验，以数字人文实验室为依托构建数字人文体系，有益于拓展东北古史研究的数字人文空间。

第一节　东北古史数字人文体系的技术需求分析

东北古史数字人文体系建构的基本目的是服务于中国东北古史研究，即通过客观、丰满的历史文献，丰富的历史数据与人文计算模型，精确的历史地理信息，为中国特色的东北古史话语体系建构提供助力。技术层面的实践构想是，在数字人文技术的支持下，融合古籍、历史地理信息和多国历代研究成果等，增加东北古史研究资源战略储备，为东北古史数字化研究模型的共享，以及新媒体传播提供开放型学术平台。

一、东北古史研究引入数字人文技术的必要性

随着文献资料迁移至网络技术，资料的生产、可用性、有效性及管理问题为人文主义者带来了新的机遇与挑战。② 首先，与中国古代史正史研究相比，东北古史研究资源更为零散，且缺乏系统的文献学支撑。随着国内外文献数字化进程的加快，传统的研究方法遭遇瓶颈，需要通过数据平台补齐数字文献和研究数据搜集、整理及共享的短板。其次，在数字化高度发展的背景下，东北古史研究面临新情况。与西北、西南边疆相比，东北边疆古史研究资源不仅分布于中国境内，在海外也有大量流布。值得关注的是，海外尤其是韩日两国在文献数字化方面比较完

---

① 王涛：《数字人文框架下〈德意志人物志〉的群像描绘与类型分析》，《历史研究》2018 年第 5 期。

② ［美］安妮·伯迪克等：《数字人文：改变知识创新与分享的游戏规则》，马林青、韩若画译，北京：中国人民大学出版社，2018 年，第 43 页。

善，其中与东北古史研究相关的数据开发资源也较为丰富。这在一定程度上凸显了我国东北古史数据基础滞后的现状，亟待通过数字人文技术破除数据垄断，争取数据话语主动权。最后，在研究话语上，中国东北古史研究与海外相关研究存在龃龉。在历史疆域和古代民族政权属性等敏感问题方面，海外对中国话语存在针对性的监测与解构，很多历史问题更显敏感和复杂。有鉴于此，数字人文技术的介入可以对海外研究动态进行更高效的监测和评估。

（一）东北古史研究资源亟待整合

史料是历史研究的基础，系统的、充分的、经过检验的史料是历史研究的坚实基础。① 东北古史研究无论是对史实的论证、理论的构建，还是对国内外争议、热点问题的回应，都需要从史料实证角度出发，通过翔实、准确的史料来论证历史体系各个节点的基础特征及与节点直接的关联，廓清不甚清晰的历史细节，梳理出零散文本下相对模糊的历史线索。其中，需要大量历史文献、考古资料和研究成果的支撑。东北古史资料既包括发掘的新史料，又包括对纷繁复杂的旧史料更加深入地解析，抑或通过史料与考古成果关联而挖掘史料背后所得的历史新知。当前，进一步推进东北边疆史研究所面临的第一个困难就在于此。从数字人文的视角来看，东北古史文献存在着基于内容、时间和空间三个层面的零散性。

在内容层面，不同时代的历史文献类型不同。东北古史资料隐藏于经、史、子、集的字里行间和金石文献之中。宋金以降，又有诸如契丹小字②、

---

① 陈高华、陈智超等：《中国古代史史料学》（修订本），天津：天津古籍出版社，2006年，第1页。

② 清格尔泰：《契丹小字研究》，北京：中国社会科学出版社，2018年；清格尔泰等：《契丹小字再研究》，呼和浩特：内蒙古大学出版社，2018年。

蒙古文①、满文②等资料。时间越靠近现代，东北古史文献资源越多。当代，随着数字文献的发展，除了中国境内的资源，还有相当一部分境外资源。当代考古学的进展，在一定程度上补充了东北古史文献数据。在这种情况下，传统的以"时间—区域"专题为基础的文献整理和出版，一方面难以构建完整的动态增量的东北古史文献体系；另一方面，整理出版的文献成果本身仍然处于"信息孤岛"状态，不能形成连续的时空体系和整体关联的知识网络。

在时间层面，现有的东北古史研究基本是分段的，一部分依据民族、政权的发展时段划分，其中专注不同疆域空间的研究者对时间阶段各有理解，多数依据中央王朝更迭的时段划分。如李治亭主编的《东北通史》③ 中古代史部分的基本叙述框架为先秦、秦汉、魏晋南北朝、隋唐、辽金元、明、明清之际、鸦片战争前。傅朗云、杨旸《东北民族史略》④ 的基本叙述框架为秦以前、秦汉三国西晋、南北朝隋唐、辽金元、明清。其余诸如《东北历代疆域史》⑤、《东北民族史纲》⑥、《中国东北史》⑦ 亦多如此。历史发展的时间是线性的、连续的，时段划分是人为的产物。东北古史的整体时间与中央王朝更迭存在着相当程度的关联变动，但不同历史阶段东北古代民族、地方政权的存续

---

① 包文汉、乔吉等编著：《蒙文历史文献概述》，呼和浩特：内蒙古人民出版社，1994 年。

② 乌云毕力格主编：《满蒙档案与蒙古史研究》，上海：上海古籍出版社，2014 年；吴元丰：《满文档案与历史探究》，沈阳：辽宁民族出版社，2015 年；王敌非：《欧洲满文文献总目提要》，北京：中华书局，2021 年。

③ 李治亭主编：《东北通史》，郑州：中州古籍出版社，2003 年。

④ 傅朗云、杨旸：《东北民族史略》，长春：吉林人民出版社，1983 年。

⑤ 张博泉等：《东北历代疆域史》，长春：吉林人民出版社，1981 年。

⑥ 蒋秀松、朱在宪：《东北民族史纲》，沈阳：辽宁教育出版社，1993 年。

⑦ 佟冬主编：《中国东北史》（修订版），长春：吉林文史出版社，2006 年。

时间不尽相同，因此，以民族、地方政权为主体的时间节点划分存在差异。再者，部分历史问题恰恰就出现在东北地方与中央政权更迭不相一致的时间拐点之中。从文献和数据的角度来看，时间的隔断不利于数字化文献的整体性、连续性积累。按时段整理的历史文献，尽管在断代史的研究中具有史料集中的优势，但仍存在不同主题叠加重合、部分内容遗漏等问题，不利于数据的综合处理和全局性数据网络的形成，这在一定程度上，制约了东北古史的文本远读和细部数据的全面提取。

在空间层面，东北古史研究一般会以不同时期的政治势力为专题，如高句丽历史空间研究①、渤海的历史疆域研究②，辽、金、元等在各自主宰的时间内拥有的自身历史空间③，亦有以当代黑龙江④、吉林⑤、

---

① 王欣媛：《高句丽"南进"研究》，东北师范大学博士学位论文，2018 年。

② 刘加明：《渤海国"北进"研究》，东北师范大学博士学位论文，2020 年。

③ ［日］平田茂树、余蔚主编：《史料与场域——辽宋金元史的文献拓展与空间体验》，上海：上海人民出版社，2021 年。

④ 周全：《黑龙江境内之陶器遗存与黑陶文化散论》，《绥化学院学报》2012 年第 2 期；刘晓东：《黑龙江先秦史研究中的几个问题——写在张忠培先生逝世一周年之际》，《北方文物》2018 年第 3 期；石岩：《20 世纪黑龙江省渤海时期考古的历史与成就》，《北方文物》2013 年第 2 期；赵哲夫等：《黑龙江宁安市渤海时期山城址和长城遗迹调查简报》，《北方文物》2021 年第 4 期。

⑤ 高志超：《清代吉林地区的棉花试种》，《清史研究》2020 年第 4 期；佟大群、李路华：《清代吉林中西部土地财政问题述略》，《社会科学战线》2015 年第 11 期；刘晓东：《"术"与"道"：清王朝儒学接受的变容——以吉林文庙的设立为中心》，《中国边疆史地研究》2014 年第 3 期；谷长春等：《吉林地域文化的形成及传统特色——〈中国地域文化通览·吉林卷〉绪论》，《社会科学战线》2013 年第 10 期；杨雨舒：《渤海国时期与辽金时期的吉林城镇》，《辽宁工程技术大学学报（社会科学版）》2011 年第 5 期。

辽宁①三个省级行政区划为范围的研究，边疆、民族选题也有历史空间视角的研究②。人为划定的空间范畴，在专题研究方面固然有利于研究者专注、深耕，形成术业有专攻的专学效果，但实体政治势力的嬗替会导致固定空间内的易主，使其因"人力有时穷"而被迫切割成模块或片段，这种情况下采用专题研究容易造成模块之间"间隙"区域的遗漏，不同模块之间历史解释的差异和冲突，不利于东北历史空间整体性的构建。从东北古史文献和数据整理的角度来看，有一部分典籍、文献的整理成果是依据空间模块进行分类的。

研究视角的差异性造成东北古史文献整理成果重复、隔断，造成繁杂而不完整的马赛克形态。③ 因此，有必要建立整体的、有机统一的数字文献体系，为东北古史体系的整体性建构和细部专题的深度拓展提供科学、系统、便于检索的史料数据，呈现同一地域内不同历史时期的空间叠加层次，中国与周边交往、交流、交融的直观图谱。

（二）东北古史数据滞后问题突出

当代，信息高速传播与高度共享，大量的纸质文献被加工成数字文献，并通过互联网共享，已很少有人能因掌握独家史料而领先他人。从新文科的视角来看，当前东北古史研究数据相对滞后具体包含三层

① 陈磊：《辽宁境内辽代墓葬分期研究》，辽宁师范大学硕士学位论文，2015年；张翠敏：《辽宁境内辽属汉人分布区遗址出土陶器及相关问题研究》，《辽金历史与考古》第五辑，沈阳：辽宁教育出版社，2014年，第43~52页；都兴智：《论金代辽宁境内的猛安谋克与人口》，《东北史地》2007年第6期；张福有：《辽宁境内的高句丽部遗迹遗物》，《东北史地》2007年第2期；都兴智：《略论辽朝统治时期辽宁境内的民族》，《辽宁工程技术大学学报（社会科学版）》2006年第6期。

② 宋卿：《试述唐代东北边疆重镇营州的权力伸缩》，《史学集刊》2014年第3期；马颖忆：《中国边疆地区空间结构演变与跨境合作研究》，南京师范大学博士学位论文，2015年。

③ 李西建、金惠敏主编：《美学麦克卢汉：媒介研究新维度论集》，北京：商务印书馆，2017年，第157页。

逻辑。

　　一是，全球文献数字化进程越快、共享程度越高，中国东北边疆历史数字化文献的潜在增量就越大、类型就越加多元。但在没有建构相应数据搜集、整理和管理体系的情况下，中国东北古史文献的相对分布状态就越加零散。近年来，域外各种学术机构及部分学术团体以数据平台资源整合为契机，在东北民族政权（诸如古朝鲜、扶余、高句丽、渤海）的文献整理方面迅速实现数字化，呈现"文献资源整理—学术信息收集—对策研究—数字化传播"的体系化发展现状。例如，韩国历史信息综合系统基本实现了其所期待的有关古代历史资源的整合。日本、俄国和欧美地区也有大量与东北古史相关的资源陆续在各藏书机构和科研机构公布。东北古史研究的部分关键环节呈现出基础文献在国内、数字化资源在国外的资源倒挂趋向。[①]

　　二是，数字人文技术越发展，全球文献数据化程度越高，从数据权属到数据话语的转换程度越快，中国东北古史研究在缺乏相应数据技术体系和数据标准的情况下相对的数据基础就越薄弱，史料的解释权及历史研究的话语权被稀释的可能性就越大。东北古史数字人文体系建设的核心功能之一是助力中国特色东北边疆话语体系建设。[②] 东北边疆史的研究主要涉及中国、朝鲜半岛、俄罗斯、日本及部分欧美地区的学者和科研机构。现有的语言隔阂和互联网技术阻遏，导致学者对本国之外的历史研究了解相对滞后、片面，数据准备不够充分，数据"失语"现象明显，在应对上自然也就缺乏针对性和预见性。在"民族国家"话语体系建构中，诸多与中国东北古史史实或历史疆域关涉的内容被唯一

---

　　① 陈建红、史话：《数字人文在边疆历史研究中的应用》，《云南师范大学学报（哲学社会科学版）》2021 年第 4 期。

　　② 苗威：《建构中国特色的中国边疆学话语体系》，《中国边疆史地研究》2018年第 3 期。

性地纳入所谓的"民族史"体系之中，并通过数字文献和数据的全球共享潜移默化地以知识共享的形式推向国际，意图由数据权属顺势形成历史认知权属。在相关数字文献和历史数据的公开与共享过程中，海外平台通常是选择性地将近代以前的"朝贡—册封"关系史料冠以区域交流史，将由中国主导的区域间技术传播、灾异援助等人类命运共同发展中的中国元素淡化，甚至"丝绸之路"这样发端于中国的文化长廊，其起点和线路也存在被解构的迹象；"箕子信仰""尊周思想""再造之恩"等原本有利于加强中国与东亚其他国家文化关系及区域文化共通性的相关资料，或被隐藏、被回避，同时被搁置，或通过文本翻译、数据化处理曲解误读。近年来，有关国家加强了对中国东北边疆史的针对性研究，从中国正史资料解构、重大历史问题专题史料数据重构、边疆边界及历史遗迹空间数据制作、基于数字人文的网络化历史教育等多方面着手，着力构建一套民族历史话语体系，并尝试基于互联网通过多种语言加强国际传播。在国外的网络中，很多数据话语脱离协商对话的学术研讨语境，体现出明显的针对性，以确定的话语语境叙述东北民族的历史，并使相关历史成为某个民族历史的一部分，同时将中国正面的历史叙述指认为"歪曲"。这些动态的、指向明显的研究及其传播路径应该引起学界关注，并以学术的方式进行回应，而不是闭门塞听，任凭对方指鹿为马，满足于虚无而畸形的区域宁静。

三是，东北古史文献多、数据体量大，加之跨疆域历史的"国际性"，使得参与研究的学者国别不一、人数众多，学术成果累积越来越丰富。而这种情况也导致东北古史体系构建的逻辑愈发复杂、多元，在缺乏凝聚性数字空间平台的情况下，其整合难度越大，分歧大于合力的风险就越高，来自国内、国际的话语争议也就越多。历史理解重要而困

难的地方在于，历史主体的行动价值如何得到客观的理解。① 在东北边
疆史的研究中，学者一般以不同视角解读文献，通过对各类记述文本的
深度解读来阐明隐藏在文字背后的历史问题；或者是通过引进、建构新
的历史概念来重新解构部分历史文献，更新某些既定的历史结论②。然
而，受思维方式、纸本载体和技术条件的限制，人文学者更倾向于从研
究对象本身的属性和时间维度展开描述性研究，极易陷入资料离散、时
空分离、自我认知（灵感与洞察）及缺少"精确方法"的困境，这在
很大程度上影响人文研究的客观性和科学性。③ 因此，历史论证逻辑或
多或少地夹杂着一定的主观因素，时常造成的结果是：新的观点固然有
可取之处，但原来的观点也未必没有道理，历史争议由此而起。论证逻
辑的局限更进一步的影响则体现于对基于中文尤其是利用古代文言文书
写的文献进行条分缕析时，很难用国际化的语言或论证方式进行表达，
在文本数据化、数据客观化、表达可视化等方面短板明显。因此，国内
东北古史领域尽管学术繁荣、成果众多，但在扩大国际影响力方面略显
单薄，在一定程度上反映了论证逻辑上的局限性。一言以蔽之，传统的
历史研究作为西方学界公认的准科学，其科学性需要通过定量研究来增
强信度。

　　呈指数增长的数据和成熟的平台给东北古史研究提供了突破瓶颈的

---

① 钮亮：《数字人文视域下的历史客观性理解问题》，《图书馆论坛》2018 年第 4
期。

② 范恩实在《靺鞨兴嬗史研究——以族群发展、演化为中心》一文中，借助英
国民族社会学家安东尼·史密斯提出的古代族群演化三阶段理论，即"族类""族群
网络""族团"，结合文献记载与考古发现材料，重新审视肃慎—挹娄—勿吉—靺鞨间
的族群演化线索，辨析族群兴嬗背后人群构成的差异性及认同形成、发展、演变的过
程。范恩实：《靺鞨兴嬗史研究——以族群发展、演化为中心》，哈尔滨：黑龙江教育
出版社，2014 年。

③ 张耀铭：《数字人文的研究与评价》，《江南大学学报（人文社会科学版）》
2021 年第 5 期。

机遇。但从另一个层面来看，更是提出了挑战。这种资源外化的倒逼现状，使得东北古史数字人文体系建设成为刻不容缓的课题。当前，基于互联网实现数据资源的聚合，要保证"人有我有""人无我有""我有我精准"，然后在"有"的基础上，通过数字人文技术打破史料载体之间的孤立状态，将数字文献加工成颗粒度更细、更利于多角度地开展统计计量、可视化数据的呈现，为发现传统数据资源条件下无法发现的问题并得出相关结论提供可能①，进而做到"人有我优"，这是东北古史研究基础建构的理想状态。

（三）东北古史研究面临新情况

国际学术研究及历史舆情动态使东北古史国际话语面临挑战。东亚其他国家在数字人文领域的研究发展较快，导致其话语更加"现代"且新鲜。国外的有关机构全面搜集东北边疆史文献、考古资源和历史地理信息构建文献数据体系，并通过对文本的整理与解读、图像的虚拟与现实，"富有情感地"将历史叙述成想象的样子，在本国民众中广为传播，成为"信然"，并在国际学术领域和民间广为传播，确实达到了鹿已成马的效果。对中国而言，东北古代边疆历史研究领域面临着文献属权在国内、数字资源在国外，传统历史问题在国内、现代研究平台在国外，客观历史话语体系在国内、现代传播体系在国外的局面。而技术的运用，使得平面变为立体，无言的陈述变为有声的呈现，观点的民间普及程度加强。

在"新文科"背景下，东北古史研究需要顺应趋势，寻求突破。我国的"新文科"建设发端于 2018 年，教育部高等教育司在"四新"建设中明确提出"新文科"。2019 年 4 月，"六卓越一拔尖"计划 2.0 正式启动后，"新文科"建设引起社会广泛关注。② "新文科"在形式

---

① 黄水清等：《计算人文的发展及展望》，《科技情报研究》2021 年第 4 期。

② 樊丽明：《"新文科"：时代需求与建设重点》，《中国大学教学》2020 年第 5 期。

上体现了实践需求导向下多学科跨界融合，在学理上追求科学性与价值性的统一，在研究范式上注重新技术、新思维引导下的方法创新。① 这种守正与鼎新相辅相成的时代特征，为东北古史研究的突破性发展提供新的机遇。一方面，在数字人文技术的推动下，史学研究突破了传统研究模式下个体研究者的精力限制，改善了历史资料获取的路径，实现了史学家期望的"上穷碧落下黄泉"式的史料搜集规模②，这对升级东北古史文献数据体系，进一步坚实研究基础是极大的利好；另一方面，数字人文是数字化、智能化环境下多学科汇聚的学术增长点，为人文学科的发展提供了新方法，注入了新活力，也在某种程度上突破了传统史学的格局③，这对于拓展东北古史研究视野，提升东北古史研究质量，完善东北古史学术体系、学科体系和话语体系具有积极作用。

"旧"的知识结构制约了新资源、新技术和新方法的推广。在新时代需要发现新问题，通过对历史问题的研究，关注并回应现实需求。东北古史数字人文体系建设的展开，从某种意义上是对人文社科研究前沿的积极回应。部分历史研究者已经关注到数字人文技术在解决东北历史问题过程中的潜在学术价值，但初步介入数字人文领域的学者，存在两种困境：一是人文学者缺乏技术背景，导致在积累了丰富的学术资源之后，建立语料库等预案仍然停留在"学术设想"的层面，无力施行；二是计算机等技术专家缺乏人文专业背景，使高端技能"无的放矢"。

当前，数字人文相关的信息技术已经得到长足发展，人文社会科学

---

① 李凤亮：《新文科：定义·定位·定向》，《探索与争鸣》2020 年第 1 期。

② 马敏、薛勤：《大数据历史与新文科建设》，《新文科教育研究》2021 年第 1期。

③ 邓小南：《数字人文与中国历史研究》，《中国文化》2021 年第 1 期。

领域内已经可以对数据资源进行批量整理，也可以实现文本信息提取、实体关系抽取、数据分析与可视化呈现、历史地理信息矢量化与数字地图绘制等。但对于东北历史研究群体而言，历史研究所需的文本计算、数字建模、知识图谱、数据管理、历史地理信息系统等技术的掌握相对薄弱，这在一定程度上限制了对海内外日益增长的新资源的利用，更不利于新技术和新方法的推广。

二、东北古史数字人文体系建设的内容

当代学术研究的方法具有不同于传统的"新"，体现在内容、形态、路径、目标等方面，与既往研究既有不可忽视的差异，又有一脉相承的延续。[1] 东北古史研究在数字人文技术的加持下，凝集传统史学研究优势，形成新的发展动力，以空间为载体，把文献、数据和人才融合为一个整体，具有实践上的可行性。通用化是数字人文项目持续更新和技术不断进步的前提。东北古史数字人文体系建构是一个长期的系统工程，其建设需将各个环节的技术打通，并以互联网技术将体系建构所需的数字技术通过软环境建设进化为能为人文学者所轻松操作的通用平台，从而实现业内资源共享、技术互助、体系共建、外部传播互联，为东北古代边疆历史话语体系建设得以持续推进、不断完善提供重要保障。东北古史研究，尤其是东北边疆史研究的核心任务是科学话语体系的建构[2]，在基础设施建构方面应该充分考虑当前数字人文技术的发展趋势，重视数据体系建设，具体而言就是要落实基础数据积累、研究模型建设和数字平台建设。

---

① 武宝瑞：《新文科建设需要解决好的三个前置性问题》，《上海交通大学学报（哲学社会科学版）》2020 年第 2 期。

② 苗威：《建构中国特色的中国边疆学话语体系》，《中国边疆史地研究》2018 年第 3 期。

（一）基础数据积累

基础数据积累是东北古史数字人文体系建设的前提和基础，也是确保体系建设稳定持续、客观真实、不断推陈出新的根本保障，主要包括史料文献的整理与数字化，历史数据的搜集、整理与共享机制建设，历史空间数据的搜集、整理与生产三个方面。随着遵从标准的网络服务和云计算的出现，互联网可以共享并获取海量数据集。从数字人文的角度看，这意味着通过平台向学术圈和公众共享整个研究数据集成为可能。在实践上，这意味着搜索和发现工具能够对从档案馆、图书馆和资源库中找到的完全分散的数据进行识别、汇聚和整合，并根据研究者的需要提供适合的呈现方式。[①] 在资料搜集方面，与传统的人文学术生产形式相比，数字人文具有文本资料的多样性、可扩展性及可增加性。[②] 东北古史资料的整理与数字化，主要是针对珍本文献进行高清数字化处理，对海内外东北古史数字文献进行全网搜集，从而建立东北古籍文献数据库，珍本文献数据管理、校注与呈现系统，古旧地图档案高清展示与线上批注系统。历史数据的搜集、整理与共享机制建设，主要是在数字人文实验室的支持下，搜集海内外东北古史研究相关的开源数据集并从中提取东北古史数据，完成东北基本古籍文本数据体系建设并从中提取东北古史基本实词库，通过 NPL 完成东北古史命名实体标注，逐步建立东北古史语义网络和数据共享标准。历史空间数据的搜集、整理与生产，主要是指通过历史遗迹的调查与数据处理、区域行政与边疆史地沿革地理信息数据梳理、古籍文本地名的空间属性赋值完成东北古史基础历史地理信息体系建设。这三个方面相互联

---

① ［美］安妮·伯迪克等：《数字人文：改变知识创新与分享的游戏规则》，马林青、韩若画译，第 64 页。

② ［美］安妮·伯迪克等：《数字人文：改变知识创新与分享的游戏规则》，马林青、韩若画译，第 49 页。

系、相互促进，最终通过东北古史语义网络形成知识的自我累积与自主增量。

（二）研究模型建设

数字人文技术不仅能够提供保存资料的现代化手段和查找资料的检索工具，还可以协助研究者重新组织、分析资料，提供一种探索环境，形成数字史学的研究方式。① 研究模型建设则主要是在东北古史现有研究成果的基础上，尝试通过数字人文技术研究东北古史的热点、难点、疑点问题，建构文献分析、文本计算、计量统计、空间分析等研究模型，构建东北古史数字人文体系的应用支撑，其具体包括：基于古籍数字文献的文本比较与远读，如通过东北古史文献叙述的多版本批量比对探寻历史话语演进的基本规律，再如从批量古籍文本中抽取某一东北古史专题数据并进行文本特征分析等；基于东北古史的数字空间分析，通过空间分析，了解特定专题的时空属性（历史地理）演进，如民族源流的空间演进、政权叠加与区域移动的空间形态等，通过文本计算、计量分析探究东北古代社会治理、经济、文化、宗教、思想等。研究模型建设是通过一系列研究案例的示范积累，建构基于数字人文的东北古史学术研究与话语科学表达的技术范例集群。实现案例集群的通用化处理后，将积累数据进行标准化处理，放置到研究模型中，根据特定学术需求，通过模型解析生成研究成果所需要的支撑数据，运用数据分析来发掘文本背后所隐藏的历史史实，并以文字段落、知识图谱或语义网络的形式表示出来，最终生成可以佐证史学观点的语义段落和客观支撑历史结论的数据计算结果。

（三）数字平台建设

随着信息技术的发展，从辅助性工具、数字化技术，到知识挖掘、

---

① 申斌、杨培娜：《数字技术与史学观念——中国历史数据库与史学理念方法关系探析》，《史学理论研究》2017 年第 2 期。

分析、展示的平台，计算机及相关技术之于人文计算乃至人文科学的重要性与日俱增。① 数字人文技术在历史学领域的应用，由根据学者个性化需求所展开的数字人文实践，向面向全体或特定研究领域的数字人文平台方向发展。东北古史数字人文平台由数字文献体系、数据体系和数字空间体系融合而成。

在文献领域，数字人文平台能够提高文献可靠度与精确度，减少文献查阅的时间成本，通过数字人文平台对文献资料的多种处理方法，可以增强文献流动性，放大文献的利用价值。② 同时，数字文献也是东北古史数据和空间数据的重要来源和验证依据，通过数字文献体系可以建构东北古史基本文献基础。

在数据分析领域，数字人文能够集学习、研究为一体，不仅能够对文本进行再生产，还能衍生出相应的资料库及平台。数据体系承接数字文献的数据生产结果，提供东北古代时空架构的空间数据，积累东北古史数字人文研究的技术基础。因此，数据体系是沟通文献平台与空间平台的重要枢纽。在历史地理信息领域，地理分析、数字制图平台和解释性历史实践相集成，形成丰富而多维的位置探索。③ 借助历史地理信息系统（HGIS），以历史事件为时刻数据建构模式，结合电子文献数据库标注技术，发展图文整合的时空信息平台，可实现数字文史资源的整合，向数字人文跨领域研究发展。④ 数字空间体系是东北古史空间变动，尤其是边疆问题研究需求导向的产物，既可以成为东北古史文献的空间位置信息可视

---

① 黄水清等：《计算人文的发展及展望》，《科技情报研究》2021 年第 4 期。

② 周建新、谭富强：《数字人文：作为学术资料再分配的新形式》，《图书馆杂志》2021 年第 2 期。

③ ［美］安妮·伯迪克等：《数字人文：改变知识创新与分享的游戏规则》，马林青、韩若画译，第 49 页。

④ 刘琼等：《大数据时代人文研究前沿与探索——南京大学"数字人文"学术研讨会综述》，《图书馆论坛》2018 年第 3 期。

化注解的工具，又可以成为东北边疆空间研究精确化的技术支撑。

三、东北古史数字人文体系的核心价值

数字人文是一个围绕着技术与人文学术诸多不同活动的伞状概念①，就东北古史研究而言，其核心主题涉及文献的数字化处理、保存与共享，历史研究数据的生产与应用，数字空间建构、空间数据生产与可视化等方面。数字人文对东北古史研究的促进，不仅将历史研究者从机械、繁重的资料查找、文本比对等工作中解脱出来，使其在学术研究中具有更广阔的思辨、演绎、推理空间，而且表现在通过数字化、工具软件等手段，将社会科学领域的研究方法引入东北古史研究领域，创新历史研究方法和研究范式，为历史研究提出问题、界定问题和回答问题提供新的视角。② 从数字人文的视角来看，东北古史数字人文体系的构建主要有如下三个核心价值。

（一）丰富东北古史的学理构建

中国古籍文献在语言学、历史学、文献学等人文社会学科研究中占有重要地位。多年来，在古籍数字化项目的推动下，大量的古籍数字化文本产生，为数字化研究提供了极大的便利，也逐渐改变着人文学者的阅读方式，丰富了人文学者的阅读体验，给人文学者带来了新的观察与分析方法，对人文学者的研究及古籍数字化资源的开发利用具有重要意义。③ 对于东北古史研究而言，如何通过数字文献的制作与整理、数据资源的聚合与完善，实现东北古史的客观解读；如何通过多种类型的文

① 张正：《数字人文的工具属性研究》，《图书馆研究》2019 年第 5 期。

② 宋玲玲、郭晶晶：《科学知识图谱视角下国内外数字人文领域研究分析》，《图书馆杂志》2020 年第 7 期。

③ 欧阳剑、任树怀：《数字人文研究中的古籍文本阅读可视化》，《图书馆杂志》2021 年第 4 期。

本计算、数据计量、情感分析，构建多元、多维的东北古史体系；如何通过多元资料的专题数据抽取，为东北古史尚未廓清的难点、疑点、热点问题提供更为丰富的资料支撑，助力模糊的微观历史具象化，推动带有情感争议的历史论题客观化，甚至数据定量化；如何通过便捷的数据共享平台激发东北古史研究的活力，是历史研究者必须重视的课题。

从中央王朝的角度来看，东北作为一个区域，历经千百年之演变，疆域屡经变革，或扩大，或缩小。① 利用数字人文技术构建空间数据平台，凝集东北古史空间数据，动态呈现东北历史空间样态，可以助力许多似是而非问题的解读。例如，在历史演进过程中，"东北"概念的形成过程与演进逻辑；在东亚认知体系中，中国视角中的"东北"与他者视角中的"东北"之间的差异与共通之处，以及它们在不同历史时期的具体表现形式；中国的边疆概念与东北边疆之间的历史逻辑关联、东北古史与东北边疆之间的逻辑关联；自我叙述的东北历史时空与他者认知的东北历史时空之间的关联与差异；东北古史数字人文体系的内在肌理和外部形态的解构方法与建构逻辑。这些需要从学理层面加以解决的问题，是东北古史数字人文体系建构的基本出发点。

（二）创建深度融合、实时增量的文献、数据管理机制

数字环境中采用数字技术制作的作品与印刷世界的作品有很大不同，这些差异主要表现在材料构成、著述方式、意义创造方式、流通、阅读、观看、导览、展现、交互、表达等方面。② 史睿认为，数字文献资料大致可分为三类：基于传统纸本文献的数字影像、数字编码的全文本、结构化的数据库或知识库。③ 数字人文技术的发展催生了新的资料

---

① 李治亭主编：《东北通史》，第 7 页。

② ［美］安妮·伯迪克等：《数字人文：改变知识创新与分享的游戏规则》，马林青、韩若画译，第 29 页。

③ 史睿：《数字人文研究的发展趋势》，《文汇报》2017 年 8 月 25 日。

分享形式，扩大了传播规模，增强了资料文本的流动性，提高了学术资源供给与需求之间的匹配效率及其精确性。①

鉴于此，东北古史文献、数据的搜集和管理要结合自身特点，构建文献数据体系，要转变"静"的文献存储理念，构建动态增量、交互响应的历史文献数据体系，实现不同类型文献与不同类型数据的深度融合，为通过简便操作实现专题文献抽取或者直接调取数据创造可能。同时，通过提供源源不断的新材料，碰撞新思路，开拓新视野，打造语义网，构建历史文献解释体系，掌握文献解释权，提升东北古史研究的话语精度、理论深度和反应速度。

（三）勾勒东北边疆史空间叠加与演进图谱

在历史发展进程中，"东北"的历史空间范围时盈时缩，部分时期的疆域空间超越了近代以来的疆界范围，北部边疆曾延展到今俄罗斯境内，东部则涵盖今天的朝鲜半岛北部。因此，东北地区的疆域谱系需要利用数字空间技术，以时间轴为线索层层揭示、多维呈现、综合叠加，构建逻辑清晰、论证有力、谱系严整的空间图谱形态。

在数字人文的空间领域，博登哈默等人提出了"深度地图"（Deep Maps）概念。该理论认为，深度地图可以融合多种类型的数据，提供便捷的数据访问，更好地适应人文数据的不精确性和主观性，允许多种观点和解释的存在。在东北古史领域构建此类数字空间框架，可以实现历史文献、历史数据、历史地图的多维融合。深度地图的最终目标是创建在现象学尺度上运行的数字环境，使人们可以用它来创建空间叙事，利用信息技术将复杂、多样、"极其凌乱"的空间数字信息整合成有意义的空间语义。这对于在东北边疆史地研究过程中架构数字空间，融合多元历史数据，勾勒东北边疆历史进程中的空间演进形态具有借鉴

---

① 周建新、谭富强：《数字人文：作为学术资料再分配的新形式》，《图书馆杂志》2021年第2期。

意义。

综上所述，在技术发展、"新文科"建设等背景下，东北古史研究的过程和结果呈现环节都需要数字人文的支撑：东北古史体系文献的构建需要通过数字人文技术获取；历史文献内容的阅读需要借助文本计算、计量分析等数字人文方法；研究结果的呈现需要可视化技术支撑；历史空间图谱的构建既需要基于文献的考订、论证，又需要雄厚的文献数据体系支撑，更需要基于数字制图的历史地图绘制和动态展示框架。这些都需要多维一体的数字人文技术体系才能实现。

第二节　东北古史数字人文体系建构的技术路线

技术路线（Technology Roadmap）包括为达到研究目的而制定的研究方法、实践路径和具体步骤等，其通常通过图形结构梳理整体目标的各个环节及环节之间的关系。东北古史数字人文体系需要在明确内涵的基础上，通过需求分析完成基础架构的原型设计。

东北古史数字人文体系的基本架构分为数据、技术和前端三个模块。数据是核心，由历史文献、研究数据、史地空间资源组成，是东北古史的资源保障；中间层由东北古史资源搜集技术框架、文献及数据处理工具软件与技术模型、数据存储软硬件、文本计算与计量模型、数据可视化模块构成，是东北古史数字人文体系的技术内核；呈现层是承载数据和研究成果的前端。三者之间有机联系，互为支撑，共同服务于东北古史文献体系、数据体系和数字空间体系三个核心功能。

一、东北古史文献体系建构的技术路线

东北古史文献体系的基本需求主要包括资源全面、内容准确、检索高效等层面的内容，诸项合力方能够促进东北古史的科学化研究及在

"辨章学术，考镜源流"① 的文献校勘、注释环节提供数据保障和技术支持。具体而言，其技术路线为"研究需求→人文思路→技术路径→解决方案"，通过文献数据库、文本对照编辑与阅读平台、文本内外解释体系、知识辅助生成体系，对应解决东北古史文献检索、文献准确性保障、文献的注释与校勘、文本远读等问题。

文献检索包括资源检索和内容检索。资源检索，是指有关东北古史的文献搜集，具体包括：以东北古史文献为对象，完成全球范围内的资源分布调研、搜集、整理，建立东北古史古籍原典数据基础；以学术成果为对象，完成对海内外东北边疆史研究的现状调查与资源搜集，在东北古史文献数据基础上，通过对重点机构研究成果的持续监测与搜集，形成研究动态数据增量体系，进而对文献数据进行分类梳理、数据描述和关系标注，将文献数据转化成机器可读的格式，形成题录数据②。内容检索，是通过对已有资源内容的检索获取研究所需的内容，主要包括题录检索、全文检索和知识检索。题录检索是通过对学术资源目录的检索，生成专题文献题录，供研究者进行宏观参考；全文检索是通过对于文本全部内容的检索生成研究所需的专题文献，对学者而言，这意味着他可以访问已出版的每本书的每个版本中的每个词，还可以为了解答所研究问题而专门定制搜索，而这次搜索也会以递归方式成为系统数据的一部分③；知识检索是通过文本计算清洗出研究所需的核心内容、实体关系、主要观点等可供研究者判断的基础知识体系。实现上述文献检索需求，需要一套从纸质文献到数字文献，再到文本数据的生产流

----

① 章学诚著，王重民通解：《校雠通义通解》，上海：上海古籍出版社，1987 年，第 1 页。

② 朱本军、聂华：《互动与共生：数字人文与史学研究——第二届"北京大学数字人文论坛"综述》，《大学图书馆学报》2017 年第 4 期。

③ ［美］安妮·伯迪克等：《数字人文：改变知识创新与分享的游戏规则》，马林青、韩若画译，第 64 页。

程，主要包括文献积累与数字化、数字文献管理和基于文献的数据生产等。

根据文献检索需求，利用数字技术整合文献资源，创建东北古史文献数据支撑体系。充分的文献依据是建构东北古史体系的基础。无论是史实的论证、概念的构建，还是对国内外争议、热点问题的回应，都需要从史料实证角度出发，通过翔实、准确的史料来论证自身观点的合理性。与传统的中国古代史研究或经典的世界史、国别史研究不同，东北边疆史研究依托于汉籍资源、近现代档案文献，而没有形成专门的文献学分支。东北边疆史研究的文献资料呈现出零散的分布状态，地域上分布在东亚相关各国，乃至世界各地，内容上零星地散布在正史、别史、笔记、档案、文书、墓志、铭文、墨书、文字砖瓦、谱牒，甚至小说、古诗词之中。历史研究者必须花费自身大量的时间和精力去完成文献的搜集、整理与校对。利用数字人文技术对历史文献进行多渠道搜集、整理、整合，选择合适的技术方案构建文献平台，可以使研究者在史料文献的获取上更为便利，亦可以借此通过文献编目的管理，建立系统的文献体系。

文献体系并不是一个单纯的静态数据呈现平台，而是一个有动态增量机制的文献数据化生态。它需要以实验室为依托的海量文献数据的持续沉淀，以线下文献搜集为基础的文献数字化处理，以及以平台为核心的文献内容的持续增量更新为综合保障。数据沉淀，通俗而言就是数据抓取，即通过跟踪基于互联网的数字文献机构所更新的数据，并将之采集下载到本地进行编码存储的过程①；文献数字化处理，主要是将尚未得到数字化的文献搜集起来进行数字化处理的过程；文献数据更新，主要是将采集和制作的数据更新到文献数据平台之中的过程。在三者中，

---

① 刘彦：《基于动态解析方法的多线程数据高效抓取仿真》，《计算机仿真》2019年第 7 期。

数据沉淀所获取的数据量最大，是文献增量的主体；文献数字化是数据沉淀的补充，但线下搜集的文献通常又是相对珍稀的，更具学术研究价值，具有少而精的特点；文献数据更新则是文献数字化体系的最终呈现结果，也是东北古史文献有效组织和在更广泛的范围内高效应用的重要保障。

利用数字技术做好专题史料整理、古籍文本加工、编目编码，提高文献利用效率。在大数据技术背景下，传统的历史学者面临着两个悖论：一是作为个体的学者可以在短时间内获得海量的文献资源，却不能在短时间内完成海量文献的阅读，即大数据与大量阅读之间的悖论；二是学者意在搜集更多的文献，但当同一主题文献的数量超过必要的限度时，其在有限的篇章中不能全面而准确地展示，从而影响更好结论的得出，即更多的文献与更好的结论之间的悖论。以文本挖掘、文本计算、数据可视化表达为基本特征的数字人文技术的应用，能够使历史学者利用现有的大数据带来的便利去避免有关的悖论。

在东北古史体系的史料建设方面，尽管近年来学界进行了部分专题史料的整理，但这些脱离原始文档的摘录和编辑在质量上良莠不齐，部分缺乏权威性①，学术研究欲引用还需要回归原典，重新查证校对。数字人文技术在东北古史体系的基础文献辑录方面具有相当的优势：数据挖掘技术可以提高专题文献史料的辑录效率；基于互联网的多媒体呈现方式可以在保证查询、浏览效率的同时，实现文本的多元化注解；多版本文献对照阅读模式，可以更大限度地确保辑录文献的准确性；辑录文献模块与原始文献的整体性关联，可以实现资料卡片与完整原文的交替阅读，满足研究者和学习者的多元需求；基于知识图谱的文本远读应用可以更加直观地呈现文本内容的内部结构，为阅读者提供更加深入的知

①　王涛：《"数字史学"：现状、问题与展望》，《江海学刊》2017 年第 2 期。

识提取体验①。(参见图 1-1)

　　目前,东北古史研究领域的史料数字化程度较低,除了正史文献,很多方志、笔记、海外档案所用为近代之前的版本,其中又多是繁体竖排版,当前的 OCR 技术对此类文献的识别精确度不够,需要人工校对才能达到学术研究的要求。所以,数字史学的专家首先要解决史料数字化的问题②,其核心路径是通过网络平台实现原始文献与数字化文本对照,确保图像识别的准确性,进而通过多个版本的比较验证保障文献文本内容的权威性。

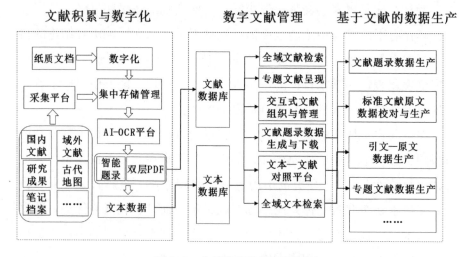

图 1-1　文献数据化处理流程图

　　文献的数字化注释与校勘,主要包含内部注释和外部注解两个部分:前者主要是通过前端显示标识还原文献的行间注、脚注和尾注,实现全文文本对应图像文献的 1∶1 复原;后者主要是通过后期知识图谱

　　①　许鑫等:《数字人文研究领域的知识图谱构建与分析——基于 WoS 文献关键词和引文上下文的实证》,《图书情报工作》2019 年第 7 期。

　　②　王涛:《 "数字史学":现状、问题与展望》,《江海学刊》2017 年第 2 期。

和语义网的介入，实现文本的拓展注释，具体内容主要包括百科式内容拓展注释、历史地理信息注释及文献关联等其他语义注释。文献注释是连接文献与历史数据的枢纽，二者相互促进，共同实现文献数据体系的知识增量与智能进化。

文本远读是指通过数据平台内部的数据监控，实现东北古史数据样态的实时分析和依据研究需求的定向定量分析。其核心是通过多文本信息关联关系的自动建构和文献题录索引实现文献跟踪和图谱结构透视，形成知识辅助生成体系，进而完成由文献向数据的主动转换。（参见图1-2）

二、东北古史数据体系建构的技术路线

东北古史研究者以文科学者群体为主，对于技术的认知存在一定的局限性。东北古史研究领域多种类型的数字化资源的积累，以及诸如数字量化分析、数据可视化、语义关联等技术的应用，为东北古史研究的数据体系建构提供了外部条件。[①] 当前，东北古史研究领域出现了以数据分析、文本分析为视角的研究成果[②]，对数据分析的研究方法进行了总结。[③] 但传统研究仍占主流，数据的重要性在东北古史研究领域尚未形成共识，生产数据的技术路径和使用数据进行研究的方法尚处于探索阶段，并且当前用于东北古史研究的数据基础设施相对薄弱。因此，数据生产仍然呈现为基于研究需求的个案化数据处理。随着研究的结束，数据生产也随之停止，产生的数据及相关方法一般保存在研究者个人手中。东北古史研究领域的数据尚未形成可持续的规模化生产，现有东北古史

① 龙家庆等：《数字人文对我国档案领域的影响：挑战、机遇与对策》，《档案学研究》2020年第1期。

② 朱尖、苗威：《中国边疆研究的文献计量分析》，《云南师范大学学报（哲学社会科学版）》2015年第1期。

③ 朱尖：《学科交叉与融合视角下中国边疆研究文献计量分析的注意事项与遵循原则》，《四川师范大学学报（社会科学版）》2021年第6期。

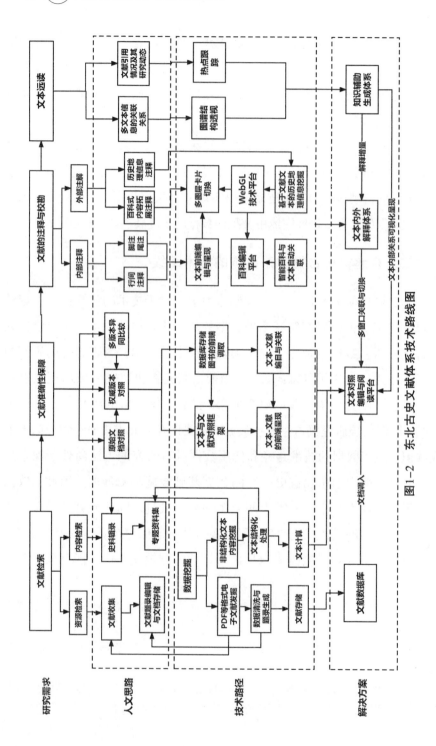

图1-2 东北古史文献体系技术路线图

研究体系中的数据标准待定，数据管理与共享体系尚未建立。

数字人文技术在研究过程科学化、结果客观化、呈现现代化方面的优势为东北古史数据体系建构提供了内部需求动力。① 数据的生产过程本身包含着一定程度的知识生产过程，掌握了东北古史数据的生产主动权，在一定程度上相当于掌握了东北古史话语的主动权。建构具有中国特色的东北古史数据体系，对于改变当前文献在国内、数据在国外的状况，避免海外将在东北古史领域的数据优势转化为话语优势具有重要意义。②

在技术上，逐步形成纸质文献图像化、图像文献文本化、专题文献抽取、本体模型构建、文献数据结构化与可视化、图数据库等的一整套文本处理技术流程，提高东北边疆历史文献的整理与解读效率，进而通过数字人文技术实现数据客观化、标准化，建构东北古史研究数据体系。一般来说，数据除了具有客观、中立、科学的特点，还具有某种话语特征，而"用数据说话"使数据产生了一种新的话语权。③ 利用数字人文技术对现有的学术资源进行深度处理实现文献数据化、文本标准化具体包含两个方面：一是建立文献数据体系；一是通过 AI-OCR 技术获取可编辑文本，再通过技术处理将文本加工成可扩展标记语言（XML）、逗号分隔值文件（CSV）等形式实现文本数据的标准化。在此基础上，通过文本计算抽取版本信息、核心文本信息建构结构化数据，使之成为文本分析的基础。另外，相比于传统文献各自封闭的"信息孤岛"状态，结构化数据之间更容易建立多维关系，实现资源的深度整合。

借助通用化建模，实现基于文献文本库的按需处理。在史料数据化

---

① 蔡迎春：《数字人文评价：学科性、专业性、技术性》，《中国图书馆学报》2021 年第 4 期。

② 陆小华：《数据话语权：国际传播的战略性竞争焦点》，《现代传播》2020 年第 10 期。

③ 王增智：《运用数据话语推动话语体系建设》，《中国社会科学报》2020 年 12 月 24 日，第 1 版。

处理的基础上，积极探索人工智能在文本深度解读和价值评判中的作用，着力解决基于古籍的实体关系智能抽取、实体标注等方面的技术难题。在多重实践的基础上，通过对需求的综合理解与理论化探讨，逐步实现基于古籍数字化处理的通用技术栈建构①，实现可持续性的数据支撑体系建构。（参见表 1-1）

表 1-1　基于古籍的文献数字处理技术积累层次表

纸质文献图像化	纸质文献扫描	文献整理	数字文献
	图像文档编辑		
图像文献数据库	文献库	检索发现	
	古旧地图库		
图像文献文本化	OCR	数据整理	
	文本校对		
	对照阅读		
	智能标点		
专题文献抽取与处理	文本库抽取	文本计算	专题文献
	多平台抽取		
	翻译		
	空间描述-坐标		
序列标注	自动分词、标注	语义构建	文献数据
	语义指向、情感标注		
文献数据结构化	关联挖掘 命名实体 统计计量		知识图谱
数据可视化	文献远读	可视化输出	
图数据库	知识图谱		

①　陈力：《数字人文视域下的古籍数字化与古典知识库建设问题》，《中国图书馆学报》2022 年第 2 期。

在具体操作方面，通过古代文献数据积累与存储模块完成东北古籍、文献文本数据的积累；通过中外史料文献中东北古史专题文献的抽取，构建基于历史时段、东北古代政权、东北古代民族的专题数据，完成古代东北基础历史地理信息数据和东北主要民族及其地方政权遗迹的空间数据采集；通过技术模型的通用化处理，创建基于数据交互的研究者自建专题模块；以数据生产模型为技术参照，对数据集进行命名实体标注、关联挖掘、统计计量，构建东北古史实词库、知识图谱和语义网①，最终建立集数据存储、数字化校勘、文本计算、数据分析与可视化为一体的东北古史数据呈现与应用体系。(参见图 1-3)

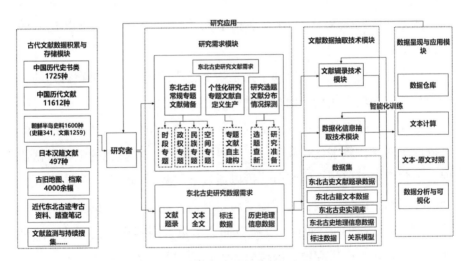

图 1-3　东北古史数据体系技术路线图

---

① 袁毓林、曹宏:《"语义网—本体知识—知识图谱"和语言研究》，《汉语学报》2021 年第 1 期。

三、东北古史数字空间体系的建构路线

不同时期的历史事件在历史地理空间中的交错、叠加及演进是边疆历史研究的热点，也是不容易解决的难点。诸如地名变迁、民族政权疆域盈缩、战争行军路线、和平交往的交通道等一般需要从文献中解析空间要素。对历史研究者而言，受自身学科结构的囿限，很难利用计算机软件进行精确的历史地图绘制和空间分析。因此，建构历史资料的空间化和数字化体系，推动历史地理时空大数据的建设，并在此基础上构建一个以历史学科为主导的历史地理信息平台是非常必要的。[①] 以东北古代民族、政权内部肌理和历史空间形态为对象，构建 WebGIS+时间轴+注释体系的东北边疆历史空间"叠加—层现"体系，建设一个承载文献、数据和研究成果体系的数字化空间平台，给学术研究以有力的支撑。

在东北古史研究中，空间不再是一个泛泛的理论，而是在具体的时空中与具体的场景相结合而被个性化使用。[②] 在跨越现今国界的古代政权、民族历史脉络的叙述中，空间视角具有搁置争议、推动研究深入的可行性。同时，数字化空间又是权属界线清晰化、精确化的重要数据依据。一些引发争议的空间细节，可以通过空间测量、空间定位来明晰模糊的界线和争议的区域，进而提高历史时期人地关系研究的空间与地方精度。[③] 对于文献研究而言，文献分布、数量、内容涵盖范围的空间可视化，是东北古史研究数据区域分布评估的重要显性载体。

---

① 赵耀龙、巢子豪：《历史 GIS 的研究现状和发展趋势》，《地球信息科学学报》2020 年第 5 期。

② 李文硕：《美国城市史研究的空间取向》，《史学理论研究》2021 年第 6 期。

③ 张萍：《地理信息系统（GIS）与中国历史研究》，《史学理论研究》2018 年第 2 期。

东北古史数字文献体系较为理想的承载方式是以网络历史地理空间（WebGIS）为底层框架，搭载文献、数据存储，呈现研究成果、研究人员的空间分布状态的空间数据可视化体系。其对于东北古史数字人文体系而言，可以实现三个方面的核心支撑：其一，有利于东北古史文献、数据在虚拟空间中的聚合。通过可视化呈现可以清晰地展现东北文献、数据的分布情况，分析优势时段、优势地区和薄弱之处。对于现代研究成果、研究人员的空间化展示，则可以实时分析东北古史研究群体的空间分布状态，查找优势领域和薄弱环节，以此为基础优化原有的分区域研究，推动基于东北全域的整体性研究、跨区域研究、常规分区的结合部研究。其二，有利于推动多学科交叉融合。数字化空间平台本身就是多学科交叉的产物，其在资源上的包容性、空间上的整合性可以实现多学科资源的凝聚，也为多学科视角下的东北古史研究提供空间参照，尤其是其在资源上的凝聚，也为多学科交叉融合的东北古史数字人文体系建构提供数据基建支撑。其三，推动人才的凝聚与东北古史研究团队的优化。在"新文科"背景下，多类型人才凝聚具备了理论上的可行性，且已在东北古史领域等一些研究领域付诸实践。[①] 对于东北古史而言，建构基于空间的研究成果和与之相对应的人才关系网络，研究新的兴趣点（POI）在空间中的呈现，有利于推动新的研究组合的产生。

历史地理信息要综合历史要素和地理要素，即理清历史人物、历史

---

① 2021 年度国家社科基金冷门"绝学"研究专项中，东北古史相关研究团队有两个：一个是山东大学东亚数字人文创新团队，项目名称是"东北边疆古史谱系研究及数字人文平台建设"；一个是辽宁师范大学考古学研究团队，项目名称是"辽海地区夏商周时期石构墓葬和青铜器视域下的多元文化互动研究"。全国哲学社会科学工作办公室 [EB/OL]. http：//www.nopss.gov.cn/n1/2021/1102/c431029-32271460.html，浏览日期：2022 年 2 月 15 日。

事件和地理环境之间的关系。①

历史地理文献数字化阅读主要是通过从历史文献、历史地理著作中挖掘东北古史点、线、面的历史地理信息构建东北古史基础历史地理数据集，在此基础上构建符合东北古史研究需求的东北古史数字空间体系。

东北古史基础历史地理信息数据主要包括作为历史研究位置参照的自然地理信息数据和历史地理信息数据两部分。自然地理信息数据主要包括东北境内的主要水系、山系等地理位置相对稳固的空间数据，这些数据相对稳定，是研究历史地理变迁的重要参照。历史地理信息数据主要包括历史地名、历史遗迹、古代疆域、交通等各方面的数据。这类数据能够在不同数据环境中，通过时间属性、历史空间注释等多种条件的约束实现有规律的管理，根据人文请求支持数据查询和筛选。在空间数据中加入时间属性，可以通过历史时间轴的约束，实现随着历史时间推移的历史空间转换，即不同历史地名、疆域、交通等信息出现在特定的时间范围之内，而不是以图层堆叠重复地显示；可以通过外部通讯机制，利用数字文献和历史数据丰富历史地理信息的属性注释。同时，这种通讯机制是互通的，可以实现基础历史地理信息对文献中空间位置信息的辅助解释与呈现作用。基础数据集的存在也在相当程度上减轻了东北古史空间数据体系的建构难度，提升了东北古史研究者获取东北古史空间数据的可能性，为东北古史空间分析和边疆边界研究领域使用基于数字空间的研究资料提供了便利。(参见图1-4)

东北古史研究数字空间体系由历史地理信息、文献内容空间注释、数据空间可视化三个核心需求组成。历史地理信息方面，主要是建构明确的东北古史点、线、面的空间信息体系。点是指由一组坐标数据和历

① 胡迪等：《地理与历史双重视角下的历史 GIS 数据模型》，《地球信息科学学报》2018 年第 6 期。

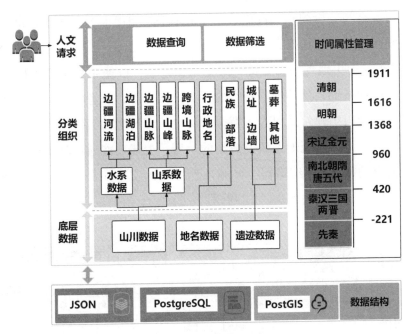

图 1-4　东北古史基础历史地理信息数据

史属性数据构成的空间位置示例信息，如地名、山峰、遗迹的数据
等①；线是由一组规律的坐标信息表示的线状矢量数据，如水系、交
通、边界等；面是指东北古史中用于表示一定区域的空间矢量数据，如
东北古代地方政权的疆域范围、辽东诸郡县的基本统辖区域、东北地区
不同时期的空间范围等。文献内容空间注释，主要是对文献中出现的地
名、人物、事件等带有空间属性的实体信息进行基于 WebGIS 的空间位
置标注，如东北边疆史地名称的空间位置及其变迁、遗迹—地名关联关
系等，使研究者更加精确、直观地理解相关信息。数据空间可视化，是

——————————

①　东北古史研究通常使用的是精度较低的空间位置示意数据，因此，山峰、遗
迹、地名可以使用一组坐标数据作为示例呈现相对位置关系。微观历史地理空间或者
考古研究通常需要精细数据，一个空间位置需要多个甚至多组坐标进行标注。因此，
数据的精度需要根据不同的研究需求进行处理。

指可用于空间分析的东北古史数据分析结果的输出形态，如高句丽移民的空间流向与分布形态①、辽金元城址的空间分布②、东北与东亚交通网络③等。历史地理信息支持三维编辑和显示，以便于更加细致地复原特定历史地域的自然环境、特定的历史三维场景，或者将已经通过其他形式复原的历史建筑效果融入特定的历史地理环境的三维场景之中，以支持边境、疆界微观形态研究成果的呈现。上述功能通过基于东北古史研究需求的 WebGIS 编辑器、WebGL 跨平台跨文本注释体系、历史地理数据空间可视化模块实现。(参见图 1-5)

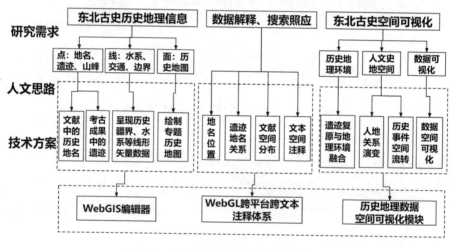

图 1-5　东北古史空间体系建构路径图

　　就三者之间的关系而言，基于古史知识谱系的文献全文检索与知

①　苗威：《高句丽移民研究》，长春：吉林大学出版社，2011 年。

②　赵里萌：《中国东北地区辽金元城址的考古学研究》，吉林大学博士学位论文，2019 年。

③　王绵厚、朴文英：《中国东北与东北亚古代交通史》，沈阳：辽宁人民出版社，2016 年。

识呈现平台是东北古史数字人文体系建构的文献基础；基于 WebGIS 基本功能的历史地理空间数据平台和基于历史地图兴趣点（POI）的文献知识图谱共同构成东北古史数字人文体系的数字空间基础；基于数字人文实验室的数据获取、生产和分析模型建设是东北古史数字人文体系的数据基础，也是东北古史研究数字方向的延展体系，其为东北古史领域的研究提供持续性国际前沿学术动态数据的同时，也为东北古史疑难问题的解决提供新的路径。东北古史的学理研究为上述体系的建设提供理论指导，并在上述技术体系的支撑下完成研究及数字化传达。

四、系统融合：多元融通的注释拓展机制

自孔子作《春秋》始，"笔削既具，复以微言大义"，中国的历史书写便有曲笔和疏漏。"三传之作，因得各据闻见"，史注遂诞生于经注之中。[①] 对于东北历史文献而言，其史源杂糅、史料碎片化的情况严重，需要进行系统的注释。在数字人文技术的支持下，文献注释可以得到更加多元的拓展。根据东北边疆历史文献的特点，基于平台页面构建东北历史文献注释的语义网是保障文献信度、提升阅读效率的重要手段。

第一，通过自建"百科"，构建东北边疆史文献综合注释系统。[②] 无论是古代典籍还是近现代东北历史资料的整理成果和研究成果，所涉及的历史地名、人物、事件，甚至一些历史的关键时间节点，大多需要注释。简单的注释可以通过页下注的形式完成，但是很多历史问题的清

---

① 章学诚著，叶瑛校注：《文史通义校注》，北京：中华书局，1985 年，第 237 页。

② 崔庆君：《基于开放百科的概念关系抽取技术研究与实现》，北京航空航天大学硕士学位论文，2012 年。

晰阐述往往涉及一篇或几篇文章，或某部著作的某些章节、某个新出的考古成果，这些注释需要较大的篇幅，甚至包含表格和图片等，放在页下注之中并不便利，需要单独建立页面进行阐述。这种情况下，实体名词单独成篇的百科结构相对合适。

第二，通过通讯机制实现历史地理信息对其他文本的注释功能。文本中的历史地理文献在添加注释后，可以调用可视化界面呈现空间位置及与该历史地理信息相关的解释文献，在特定的历史空间中还可以通过三维模式立体、直观地审视该历史地理信息的微观环境特征。从使用者的角度来看，"文献—地图"间便捷的通讯机制，使得无论是绘图操作，抑或是知识浏览，都具有较好的使用体验，能够满足人文学者大部分的功能需求。

第三，构建东北古史知识的语义网。通过 AI 的逻辑设计融通文献、文本、数据和历史地理信息，实现以东北历史实体为中心的交叉关联，构建一个随着数据增量、知识网络层级和颗粒密度注解而增强的语义体系。[1] 这需要构建东北古史知识百科，然后通过语义关联实现文献中关键名词与百科篇名的自动匹配。同时，百科内容中出现的另外的实体名词，会自动关联文献、文本和历史地理信息数据。当然，百科内容的内部也形成关联，由此构建出以地图为依托的历史地理"百科全书"[2]，并基于语义网络，形成以实体关系为基础的半结构化数据及相应的数据可视化效果。历史研究者可以将数据导出用于文本计算，也可以基于数据平台观察历史实体之间的关系。

---

① 李宏伟等编著：《地名本体理论方法与应用》，北京：测绘出版社，2020 年，第 20 页。

② 王家耀：《地图集：重构复杂非线性地理世界的"百科全书"》，《测绘地理信息》2021 年第 1 期。

第三节 数字人文在东北史的专题实践

数字人文对传统人文研究的促进，不仅体现在将人文学者从机械、烦琐的资料查找、文本比对等工作中解脱出来，使其在学术研究中具有更广阔的思辨、演绎、推理空间，而且通过数字化、工具软件等手段，将社会科学领域的某些研究方法引入人文领域，创新人文研究方法和研究范式，为人文研究提出问题、界定问题和回答问题提供新的视角。[①]对于东北古史研究而言，利用文献、数据和地理信息组合，能够构建历史专题数字人文基础框架，快速地通过资源整合提高文献检索、数据获取和空间查证的效率，减少文献查阅的时间成本，将学者的关注度更大限度地推向思辨与创新性研究。[②] 通过对东北古史专题人文数据的系统整合，可以对东北古史进行数字人文视角的多维度解读，为传统历史研究者顺利介入数字人文研究提供模型借鉴。鉴于此，东北古史数字人文体系的核心内容建构主要依据传统的历史专题，包括古代政区谱系、民族谱系和地方政权谱系三个大类。政区谱系是指中央政权在东北的政区沿革、断层接续，民族谱系是指活跃在东北地区的各民族的融合、衍生与嬗替，地方政权谱系主要是指东北边疆少数民族地方政权兴衰。

一、东北古代政区谱系

自战国始，燕国就在如今的东北地区设置了辽东、辽西诸郡[③]，

---

① 宋玲玲、郭晶晶：《科学知识图谱视角下国内外数字人文领域研究分析》，《图书馆杂志》2020 年第 7 期。

② 周建新、谭富强：《数字人文：作为学术资料再分配的新形式》，《图书馆杂志》2021 年第 2 期。

③ 苗威、韩亚男：《战国辽东郡考述》，《北方文物》2012 年第 4 期。

秦、汉皆在辽东设郡置县。汉武帝灭亡卫氏朝鲜，设置乐浪、真番、临屯、玄菟四郡数十个县，东北古代政区拓展到朝鲜半岛汉江以北地区。公元前 37 年，民族政权高句丽崛起于浑江流域的第二玄菟郡内，在玄菟郡、辽东郡、乐浪郡之间盈缩，中央王朝在辽东的郡县建制受到影响，但随之出现了地方王国的归属层级。

东汉末年，公孙度在如今东北地区的南部设置平州，自称辽东侯、平州牧，领辽东、辽西、中辽、乐浪、玄菟、带方诸郡。[1] 魏明帝景初二年（238），司马懿灭亡公孙氏政权，辽东诸郡属幽州，设东夷校尉以制辽东。西晋时期，东北地区复置平州，设刺史，统昌黎、辽东、玄菟、带方、乐浪五郡。[2] 十六国时期，东北地区多为地方政权所控制。

唐代，高宗时期先后灭百济、高句丽，分别设置熊津都督府、安东都护府[3]进行统辖。唐末五代时期，契丹灭渤海后，在行政上设京府州县进行统治。[4] 金肇兴于东北，早期行政建制与辽存在一定的差异，其固有的猛安谋克与辽时的府、州交相混杂，体现了以女真制度为主、多种制度并存的特点。金熙宗时期，"罢汉、渤海千户谋克"，在东北地区推广以路府州县制度为核心的中原式国家制度。[5]

元代东北疆域大体上是对金朝东北辖境的集成和扩展。其统治稳定后，在东北设辽阳行省辖七路一府进行统治，即辽阳路、广宁府路、大宁路、东宁路、沈阳路、开元路、水达达路和咸平府，其路府州县基本

① 苗威：《秦汉辽东郡考述》，《朝鲜·韩国历史研究》第十六辑，延吉：延边大学出版社，2015 年。

② 房玄龄等：《晋书》，北京：中华书局，1974 年，第 426~428 页。

③ 王溥：《唐会要》卷七十三"安东都护府"条，北京：中华书局，1955 年，第 1318 页。

④ 欧阳修、宋祁：《新唐书》，北京：中华书局，1975 年，第 6182 页。

⑤ 王雪梅：《辽金政治制度的比较》，《吉林师范学院学报》1995 年第 2 期。

上是在金朝的基础上建立起来的。① 明代东北地区置辽东都指挥使司，下设卫、所，以军事防御为主，兼理民政，卫城多选址于元代旧城。② 明朝中后期，军事日繁，朝廷单设总兵官主军事，都司、卫、所则主要管理民政事务。清在入关前，在东北实行八旗制度，军政合一；入关后，在东北设盛京、吉林和黑龙江三个将军辖区以统辖军政事务。

在中央王朝的"天下"秩序中，东北的疆域长期变动不居。早在周代，其君臣就曾宣称："肃慎、燕、亳，吾北土也。"③《逸周书》亦载，"成周之会"时，朝鲜半岛上的良夷、黑齿、白民等族群曾到中原纳贡称臣。④ 战国时期也曾在今东北地区设置郡县。东北以辽东为中心不断发展，各类行政建制沿革、叠加，共同构建了中央在东北地区的统治谱系。各种行政建制间根据相对明晰的沿革关系，可以分为先秦—秦汉东北政区谱系、魏晋南北朝东北政区谱系、隋唐东北政区谱系、五代—辽东北政区谱系、金元东北政区谱系、明清东北军镇谱系六个具有不同阶段特征的政区谱系。这种阶段的划分依据是不同阶段的政区实体在内部结构和建制空间上的沿革关系，主要是便于叙述。实际上，不同阶段之间也存在着相当程度的实体关系。在数字人文技术的支持下，各主体内容辨析清晰后，可以通过时间轴形成一以贯之的关联关系，并根据个体差异关联网络的构建，逐步形成更加完备的东北政区谱系。

二、东北古代民族谱系

东北地区自古就是多民族聚居之地。他们中有些民族相继崛起，或

---

① 李治安、薛磊：《中国行政区划通史·元代卷》，上海：复旦大学出版社，2009 年，第 65 页。

② 李治安、薛磊：《中国行政区划通史·元代卷》，第 65 页。

③ 《春秋左传正义》，阮元校刻：《十三经注疏》，北京：中华书局，1980 年，第 2056 页。

④ 苗威：《乐浪研究》，北京：高等教育出版社，2016 年，第 45 页。

建立东北地方政权，或进取中原建立半壁江山，甚至有些一统中原江山①，也有的历史活动区域跨越现今疆界②。东北古代民族问题是东北边疆史研究的症结之一，当前国际上关于东北历史的敏感问题、学术争议，以及来自民间的历史舆情多源于此。因此，理清民族谱系，尤其是金代以前的民族谱系，对于东北古史谱系而言至关重要。民族谱系需要以单一民族为中心理清不同民族的发展脉络及其在发展演进过程中与其他民族主体之间产生的关联。

在东北诸民族中，肃慎是较早与中央政权建立从属关系的东北古代民族。肃慎一系前期基本经历了肃慎—挹娄—勿吉—靺鞨的发展脉络，至靺鞨时分为七部。一般认为，以粟末靺鞨为主体建立了渤海。与粟末靺鞨同时存在且相对独立的是黑水靺鞨，黑水靺鞨在辽代演变为女真，后来建立金朝。③

东胡是活跃在北方草原地区的游牧民族，迁徙频繁、构成复杂，其中有一部分活动于东北地区，成为东北古代民族的重要一支。从文献来看，其在先秦时期毗邻燕国，势力较强。燕将秦开北却东胡，拓地千里，东胡遂迁。两汉三国时期东北地区的东胡族系演化出乌桓和鲜卑，鲜卑衍分为慕容、段部和宇文部。魏晋南北朝时期，鲜卑宇文部又演化出奚和契丹。及契丹强大，吞并东北各部，建立辽朝。④

濊貊是东北地区早期活跃的族群之一，一般认为其分为濊和貊两部，在汉代演化出扶余、高句丽、沃沮和东濊。其中，以扶余和高句丽

---

① 李治亭：《东北地方史研究的回顾与思考——写在建国 60 周年》，《云南师范大学学报（哲学社会科学版）》2009 年第 2 期。

② 赵永春：《论认识历史疆域的"历史共享"原则》，《黑龙江社会科学》2015 年第 5 期。

③ 魏存成：《东北古代民族源流述略》，《中国边疆史地研究》2017 年第 4 期。

④ 苗威：《山戎、东胡考辨》，《中国边疆史地研究》2008 年第 4 期。

势力较大，建立了政权。高句丽在其后的发展过程中不断壮大，最终将势力拓展到朝鲜半岛北部，后为唐所灭，其贵族和部分民众迁入中原。其余诸如令支、孤竹、屠何等民族多是在特定时期出现，后在历史发展过程中逐渐融入其他族群之中。①

早期东北民族不断迁徙、分裂、融合，不同时期民族主体嬗替频繁，但在空间上大体以东北区域为核心。在民族谱系中，既有主线相对明晰的纵向演进谱系，如肃慎、东胡、濊貊；也有横向穿插或者融入其他谱系的谱系片段，诸如山戎、良夷、令支、孤竹、屠何等族群。在数字人文技术的支持下，东北民族谱系可以实现经纬纵横，点、线、面穿插交织的多维立体呈现，既可以观察特定主体的纵向演进谱系，也可以在特定时间节点观察这一时期民族关系的横断面，还可以特定空间为视域考察区域民族的演进、叠加和融合进程。

三、东北古代地方政权谱系

东北古代地方政权是建立于古代东北地区的臣属于中央政权的地方政权。各政权建立之后，在内部形成了王族世系、政治空间结构谱系；在外部除与中央王朝的臣属关系之外，还与其他地方政权之间形成了相应的关系网络，在政治、经济、文化各方面进行交往、交流及交融，促进了东亚区域文明的繁荣与发展。以时空的视角来看，不同的历史断代中，东北区域的政权空间位置关系和网络关系存在着一定的差异。总体来看，东北区域内政权的变动大多数情况下与中央政权的变动保持一定程度的关联，中央政权的兴衰嬗替通常会影响东北地区的政权发展，进而导致东北历史空间内部地方政权的关联变动。

古代，东北地区先后建立了箕氏朝鲜、卫氏朝鲜、扶余、高句丽、

---

① 苗威：《乐浪研究》，第36~37页。

前燕、后燕、北燕、渤海、东夏、后金大小十余个政权。① 箕氏朝鲜是殷商贵族箕子所创，作为中央王朝的"侯国"，其与周、秦、汉保持臣属关系，在中国东北边疆史中占有重要的地位。② 卫氏朝鲜由汉初燕王卢绾旧部卫满取代箕氏朝鲜所建，其仍都于王险城。箕氏贵族改韩姓，仍参与统治。卫氏朝鲜与箕氏朝鲜在疆域和人口上具有相当的继承关系，作为"外臣"与汉朝保持臣属关系，后为汉武帝所灭。汉朝在卫氏朝鲜故地，包括其本土及附属地区设置了郡县，实行直接统治。③

扶余国是西汉初期由藁离国争夺王位失败的王子东明于"夫余之地"所建立，其国由部分藁离贵族和扶余诸部融合而成。493年，其被勿吉所逐，先后存国600余年。扶余建国后加强与中央王朝的联系，成为汉朝和魏晋以降诸朝在东北地区统治的延伸。④

高句丽是西汉建昭二年（前37），由扶余王子朱蒙在汉玄菟郡内的高句丽县建立的地方政权。⑤ 汉朝以来，高句丽一直是中央王朝的臣属，但叛服无常，其迁都平壤之后，与朝鲜半岛的百济、新罗展开争夺。高句丽后期与隋、唐爆发多次战争，最终在唐总章元年（668）被唐所灭，贵族和大部分人口内迁。⑥

前燕是由鲜卑慕容廆在东北地区建立的地方政权，始于太康六年（285），后于370年为前秦所灭，经历四世，存国85年。⑦ 后燕为慕容垂于384年所建，初定都中山，后迁往龙城，407年被北燕高云所灭。

---

① 邴正：《东北古代方国属国史总论——〈东北古代方国属国史〉总前言》，《社会科学战线》2018年第9期。

② 苗威：《箕氏朝鲜史》，北京：中国社会科学出版社，2019年，第26~32页。

③ 苗威：《卫氏朝鲜史》，北京：中国社会科学出版社，2019年，第36页。

④ 刘信君、邓树平：《夫余史》，北京：中国社会科学出版社，2019年，第9页。

⑤ 刘子敏：《高句丽疆域沿革考辨》，《社会科学战线》2001年第4期。

⑥ 苗威：《高句丽移民研究》，第121页。

⑦ 赵红梅：《前燕史》，北京：中国社会科学出版社，2019年，第19~21页。

后燕历七君，24 年。① 北燕为冯跋拥立后燕惠愍帝慕容宝的养子高云（慕容云）所建。409 年，高云被杀，冯跋即位。436 年，北燕为北魏所灭。②

渤海为营州旧将大祚荣所建的以靺鞨为主体的地方政权，其建国之后与中央王朝保持长期的臣属关系，仿照唐制设立京、州、县统辖疆域，后为辽所灭，存国 229 年。③

东夏国是金朝旧将蒲鲜万奴在女真故地建立的地方政权，其在建国之后与蒙古、高丽保持一定的联系。④

后金是金天命元年（1616）由女真人努尔哈赤在明朝建州卫建立的地方政权，国号为"金"，为与之前的金朝相区别，一般被称为"后金"。⑤ 天聪十年（1636），皇太极建号大清，后金历经两汗 20 年。后金建国后东征西讨，对东北地区各部的统一起到了积极作用。

东北地区诸地方势力与政权是中国统一多民族国家历史的重要组成部分，其体系包含政权实体的内部结构、东北区域内部诸政权关联关系与空间联动谱系、中央政权与东北诸政权关联关系三个层面。在数字人文技术的支持下，东北诸政权的内部结构、区域空间网络和外部关系网络可以时间轴为线索实现由微观到宏观的逐层呈现。

四、基础专题的应用价值

上述政权实体是东北古史体系建构的基础，但从历史空间的视角来看，东北古史在区域范围内呈现出复杂重叠的网络关系。民族与政权、

---

① 田立坤：《后燕史》，北京：中国社会科学出版社，2019 年，第 42 页。
② 尚永琪：《北燕史》，北京：中国社会科学出版社，2019 年，第 16 页。
③ 魏国忠、杨雨舒：《渤海史》，北京：中国社会科学出版社，2019 年。
④ 蒋戎、蒋秀松：《东夏史》，北京：中国社会科学出版社，2019 年，第 34 页。
⑤ 黄松筠：《后金史》，北京：中国社会科学出版社，2019 年，第 46 页。

中央行政区域与地方政权、疆域内外等各种关系并不是一成不变的，在特定区域内通常呈现出多主体、多维度，彼此之间互有交叉重叠、交替演进的特点。

以朝鲜半岛北部的历史谱系为例，从有文字可考的历史来看，朝鲜半岛北部最早的族群是良夷，曾经参加"成周之会"，向中央朝贡贺礼。周初，殷商贵族于此建立箕氏朝鲜，据先秦诸子、《史记·微子世家》、《魏略》等文献记载，箕氏朝鲜是周的侯国。① 汉初，燕人卫满统治朝鲜，卫氏朝鲜与匈奴、南越一起成为汉朝的"外臣"。公元前 108 年至公元 314 年，大同江流域处于郡县时代，由历代中央王朝直辖。427 年，崛起于汉朝玄菟郡高句丽县内的高句丽政权迁都于平壤，占据乐浪之地，高句丽的朝服衣帻均取自中央王朝，属于汉唐的地方势力。8 世纪至 1895 年，新罗、高丽、朝鲜王朝为中央王朝的藩属。这种纷繁发展的古史逻辑，需要在逐层分析的基础上，通过历史空间的叠加构建出立体多维的谱系逻辑，以更加清晰地反映出区域历史的综合样貌，建立逻辑清晰、史论扎实的学术体系与话语体系。

在空间体系的支持下，历史研究者可以逐层、逐点地夯实理论，对东北古史的体系问题从形成本源上进行探讨，对体系客观样态的根源进行阐释，并从理论上分析原因。同时，在地理信息系统上将客观的历史空间信息依据时间轴以点、线、面的层次清晰呈现，可以形成疆域明确、嬗替清晰的空间体系轮廓。比如，朝鲜半岛北部政权之所以存在于中国东北古史体系之中，是中国史必不可少的组成，原因在于古代区域世界"普天之下，莫非王土"的历史空间认知。五方之民、天下观、五服制、分封制、华夷制、郡县制，都充分说明了"侯国""外臣"及地方政权在历史空间上始终都是处于中国历史话语体

---

① 苗威：《箕氏朝鲜史》，第 28~29 页。

系之中的。①

　　在文献数字化技术的支撑下，通过多元史料的综合分析，可以提升东北古史的书写质量。运用计算机科学技术，通过数字平台将不同时代的文献有序排列，铺叙文献体系，将不同国家、不同语言文字书写的研究成果汇聚，按时代与体裁等类别形成清晰、翔实、集中的学术动态。东北边疆向来是古代中国君臣视域之内的"吾土"，边鄙之地的自我认同与中央王朝的天下秩序向来不乏互动，文献的蛛丝马迹在数字人文技术的支持下更易显露端倪。利用数字技术梳理文献体系、建构话语体系，摒弃民族情绪，排除非学术因素和"人造史料"的影响，实现东北古史话语体系的客观书写。

① 苗威：《建构中国特色的中国边疆学话语体系》，《中国边疆史地研究》2018年第3期。

第二章

东北古史文献体系及数据库建设

　　当代学者必须面对这样的现实：我们正处在一个传统媒介文献和数字文献交错并行的时代，这个时代的学者必须同时具备处理以上两种文献的能力才能从事学术研究。① 东北古史文献体系建构的目的有两方面：一方面，全面认识东北古史文献，在数据量呈指数增长的大数据环境下，通过文献数据平台，用较少的时间找到尽可能全的所需要的文献②；另一方面，通过技术手段辅助专家系统地对所采集的文献进行整理校勘，用数据手段存真复原，努力恢复古籍的本来面貌，提供接近原稿的善本。③ 然后，以此为基础，对原始文献进行整理加工，实现基于数据平台的资源共享及基于数字人文的多维度利用。东北古史文献数字化的实践以东北边疆史研究的现实需求为基本出发点，以数字人文技术为依托，通过文献搜集、整理和数据平台建设实现资源整合、数据融合，解决东北古史研究领域文献零散的问题，减少学者的文献检索负担，提高文献利用效率。

---

① 史睿：《数字人文研究的发展趋势》，《文汇报》2017 年 8 月 25 日。
② 杜泽逊：《文献学概要》，北京：中华书局，2001 年，第 5 页。
③ 倪其心：《校勘学大纲》，北京：北京大学出版社，1987 年，第 86 页。

第一节　东北古史文献体系建构的需求分析

人文学科的数字化是在以信息资源获取为基础、数字技术应用为支撑、数字学术共享为推动的框架模型下发展的。① 东北古史研究需求解构是文献体系化建设的前提和基础，也是确保文献数据平台建设可持续发展的根本保障。这需要研究者对东北古史研究的现状与问题进行深入剖析，对现行的经验进行总结、提炼，以此为基础构建文献覆盖全面、体系完整、关系清晰的文献内容体系，进而以内容体系为基础，通过从需求到技术的路径转换形成能够体现历史需求、符合历史研究现状的文献数据开发方案。

一、文献搜集的技术需求分析

与其他边疆区域古史相比，东北古史文献的收藏地呈碎片化分布：国内除东北地区相对集中之外，北京、上海、台北、香港等各藏书和学术机构都有一定数量的分布；国外以朝鲜半岛和日本居多，俄罗斯主要涉及滨海边疆地区的文献及考古资料，欧美地区部分藏书机构也收藏有近代散佚的文献。历史研究者需要耗费大量的时间和精力去获取研究所需的文献并进行存储、编目和摘录，若以传统的资料搜集方法会存在颇多力不从心之处。

（一）人工文献搜集效率较低

大数据背景下，古史文献以网络平台为载体实现了高度共享，文献的数据量增长迅速。尤其是海外数字人文技术发展较快，韩、日、美、英、俄等国的藏书机构和科研院所收藏的与东北边疆史相关的历史文献

---

① 唐江浩等：《人文学者数字学术能力理论框架构建研究——基于数字人文视角》，《图书馆》2020 年第 11 期。

资源逐步通过互联网平台对外开放。国外收藏中国古代文献较为丰富的奎章阁、藏书阁、美国国会图书馆①、哈佛燕京图书馆、大英图书馆②、日本国立国会图书馆③、日本国立公文书馆等的数字化资源逐步增加，并在不同程度上对外开放。其中，相当一部分资源已经开始向数据化方向发展，通过 XML、CSV 等格式，实现了编目数据标准化，并在此基础上开放 API 接口扩大共享，方便资源目录的浏览和文献远读。

对于历史研究者而言，这些资源存在语言和技术等多方面的局限，大多不能高效查找和阅读。在资源搜集实践中，历史研究者一般采取"捡麦穗"的办法：借助互联网下载一部分、通过同行交流获取一部分、出资购买一部分。海外文献或通过访学、留学获取，或通过藏书机构借阅、复印。这些方式短板非常明显：一是对于文献数据更新动态的掌握能力不足。多数数据库会不定时更新，而后将完成数字化处理的文献上传到数据库中，个人通常不能顾及众多数据库的更新动态，简单检索也不易发现这些新公布的文献。二是对于已知文献的深度检索力度不足。已知文献通常会以 PDF 等图像文档格式呈现，其本身仍处于信息孤立形态，不支持全文检索，若仅以书名或者关键词检索，通常会遗漏文本叙述中未开发利用的内容。三是对于不同文献中相同或相关内容的比对计算能力不足，对于同一文献叙述的逻辑关联呈现不够清晰，不利于文献的考订和文本解读的高效展开。传统的文献搜集方法一般只能搜集到自己认知范围内的文献，而对于已经搜集到的文献只能通过传统的查阅方式读取彼此之间相互孤立的信息片段，这在相当程度上会影响文

---

① 美国国会图书馆［DB/OL］. https：//www.loc.gov/books/，浏览日期：2021年 2 月 14 日。

② 大英图书馆［DB/OL］. https：//www.bl.uk/，浏览日期：2021 年 2 月 14 日。

③ 日本国立国会图书馆［DB/OL］. https：//www.ndl.go.jp/，浏览日期：2021年 2 月 14 日。

献搜集和内容读取的效率。

（二）人工文献搜集数量有限

当前，文献资源的数量和种类与日俱增，且一般支持非盈利性的学术研究免费使用。[①] 面对众多的优质学术资源，原始检索、人工筛选和手动下载所能够获取的文献数据有限。没有数字人文技术的支撑，研究者只能检索到自己所知道的文献，且通常只注重纸质印刷图书数字化之后形成的电子版本，如 PDF、DJVU 等格式的文献，对认知范围以外的文献检索能力不足。

此外，不同平台的文献资源数据结构不同，开放的方式也不同，有的支持手动下载，有的通过标准数据提供批量下载，有的则只提供数据浏览。[②] 面对海量数据资源，手动逐个进行文件下载工程浩大，单本或者逐页下载在有限的时间内获取的文献数量有限。例如，东北师范大学图书馆[③]的《东北文献馆藏书目数据库》，共收录了 8955 种东北文献，每个网页显示 20 条数据记录，研究者若对其逐页浏览、复制、制作表格耗时费力，但通过计算机数秒内就可以完成，且完成之后可以按照数据表格的形式进行编辑，并支持各种需求的结构化文本分析。对于数据量较大的学术资源手动完成搜集的可能性较小，例如《朝鲜王朝实录》[④] 目前开放了高清彩色页面的下载，共计 84035 页，每张大小约为

---

① 赵文友：《基于开放共享理念的古籍数字资源服务——以"中华古籍保护计划"为中心》，《古籍保护研究》2020 年第 2 期。

② 比如，DDBC 提供的历史时间数据包含从秦始皇至今详细的中国日历数据（含 SQL 和 CSV），面向全网开放，可以直接下载［DB/OL］. http：//authority.dila.edu.tw/docs/open_content/download.php，浏览日期：2021 年 9 月 21 日。

③ 东北师范大学图书馆［DB/OL］. http：//ibrary.nenu.edu.cn/，浏览日期：2021 年 9 月 21 日。

④ 《朝鲜王朝实录》［DB/OL］. http：//sillok.history.go.kr，浏览日期：2021 年 9 月 21 日。登录该网站即可以看到实录内容，页面支持浏览和下载。

2.3M，合计 192G。在没有数字人文技术的支撑时进行国内浏览，页面加载需要 10~20 秒，下载则需要 30 秒左右，加上操作时间，在网络稳定的情况下，每页下载耗时约 1 分钟，若要全部下载完成，则每天 24 小时不间断工作也要两个月才能完成，而这仅是一部古籍的工作量，就古文献、丛书、类书而言，每一组数字化文献的量级都不少于该实录。

中国大陆的文献资源库较多，但精准、便捷程度尚不如台湾地区"中研院"所开发的平台。另外，韩国、日本也有很多数据量较大的藏书机构，比如日本综合学术信息数据库（CiNii）①、日本国立国会图书馆（NDL）、东洋文库、东文研、日文研②、早稻田大学古籍库③等，大部分资源开放下载，涉及东北地方志、古旧地图、遗迹遗物图片，以及近代以来的东北史研究成果等东北史文献。而且，随着数据生产速度的加快，数据量在不断增加，面对百万量级的文献，个人使用传统方法检索有效信息时间成本过高。除下载之外，文献编目、编码、全文文本化也是短时间内难以完成的。

在数字人文技术的支撑下，数据下载通过多线程并发可以提高搜集文献的效率，在更短的时间内完成数据提取。④ 对于开放下载的文献资源，可以通过编写数据采集程序实现批量下载和跟踪监测；对于拥有产权保护不允许下载的资源，则可以通过查询和阅读链接实现资源位置索引。这些过程不需要过多的人工参与，而且文献编目、页面编码及图像

---

① 日本综合学术信息数据库 [DB/OL]. https：//ci. nii. ac. jp，浏览日期：2021 年 10 月 1 日。

② 日文研 [DB/OL]. http：//www. nichibun. ac. jp/pc1/ja，浏览日期：2021 年 10 月 1 日。

③ 早稻田大学古籍库 [DB/OL]. http：//www. wul. waseda. ac. jp/kotenseki/advanced_search. html，浏览日期：2021 年 10 月 1 日。

④ 侯晋升等：《基于多数据源的论文数据爬虫技术的实现及应用》，《计算机应用研究》2021 年第 2 期。

文本与文档文本的匹配都可以自动完成，效率远远高于人工。另外，通过语义网络能够获取更多的关联文献，拓展搜索广度，全面地网罗东北边疆史文献。因此，数字人文技术在支撑历史文献搜集与整理方面具有很大的潜力和优势。

（三）传统文献搜集面临跨境网络和跨语种问题

目前，海外文献的数字化程度和开放程度在一些领域高于国内，而且由于古代东北在东亚历史上的特殊地位，很多与东北古史有关的文献本身就在国外。因此，一些国内不易查找或没有储备的文献，在国外已经完成了数字化，且面向公众开放。但当前形势下，海外文献数据资源对中国 IP 访问存在一定的限制，网络不稳定，部分珍本文献资源只在其本国范围内或者相关机构内公开。此外，即便是开源数据，由于体量较大，传统的手动下载断点风险大，往往耗时费力又无法成功获取完整资源。再者，网站本身的语言限制也是一大障碍。由于各国数据平台页面内容都是使用本国语言编辑，研究者对于东北边疆历史相关资源的存储位置、检索方法和转存方法需要逐层界面翻译才能读懂。目前学界只有部分学者同时掌握英、日、韩、俄等多国语言，而既掌握这些语言又掌握互联网技术的学者更少，这就成为个人搜集海外文献所面临的又一困难。

在数字人文的协助下有两种途径可以解决上述问题：一是开发一套专业的突破跨境网络和跨语言环境的文献搜集、整理实验平台，使研究者能够按照需求无障碍地浏览各类网站；二是在技术支持下，对海内外资源进行全面搜集，定期更新，再将搜集到的数据构建为专题文献数据库，通过共享平台集中发布，供研究者使用。

二、文献数字化管理的需求分析

东北边疆史研究的文献体系尚不完善，研究者通常通过长期关注自身的研究领域对相关研究成果进行搜集、记录和整理，最终形成专业研究领域的文献数据集。其文献信息的主要来源有期刊、会议论文集、专题出版论文集、目录整理类学术成果等。在现代文献数据平台支持下，研究者主要通过网络搜索引擎、学术论文数据库、图书馆目录库等数据平台，以多网站、多轮、多词组检索的方式获取相关文献，存在一定的局限性。随着遵从标准的网络服务和数据开源共享的发展，可从互联网获取的人文类数据越来越多。这意味着搜索和发现工具能够对从档案馆、图书馆和资源库中找到的完全分散的数据进行识别和整合，并根据研究者的需要提供适合的呈现方式。①

　　第一，单纯依据当前数据平台尚不能全面搜集东北古史数据。在东北边疆史领域，相当一部分文献没有实现电子化，甚至没有在互联网上公开售卖的版本。这些以民国时期的旧书、旧刊居多。新中国成立后，一部分关于东北民族史方面的研究著作印刷规模较小，在互联网上也难觅踪迹。一些丛书类文献如《长白丛书》《黑水丛书》《中国考古集成·东北卷》《东北历史地理论著汇编》等在互联网上也难以集齐整套数据。新近出版的一些书籍如《高句丽史研究文献目录（朝鲜、韩国、日本部分)》②、《高句丽、渤海国史研究文献目录》③ 等也未见数字化版本。一些期刊如《东北亚历史与考古信息》④、《博物馆研究》⑤ 等未

---

① ［美］安妮·伯迪克等：《数字人文：改变知识创新与分享的游戏规则》，马林青、韩若画译，第64页。

② 尹铉哲主编：《高句丽史研究文献目录（朝鲜、韩国、日本部分)》，延吉：延边大学出版社，2016年。

③ 尹铉哲主编：《高句丽、渤海国史研究文献目录》，延吉：延边大学出版社，2016年。

④ 《东北亚历史与考古信息》由吉林省文物考古研究所刊行，主要翻译东北亚地区与东北古史相关的考古与历史资料。该杂志收录了朝鲜、韩国、日本、俄罗斯等国的大量研究成果，并翻译成中文供东北古史研究者参考使用，对东北古史研究具有重要的参考价值。该杂志目前为内部发行资料，因此并没有被公开的数据库收录。

⑤ 《博物馆研究》由吉林省博物馆协会和吉林省考古学会主办，是集中发表东北地区考古及与博物馆相关资料的内部刊物，该杂志目前尚未被公开的数据库收录。

被大型文献数据库收录。海外文献更加分散，其文献题录通常用外文写成，信息准确度不高，简单的关键词检索匹配精度低，数据筛选、搜集、整理方面的难度相对更大。而公共性藏书机构和数据平台，对于专门文献的整理不够充分，不能为东北古史研究提供系统性文献支持。目前，藏书机构和公共数据平台的数据一般只在机构内部共享，各机构间尚未形成文献资源的融合。与东北古史相关的文献在各个藏书机构和数据平台中仍处于分散分布状态，各机构间也存在数据重复冗余、大而不全等问题，不利于查询、检索效率的提高。在文献目录整理方面，公共藏书机构基于图书分类原则的机器分类目录不能满足东北边疆史研究的查阅需求。

第二，目前学界整理出版的文献类成果有一定的局限性。一是内容不全。学者整理文献目录资源时，只凭个人能力之所及进行搜集积累，疏漏在所难免。以新近出版的《高句丽、渤海国史研究文献目录》为例，其收录数据 3480 条，而借助于目录搜集算法整理的数据截止到2020 年 11 月实际应该不少于 6653 条。二是数据简略、固化，不可更新。纸质出版印刷的目录类文献往往只列作者、题目、出版单位和刊行时间等几项关键信息，对于著作简介、目录，论文的关键词、摘要等信息并未收录且信息简略，只能作为简单的文献索引使用，更详细的内容还需要查找相关的文献进行全文阅读。而一部分列入目录的文献在常规的数据库中也未有收录。如此，原文数据存储的网络位置不清晰，海外文献获取难度较大，造成只见目录而原文不详的问题。三是文献目录类成果一经成书便意味着文献搜集工作的中断。在文献数据化日新月异的当下，新的科研成果不断出现，同时一些旧的珍稀文献被不断整理并实现数据化，目录整理也应该处于不断更新之中才具有实时的研究价值。四是印刷版目录数据特征不足，不能用作文本计算。纸质图像数据不具备可编辑性，各条信息固化在图像上，各自孤立。大多数目录整理成果仅是按年和作者进行降序排列，没有通过论文主题或者文本语义进行分类形成用于文本计算的结构化数据，不能构建有效的文献谱系。

第三，尽管互联网文献数据资源数量大、更新快、增量迅速、容易获取，但数据稳定性不足，数据安全难以保障。很多开源性质的网站和公共网络存储空间只在一定时期内开放，数据过期后会很快下架。近年来，互联网数据版权问题日益受到重视，很多数据因为涉及版权问题被清理，像国学大师、晒书房、国学数典等大型网络文献资源平台也难以幸免。因此，个人文献资源存储在互联网上，在没有本地备份的情况下，数据不安全问题突出。①

个人设备和技术力量不能实现文献的集中管理，影响文献利用效率。研究者个人搜集到的数字化文献一般存放在硬盘、U 盘、光盘等数据存储介质中，通过文件夹进行分类管理。这种原始的文献分类费时费力，随着文献数量的增加，利用效率却逐步降低。由于文献与文献之间没有建立知识联系，大多数文献不支持文档编目和全文检索，研究者对于名称和主要内容较为熟悉的文献，可以通过搜索的方式进行查找，而对于自己不甚了解的、不知名称的文献，则无法有效检索利用。当数据达到一定量级之后，单个存储设备不能满足需求，文献被分散存储在多个独立存储空间中，无法通过一次性检索完成专题研究文献的过滤与组织。多个存储空间往往又会造成文献的重复，给文献管理带来困难。在这种情况下，存储的文献资源越多，查找、使用越困难的悖论便会出现。

第四，大数据背景下文献检索和文献可信度面临挑战。文献检索包括资源检索和文本内容检索两个部分。资源检索的目标在于搜集更多、更全面的文献资源；内容检索则需要深入文本内部，对与东北边疆史相关的内容进行抽取。对文献资源而言，集约化管理是检索便捷化的基础。目前，海内外有大量可供东北边疆史研究使用的文献数据，这些数

---

① 2021 年 3 月 25 日，国学大师网曾一度关闭。2023 年 2 月 10 日，国学数典论坛正式关闭。

据分布在各个藏书机构，以不同的技术形式在互联网上呈现，以各自母语标注文献的题录内容。研究者在检索过程中需要克服海外网站登录限制、网站内部账号或 IP 限制、检索语言限制、批量检索限制、多网站综合检索成果管理等困难。因此，对于历史研究者而言，首要的需求是如何在一个平台上检索到尽可能多的所需文献数据。这就需要通过数据存储架构将散布的文献资源集中存储，并在此基础上实现对检索结果的智能化管理、结构化输出，形成便于统计与分析的检索结果数据。

文献的信度，即文献版本的权威性和检索输出结果的准确性，高信度是文献数据在历史研究领域推广应用的前提。当前，互联网信息最大的问题在于专业信息的错漏过多，常用的 OCR 技术存在诸多缺陷，其准确度需要大量人工校对后才能达到应用于研究的要求①，这就导致通过主流搜索引擎获得的信息无法直接应用于科研，研究者在参考引用时需要对在互联网上获得的信息逐一查证，查证的过程往往又涉及二次甚至多次检索。在获得权威版本信息之后，由于文献本身的格式往往不支持内容的全文检索，研究者又要重新回到传统的阅读模式，通过逐页逐行阅读寻找相应信息。这种费时费力的工作占据了学术研究的大量时间。因此，在检索过程中，人文学科的学者希望通过平台既可以检索到相应的文献题录、原文，又可以检索到文献内容中的特定关键词和段落，多个检索结果以列表形式出现，并可与原始文档、多个权威版本进行对照阅读，保障检索结果的准确性；对于不同史料之间的差异可以清晰对比，并按照需要进行校勘；对于史料段落中出现的关键信息可以提供准确的多角度的注释；对于文本中的历史地理信息可以通过地理空间的形式进行科学展示；对于多文本内容中的各种明线和暗线关系则可以利用可视化来进行呈现。

当前数字化进程加快，一些与东北古史相关的珍稀原始文献正在源

① 王涛：《“数字史学”：现状、问题与展望》，《江海学刊》2017 年第 2 期。

源不断地通过数据平台呈现出来，但是这些文献目前多数只提供原始的文献形态，或者与原始文献内容一致的文本数据，大多数没有进行标点、校勘和注释。如台北成文出版社出版的《中国方志丛书·东北地方》①、凤凰出版社出版的《中国地方志集成》② 东北地方志部分、中央编译出版社出版的《边疆边务资料文献初编·东北及北疆边务》大多是旧方志和相关文献的影印。从文献学的角度来说，文献在作为学术资源进行研究和引证时需要经过多版本比对校勘，"恢复古书原貌，正本清源"③，并辅以必要的注释提升文献的信度。从数字人文的角度来看，这种工作可以分为文本的内部注释和外部注解两种类型：内部注释，即传统的基于文本的注释，如行间注、脚注和尾注等；外部注解，主要是通过在文本中加入超链接，以更为复杂的知识体系的注解实现更加丰富的文本知识拓展。④

上述问题可以通过建设文献数据平台，对数字化文献进行集约化管理，构建东北古史文献数据体系，从而逐步解决。文献数据体系的构建需要通过全网进行系统信息的搜集，在此基础上通过文献分类整理，梳理出东北古史文献的基本架构，再以基本架构为纲目对文献进行系统搜

---

① 《中国方志丛书·东北地方》，台北：成文出版社，1966—1976 年。东北地方部分主要涉及辽宁、安东、辽北、黑龙江、兴安、吉林、合江、松江、嫩江九省，共41 种地方志。

② 《中国地方志集成》共选收中国地方志 3000 余种，包括各省通志、府县志、乡镇志、山志、水志、寺观志等，编纂年代的下限为 1949 年。所选收的府志、州志、厅志、县志，依我国现行区划，按省、直辖市、自治区编纂成辑，乡镇志、山志、水志、寺观志等则各为专辑，因此，东北部分整理分类条理清晰。《中国地方志集成》所选收志书，凡有续修或有校记、勘误、考证、补编等文字都加以搜集，附于原志之后，整体参考价值较高。

③ 杜泽逊：《文献学概要》，第 171 页。

④ 高劲松等：《基于关联数据的图书馆数字资源语义互联研究》，《情报科学》2017 年第 1 期。

集整理。这主要分为以下几个方面：一是对已有数字化文献进行归类编目，使之具有清晰的组织条理；二是对缺略文献进行搜集，并对未实现数字化的文献进行数字化编辑；三是通过数字人文技术的介入实现数字文献的数据化、结构化；四是通过数字人文技术的积累，以文献数据体系框架为基础，形成自动化增量机制，在此基础上以数字化文献为基本数据源，以文献题录数据和全文数据为支撑体系，以标准数据和文本计算模型为文献体系的关联要素，建构"目录—文献—全文—知识"的东北古史文献数据体系。

三、东北古史文献数字化发展趋向

文献体系在建构过程中除了要对内部需求进行分析，还需要关注外部的发展趋向，以便能够更好地借鉴先进经验，优化设计。美、日、韩等国家的文献数字化进展迅速，在专题数据库构建、平台化共享、资源集约和文献数据化等方面具有一定的优势，为我国东北古史文献数字化提供了经验借鉴。

（一）海外与东北古史相关的专题文献数据库构建

海外的学术机构在专题数据库建设方面起步早，成果丰硕。美国国会图书馆除藏有大量汉籍、方志外，与中国东北史研究相关的还有边疆会议项目（Meeting of Frontiers）。该项目于1999年启动，最初数据来源于美国国会图书馆所藏的书籍、手稿、照片、地图和影音资料，后美方与俄方合作，补录了黑龙江、乌苏里江、萨哈林岛、黑龙江铁路专辑及部分地图、手稿等相关资料。该项目是一个多语种、多文本类型的文献数据整理和呈现项目，为东北边疆史文献数据的专题化、综合性、跨语种和跨疆域合作整理提供了借鉴。

哈佛大学图书馆所藏中国古籍、拓本和中文档案资料大部分实现了数字化。其与东北边疆史相关的，除善本方志外，还有满文和蒙文资源。另外，哈佛大学图书馆对2768幅古旧地图进行了数字化，其中有

《天下九边万国人迹路程全图》等多幅与中国东北相关的高清地图。哈佛大学图书馆提供高清版本开源数据，可供用户直接下载，并提供标准的数据编目编码，是获取较为容易的重要数据。哈佛燕京图书馆是美国最大的东亚汉籍藏书机构，其所藏中国汉籍、方志等数据中包含有东北边疆史相关资料。除此之外，其所藏与中国东北有关的还有旧地图数据、旧海关数据等多个专题数据库。

（二）海外与中国东北古史相关的数字平台

平台化数据共享方面。日本收藏中国文献资源的机构众多，在不同程度上包含了与东北边疆史研究有关的数据，其中资源保存较为集中的有日本国立公文书馆、日本国立国会图书馆、东洋文库等。日本国立公文书馆有专门的数字档案馆，除内阁文库中的古籍之外，还包含中国东北区域的档案。该馆的亚洲历史资料中心将日本国立公文书馆、外务省外交史料馆和防卫省防卫研究所图书馆收藏的有关日本和亚洲邻近各国关系的历史资料数字化，并通过数据平台实现共享。该数字档案馆已经具备部分数字人文特征，一方面，馆内的检索目录提供通用数据开源；另一方面，其中的亚洲历史资料中心对资料索引进行了深度处理，实现了按主题检索的功能。东洋文库是日本最大的汉籍藏书机构，藏书 95万册，其中中国方志 3000 种、家谱 860 种，部分与中国古代历史相关的文献在国内尚未出现公开的数字化版本。其他的日本研究机构也值得关注，其中京都大学人文科学研究所（人文研）、东京大学东洋文化研究所（东文研）、国际日本文化研究中心（日文研）等机构通过数字平台实现数据开源，其中包含与中国东北边疆史研究相关的资源。

多平台资源集约与综合方面。韩国方面与中国东北史研究关系较为紧密的主要是韩国国史编纂委员会、韩国学中央研究院等。韩国学中央研究院韩国学资料中心集合了包括奎章阁和藏书阁在内的七个数据库，存有较多的古籍资料。韩国国史编纂委员会有两个专题数据平台：一个是韩国史数据库，另一个是韩国历史信息综合系统。韩国史数据库①基本上以提供原文和全文史料为主。截止到 2019 年 3 月，该数据库共提供 100 多个大类，15.1 亿条历史数据，且每年都在不断增加。这些资料按时代分类囊括了从古代到现代的东北亚地区的大部分历史资料。从形态来看，该平台不仅提供古籍、出版图书、档案文件等基础文本数据，还提供地图、照片、年表等多种形态的资料，是中国东北边疆历史研究的重要参考数据源之一。韩国历史信息综合系统最大的特点是数据整合。该系统通过数字资源共享系统实现了 30 多个历史研究平台的整合，所有资源系统内一键检索，检索结果分类统计。例如，以"渤海"为关键词检索，共得到检索数据 6326 条，从古籍中抽取的与渤海相关的数据为 2968 条，研究成果资料数据 2769 条，其余资料为图书、档案、文物遗迹、金石等数据的记录。这些资料的检索结果目录可以下载后用于文本计算。这种功能对整合东北边疆史研究资源，建设相关的信息融合体系，具有一定的参考价值。东北亚历史资料中心②致力于东北亚历史资料的搜集、存储，并提供检索服务。东北亚历史网③致力于文献数据化和知识图谱建设。前者可以查询到中、日、韩与东北边疆有关的研究成果，后者提供数据化的文献资源。这两个中心的数据更新较快，是探查海外有关中国东北边疆研究的一个窗口。

（三）海外与东北古史相关文献的数据化发展趋向

文献数据化方面，进行较早的是中国哲学书电子化计划（Chinese

---

① 韩国史数据库［EB/OL］. http：//db. history. go. kr/，浏览日期：2021 年 3 月 26 日。

② 东北亚历史资料中心［DB/OL］. http：//www. hflib. kr，浏览日期：2021 年 3 月 26 日。

③ 东北亚历史网［DB/OL］. http：//contents. nahf. or. kr，浏览日期：2021 年 3 月 26 日。

Text Project）①。该项目起步于 21 世纪初，由德龙（Donald Sturgeon）创建和管理，经过多年发展逐步开发了古籍光学字符识别（OCR）系统、古籍数据化众包系统和应用程序编程接口（API）等模块，实现了图像—文本的可持续转录、全文检索与文本—原文对照阅读、文本计算、外部汉文本挖掘工具接入等一系列功能，目前已经发展成为面向全球的大型中文古籍文献数据平台。与其众筹方式类似的还有维基文库②，其内容更加全面。新近推出的还有雕龙—中国日本古籍全文检索资料库和汉典重光古籍数字化平台③。

雕龙数据库是一个由中日联合开发的超大型中日古籍全文检索资料库，是收藏中国和日本古籍最全面的数据库之一，包括近 3 万种支持全文检索的古籍数据。"汉典重光"项目由阿里巴巴公益基金会、中国国家图书馆、浙江图书馆、四川大学、美国加州大学伯克利分校等机构合作开展。该项目一方面致力于寻找流失海外的珍稀汉籍，另一方面通过 AI 完成汉籍的数据化转录，在构建文本的同时建构了古籍字典，未来应该有较大的数据化技术空间。

海外数字人文技术在历史研究领域的应用并不局限于古籍、文献、档案资料的数字化，而是已经开始对学术资源进行数据处理和可视化呈现，并通过通用数据实现跨平台共享。例如，东北亚历史网把中国、俄罗斯、朝鲜半岛的历史遗迹（考古成果）、古今地名（GIS 数据）及与之相对应的学术研究成果（专著、论文等）通过知识图谱技术建立数据关联，在其数据平台上实现可视化呈现。韩国珍稀档案在实现瓦片地

---

① 中国哲学书电子化计划（Chinese Text Project）［EB/OL］. https：//ctext. org/zh，浏览日期：2021 年 3 月 28 日。

② 维基文库［DB/OL］. https：//zh. wikisource. org/wiki/Wikisource：% E9% A6% 96%E9%A1%B5，浏览日期：2021 年 3 月 26 日。

③ 汉典重光古籍数字化平台［DB/OL］. https：//wenyuan. aliyun. com/home，浏览日期：2021 年 3 月 26 日。

图高清浏览的同时将图片内容录入文本，既保持了珍稀档案原图的显示，又实现了全文多语种检索，还通过 XML 标准数据实现了数据通用。文本数据化打破了出版著作、档案、图片之间的"信息孤岛"状态，实现了档案由数字图像信息到文本数据的升级，在保证信息传达准确性的基础上，为研究者高效利用文献资源提供了可能。

第二节　东北古史文献的数据准备

史料是历史研究的基础，系统的、充分的、经过检验的史料是历史研究的坚实基础。[①] 数字化文献是东北古史文献体系建构的前提和基础，文献数据的类型是东北古史文献数据平台开发设计的基本出发点。因此，我们应在数字人文技术的支持下全面地搜集数据，对其进行标准化处理，并以此为基础依据历史文献学和数字人文的管理标准对文献数据进行分类组织，进而完成东北古史文献体系的数据准备。

一、数字化采集

史料的搜集、整理与运用，既是历史研究的重要方法，又是历史研究的第一步工作。[②] 文献的技术化采集指的是以互联网资源为目标，通过数字人文技术，针对不同类型的文献进行批量采集、自动编目，进而存储于本地的数据准备过程，此类技术目前已相对成熟。[③] 文献资料搜集是一个持续性的系统工程，不同文献的关系逻辑、需求逻辑和存储逻

---

① 陈高华、陈智超等：《中国古代史史料学》（修订本），第 1 页。

② 李凤飞、刁丽伟主编：《东北古代边疆史料学》，哈尔滨：黑龙江教育出版社，2014 年，第 2 页。

③ 刘合艳：《中国知网的全文批量下载和重命名实例》，《办公自动化》2020 年第 23 期。

辑不同，相应的文献搜集技术要求也不尽相同。与西北、西南文献偏向中国内部资料的挖掘不同，东北古史文献在东亚范围内均有分布，除了面临互联网技术问题，也涉及跨境跨语言问题，因此需要系统分析文献分布特点，制定技术策略，完善技术步骤。

（一）东北古史文献的数字特征与技术策略

按照东北古史文献之间的关联关系，文献搜集可以分为单行文献搜集，丛刊、研究系列文献搜集和以研究主题为中心的综合文献搜集。单行文献指的是已知名称的单行本文献、单篇学术文章。在搜集过程中，单行文献需要充分考虑原始版本与转载或再刊版本的区别；在数据类型上，则需要考虑数据格式、清晰度、色彩保真度和可编辑格式数据的准确度。丛刊、研究系列文献则需要考虑数据的完整度、不同单册之间版本的一致性，以及整体数据格式的一致性。以研究主题为中心的文献搜集则需要通过抽取文献综述和著作参考文献构建专题主体模型，尽可能地对研究主题的学术动态有较为全面地把握。其在数据搜集过程中要规划先行，台账清晰，并适当地预留滚动更新机制。①

按照需求的指向性，文献搜集可以分为定向文献搜集和随机文献搜集。定向文献搜集是指在已知文献名称的情况下进行文献查询、调阅和下载。这种类型的文献搜集一般分为国内网络环境搜集、国外网络环境搜集、非开源机构文献浏览和跨平台文献调阅四种情况。

---

① 对于东北古史文献数据而言，滚动更新机制主要包括文献数据的增量、文献版本的更新和数据管理框架的更新三个方面。文献数据的增量，即基于全球网络和自身搜集情况及时增添数据；文献版本的更新，主要是在文献搜集增加的情况下，通过数据重复性监测和质量鉴别以新的更清晰的数据版本替代旧的版本；数据管理框架的更新，主要是考虑在数据技术进步背景下，逐步升级东北古史数据的存储、检索和监测框架，在保障数据安全的情况下，逐步提升文献的检索效率和人机交互的智能化程度。

在国内，公共图书馆一般支持馆藏查询，但与东北古史有关的数字文献共享程度不高，题录数据搜集相对容易，而数字化文献获取存在难度；反观国外，1910 年以前的数字文献开源程度相对较高，但存在网络登录障碍和语言障碍。较为系统的东北古史数字文献多集中在非开源机构，一般需要通过计费、学术交流、机构间协商等方式获取。在文献搜集过程中，首先要解决版权问题。通过合法渠道取得版权，既是对他人劳动成果的尊重，也能尽量避免日后因为版权问题引起的纷争。① 由于数据实时更新等特性，在搜集非开源数据时需要先搜集公开的题录信息，然后再根据需要通过资源对接、互换或重点资源购买等方式获取文献。跨平台文献调阅，主要是指跨越不同网络平台或跨越线上、线下平台完成特定资源的获取，这种操作通常是针对急需、紧缺的关键文献。②

文献的数据化采集，按照网络资源分布特点可以分为单一网络界面文献数据获取、平台文献数据搜集和跨平台、多层级页面下文献数据采集三种类型。单一网络界面文献数据获取，一般是针对与东北古史文献紧密相关的网页进行批量采集，如学术机构的东北古史研究专题界面、公共图书机构的东北专题项目界面等，通常获取的文献数据量不大，但质量较高；平台文献数据搜集，主要针对一些专门的文献数据库，由于其数据结构相对规范，内容存储路径比较统一或后台数据管理有规律可循，可以对整个平台进行批量采集操作，完成数据采

① 邵正坤：《古籍数字化的困局及应对策略》，《图书馆学研究》2014 年第 12 期。

② 国内主流文献传递平台共有五个：NSTL（National Science and Technology Library，国家科技图书文献中心）、CASHL（China Academic Social Sciences and Humanities Library，中国高校人文社会科学文献中心）、e 得、读秀和百链。五个平台各有优势，资源互为补充，在高校文献传递业务中同时使用。秦霞：《多平台文献传递用户体验模型的构建研究》，《图书馆建设》2015 年第 2 期。

集后再按需要进行数据清洗，获得与东北边疆研究相关的数字文献；跨平台、多层级页面下文献数据采集，用于对指定名录的专题文献进行基于全网的数据匹配，完成匹配信息采集后再逐步进行文献名录指定的数据采集。

（二）东北古史文献批量采集的技术流程

东北古史文献数据批量采集主要面向的对象是公共数据资源。这些资源一般存储在机构数据之中，通过查询界面或浏览界面与互联网客户端形成关联。与一般的大数据搜集不同，东北古史文献的数据采集具有相对明确的针对性，即首先针对的是历史文献类型的数据，而非网页全部数据内容，且需要在文献数据中筛选与东北古史相关的部分。为了避免公共资源、自身算力和存储资源的浪费，我们需要从历史文献学的视角和东北古史研究的实际需求出发做好前期规划，形成目标明确、运行高效的技术流程。文献数据采集过程中应根据数据的特点、采集目的对数据进行必要的分类和编目，并适当建立数据查重机制，以避免数据堆叠、紊乱和冗余。其主要思路包括数据资源查询与定位、数据开放权限确认、数据采集、数据存储、数据处理和数据管理等。从具体的技术操作来看，批量数据采集可以分为四步。（流程参见图 2-1）

第一步，在确定采集方向后，通过网页分析了解数据结构，编写数据批量下载爬虫，实现页面数据批量采集。① 不同数据平台的数据结构不同，需要根据具体情况进行分析和编辑。在数据下载过程中，对于开源数据可直接下载，对于非开源数据则需要保留文献的浏览 URL，以便后期数据库建设时根据不同需求使用。网页的个性化使得数据采集在

---

① 爬虫（Web crawler），也叫网络蜘蛛（Spider），是一种用来自动浏览网页的网络机器人。爬虫的运用可以实现网络目标资源的批量抓取［EB/OL］. https：//zh. wikipedia. org/wiki/%E7%B6%B2%E8%B7%AF%E7%88%AC%E8%9F%B2，浏览日期：2021 年 3 月 26 日。

大多数情况下并不能利用通用程序来完成。

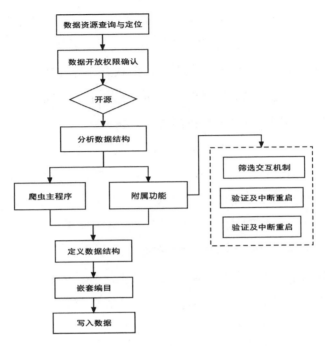

图 2-1　东北古史文献批量采集技术流程图

　　不同数据库在内容采集的限制上并不相同，比如超星发现①可以提供全文浏览，并提供引文链接，但其浏览上限为 5000 条，超过 5000 条之后便不再显示；中国知网②则直接提供不同类型的文献目录下载，无论在数量上还是速度上都有限制，同一 IP 地址下载超过上限时会被封停；首尔大学图书馆③平台针对一个关键词的检索结果，浏览上限为

---

　　① 超星发现［DB/OL］. https：//ss. zhizhen. com/，浏览日期：2022 年 2 月 13 日。

　　② 中国知网［DB/OL］. https：//www. cnki. net/，浏览日期：2022 年 2 月 13 日。

　　③ 首尔大学图书馆［DB/OL］. https：//library. snu. ac. kr/，浏览日期：2022 年 2 月 13 日。

8000 条，超过 8000 条之后便不再显示；东洋文库、日文研、藏书阁等机构开放的部分精品文献数据是逐页显示的，例如日本东洋文库"丝绸之路珍本文献史料"就是按页提供高清图像浏览的①。还有一些地图和档案数据是被切割成瓦片的，需要在完成下载后进行数据整合处理，将数据重新还原为文献纸质状态下的近似状态。各种情况不一而同，针对每一个文献平台，数据采集的主程序都有一定的差别。

第二步，嵌套编目呈现与数据管理。在下载文献资源的同时，为了使数据属性更加明确，以便后期数据的管理和检索应用，还需要对文献相关的题录数据进行采集，并根据历史研究文献的引用与分析习惯、后期数据库元数据设计需求，重点对题名、作者、单位、关键字、摘要（梗概）、目录、出版机构、出版时间、来源数据平台、引文关系等相关信息进行采集，并写入结构化数据表之中。

在数据结果写入过程中，除定义元数据之外，也需要对于不同类型数据的写入要求在基本统一的前提下充分考虑数据差异。如，论文数据中的论文名称、作者、关键词、摘要、期刊名称等非常重要，于此应该保留全文数据项，以便有全文录入；单行本著作通常没有关键词，但部分数据会包含图书简介、详细目录及所属丛书信息，这类信息与论文元数据不同，也需要录入。另外，很多文献数据不是开源数据，只提供浏览全文或目录，这就需要保存比较完整的 URL，以便读者根据目录去查找资源原站。（相关数据输出结果样例参见图 2-2）

在文献信息数据采集过程中要采取最全、最优的原则②，即对于可以采集全文或者文献详细目录的数据，要一并采集相关信息，尽量提高

---

① 东洋文库所藏珍稀文献数字档案［DB/OL］. http：//dsr. nii. ac. jp/toyobunko/sitemap/index. html. ja#class5，浏览日期：2022 年 2 月 13 日。

② 肖添意：《对高校图书馆应用学科分类原则的探讨》，《图书馆杂志》1997 年第 3 期。

	学位论文 名称	责任者 著者					授予国家/地点	Abstract	目录
1	10-4기 발해와 契丹의 戰爭 研究 = The Research of Balhae(渤海) and Khitan(契丹) War in the 10th century	문은수	서울 : 동국대학교, 2021	2021	한국어	渤海 契丹 大祚 榮耶律阿保機 耶律德光 遼東 東丹國, 扶餘府 鴨綠府 忽汗城 등	서울	Abstract: …	제1장 序論 1 …제1절 연구 목적 1 제2절 연구 동향 2 제3절 연구 방법 6 …
2	渤海 佛像의 관한 연구 = Buddhist Image Sculpture in the Kingdom of Palhae	차옥신	서울 : 梨花女子大學校 大學院, 1991	1991	한국어	발해 佛像 부처 佛 寺	서울	Abstract: …	論文概要 = viii Ⅰ. 序論 = 1 Ⅱ. 渤海의 歷史 = 4 Ⅲ. 渤海의 佛敎 = 13 Ⅳ. 渤海의 佛像(表, 1) = 19 A. 地域的 分類(表, 1) = 19 B. 形式的 分類 = 44 …
3	발해 고분 의 지역성 연구	김하늘 Kim, Ha Neul	청주 : 충북대학교, 2019	2019	한국어	발해 고분 지역성 지역지역	충북청주	Abstract: …	국문초록 Ⅰ. 머리말 1 Ⅱ. 발해 고분 연구사 7 1. 발해 고분 연구사 7 2. 연구대상 및 연구방법 9 Ⅲ. 발해 고분의 현황 및 분류 11 1. 발해 고분의 현황 11 2. 대상 유적의 현황 28 Ⅳ. 발해 고분의 지역적 …
4	고등학생들의 발해사 인식 제고 방안 = A Study on the Methods of High School Students to enhance the Recognition of the History of Balhae	오대웅	서울 : 서울시립대학교, 2015	2015	한국어		서울	Abstract: …	국문초록 제1장 서론 제2장 발해 고분 고분 현황 조사 6 1. 발해 고분의 역사적 배경 7 Ⅱ. 발해 교과서의 발해 서술 … 제3절 연구의 내용과 방법 …
5	渤海 貞孝公主墓 研究 = A study of Balhae princess Jung Hyo tomb	안경인	서울 : 숙명여자대학교, 2009	2009	한국어		서울	Multilingual Abstract: Religion plays an important role in understanding funeral arts in ancient Korean tombs, this religious tendency is normally implicated in mural paintings. Interestingly, it was found recently that some ancient Korean tombs simply religious trend within their structures, Balhae(渤海, 699−928) Princess Jung Hyo tomb(貞孝), found in M. Longtou(龙头山), Longhai village(龙海村), Longhui city(和龙市), Jilin province(吉林省) in China in 1980 can be a good example of this. After Koluryo and Baekjia had been fell by the allied forces which consists of Silla and Dang, the international system in Northeast Asia recognized all over the surface in this process, Bal-Hea needed to hold	국문초록 Ⅰ. 서론 1 1. 연구사적 1 2. 연구방법 4 Ⅱ. 발해 외교대외 출현 배경 7 1. 발해 외교대외 문물 수용 7 2. 발해 공주 묘제의 변화 15 Ⅲ. 검토공주묘 조성의 제5절연 24 3. 검토공주묘 조성의 제5절연 24
6	渤海의 皇城遺址陵墓區 彫刻研究 여 한간 研究 = The Research on …	이상국	창원 : 창원대학교, …	2008	한국어		러시아	…	제1장 연구목적 1

图2-2　文献题录数据样表——海外学位论文

信息的完整度；对于同一文献出现在多个资源平台的情况，优先选择权威性较高的平台，兼顾其他平台数据的完整程度，并在数据关系中对文献位置进行标注，以便后期查询验证。例如，韩国所藏与中国东北相关文献的原始文献实际上存储在日本，而近代俄国对东北的考古踏查文献在韩国和日本可以找到数字化文献。因此，在数据信息采集时，就需要对文献本身的数字化质量、文本保持程度、页面介绍数据的完整度等进行比较，根据最全、最优原则进行数据管理。

第三步，实现数据采集程序的通用化。尽管不同文献平台的数据结构存在较大差异，但历史学科对于文献数据的需求是有规律可循的。考虑到数字人文学者的技术现状，在完成一部分文献平台的数据采集后，需要积累经验构建通用型数据采集模型，以降低数字人文技术的使用门槛。通常情况下，历史文献采集需要考虑到数字化文献的需求、文献页面的数据特征、编目数据写入等因素。在设计数据采集程序时，通用功能部分需要进行模块拆分，即在整体功能框架下对 IP 地址池模块、写入数据表模块、功能控制接口、数据存储模块、熔断重启模块等程序独立编写。因而，在处理不同的文献数据平台时，只需写好核心程序，然后调用通用模块，即可实现数据采集。① 这样既可以提高编程效率，也可以为后期架构基于全网的历史文献更新监测系统，进行实时跟踪和采集最新数据提供技术基础。（通用程序结构样例参见图 2-3）

增加交互性，降低技术难度，也是构建通用型数据采集模型的重要途径。程序编写与人文学科知识结构差异较大，历史研究者较难驾驭，若每次启用程序都要求计算机技术人员介入，不仅是人力资源的浪费，而且会在很大程度上限制历史研究者资源获取的效率，不利于培养人文学者利用数字技术的热情。因此，我们需要在主程序设计中尊重人文学

---

① 韩瑞昕：《面向分布式的通用网络爬虫系统关键技术研究与实现》，北京工业大学硕士学位论文，2019 年。

科数据库网页检索习惯，通过交互窗口设置使人文学者只需输入检索项目和关键词，确定自己所需要的文献来源和检录的文献条目，即可完成数据的批量搜集。[①]（检索选择界面参见图2-4）

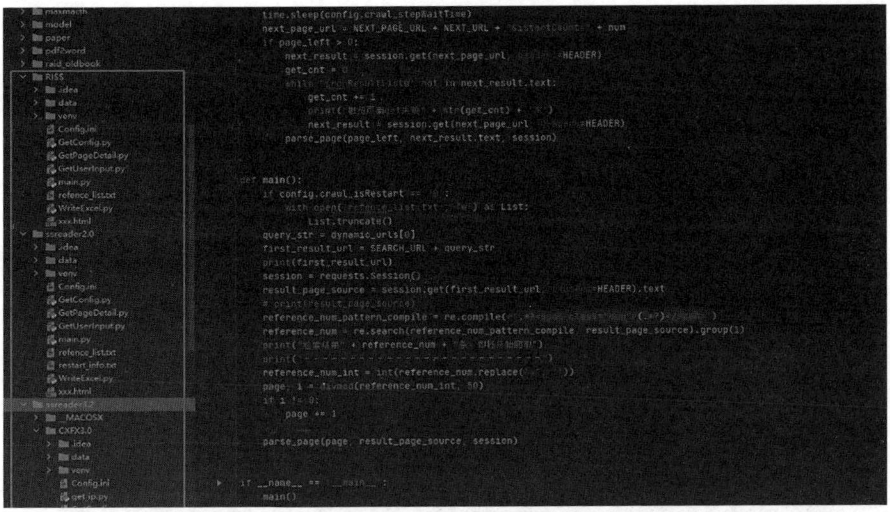

图 2-3　数据采集程序功能的模块化样例

图 2-4　检索选择界面

---

① 张承宇：《基于网络爬虫的 Web 组件自动化检测系统的设计与实现》，北京邮电大学硕士学位论文，2021 年。

第四步，通过参数调节解决简单的技术障碍。① 考虑到网络运行的不稳定性和各种技术障碍，需要设置一套故障调试参数，如下载并发数量、数据写入时间间隔、IP 地址池切换等。这些参数通常简单地设置为"0""1"或者"open""stop"等值，遇有需要，历史研究者只需要进行简单的参数修改即可。（参见图 2-5）比如，在不需要全文文档数据的情况下，可以关闭图书文档的下载功能，实现单独的目录下载，并提高下载速度。针对网络不稳定和数据断点问题，专门设置重启和断点续传功能，保证程序中断重启后继续运行时，直接跳过已完成数据继续工作。（参见图 2-6）

图 2-5　config 为操作简单的功能调节模块

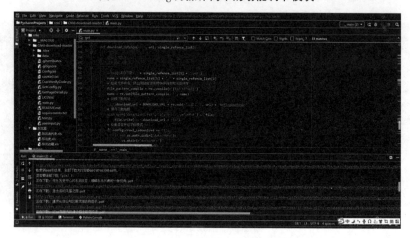

图 2-6　基于交互的数据监控窗口

---

① 董博等：《基于爬虫的数据监控系统》，《计算机系统应用》2017 年第 10 期。

一系列的数据采集与管理代码集群逐步形成一套数字人文软环境。① 该环境的设计与开发在一定程度上体现了数字人文服务于历史研究的特点：一是数字服务于人文②能够在相当程度上承担历史研究者繁重且机械的劳动，提高学习与科研效率。同时，这种不同于传统文献学的思路与方法，在一定程度上有利于历史研究者视野的拓展和方法的创新，以及在此基础上改进历史书写。二是数字与人文是交互的③，数字编程必须理解历史研究者的实际需求，编写出符合历史研究实际需要的程序。当然，这也需要历史研究者了解当前的数字人文技术动态，理解数字人文的基本思维方法，掌握数字技术能够在历史研究中发挥哪些作用。中国数字人文领域自身尚不成熟，在很长一段时间内都将处于探索阶段。④ 数字与人文并不能立即无缝结合，这就要求技术参与者充分考虑现实情况，在操作方面的相关设计符合历史研究者知识结构的实际，让技术真正为历史研究者所利用。实践发现，交互性是软环境构建的最佳方案，能够让历史研究者在利用工具的同时深入了解数字技术，有效促进数字人文思维的形成。

简而言之，在数字人文技术支持下，可以实现对海内外开源东北古史文献资源的批量下载，同时完成数据内容的编目工作，在相当程度上完成基础数据积累。我们在对这些数据进行标准化编辑后，通过数字人文平台实现文献整理与共享，用于构建东北边疆史研究的数据体系，推动学术研究工作的深入。

---

① 牛秋业：《当代中国科学技术发展文化软环境建设研究》，《广西社会科学》2012 年第 12 期。

② 周晨：《国际数字人文研究特征与知识结构》，《图书馆论坛》2017 年第 4 期。

③ 魏亮亮：《面向数字人文的档案知识服务模式转型探析》，《档案学研究》2021 年第 4 期。

④ 赵薇：《数字时代人文学研究的变革与超越——数字人文在中国》，《探索与争鸣》2021 年第 6 期。

二、技术处理

东北古史资源的获取，除通过对线上文献进行批量采集外，还可以通过对线下文献进行数字化处理。线下文献主要是尚未数字化的纸质文献和格式不一的各类电子文档、图片等。线下文献是对线上数字文献采集的补充，但在东北古史研究领域，线下搜集的文献通常是相对珍稀、敏感且更具学术价值的重要文献，具有少而精的特点。

（一）文献格式的统一

纸质文献方面，中国东北古史领域的数字化文献主要有两种：一种是没有经过排版编辑的原始纸质档案，如东北地方档案、边疆勘察手稿、手绘地图、出土资料、遗迹遗物照片、影音资料等。于此，美国国会图书馆边疆会议项目（Meeting of Frontiers）和藏族口述史项目（TO-HAP）的相关资料可作为参考。边疆会议项目是英俄双语多媒体数据中心于 1999 年建立，最初数据为美国国会图书馆的珍贵书籍、手稿、照片、地图和影音资料。后来，美方与俄方合作，补录了大量珍贵资料，其中有不少中俄边界资料，如黑龙江、乌苏里江流域资料，萨哈林岛资料，黑龙江铁路专辑，以及部分地图、手稿等，这些都是研究中国东北边疆可资参考的文献。[1] 藏族口述史项目共上线 403 条录音，其中政治历史类 361 条、民俗类 35 条、寺庙僧侣类 7 条，录音时长约 500 小时。该口述数据的架构模式可以为中国东北边疆口述史资料库的建设提供借鉴。[2]

另一种是出版物。出版物又可以分为近代及之前的刻版、石印繁体

---

[1]　边疆会议项目［DB/OL］．http：//frontiers. loc. gov/intldl/mtfhtml/mfdigcol/，浏览日期：2020 年 12 月 1 日。

[2]　藏族口述史项目［DB/OL］．https：//www. loc. gov/collections/tibetan-oral-history-project/，浏览日期：2020 年 12 月 1 日。

竖排版。东北地区的地方志文献，有前文所述台湾成文出版社出版的《中国方志丛书》，还有凤凰出版社编选的《中国地方志集成》，后者包含辽宁、吉林、黑龙江三省府县志辑和三省省志辑。《吉林府县志辑》收录了历代吉林省所属县级以上行政单位的旧地方志 46 种，共 10 册。其中，州志 1 种、县志 23 种、厅志 1 种、乡土志 21 种，基本上涵盖了吉林省旧方志的各个方面，是一部收录方志资料比较齐备、收录范围比较普遍的大型方志丛书。①《黑龙江府县志辑》收录了历代黑龙江省所属县级以上行政单位的旧地方志 32 种，共 10 册。其中，府志 1 种、县志 25 种、局志 1 种、乡土志 5 种。这些地方志文献多为繁体竖排版，当代结集翻印资料亦如此。如金毓黻主编《辽海丛书》②、《边疆边务资

①　《中国地方志集成》，南京：凤凰出版社，2000—2008 年。除该套书所涉方志外，东北方志还散见于海外。根据相关调查显示，目前较为确定的东北地方志有 307 种。参见勾学海等：《东北地方志（1949 年前旧志）收藏状况调查与校核目录》，《图书馆学研究》2004 年第 8 期。

②　《辽海丛书》有关东北古史的内容：第一集为《辽小史》一卷、《金小史》八卷、《辽方镇年表》一卷、《金方镇年表》一卷、《渤海国记》三卷、《松漠纪闻》二卷、《扈从东巡日录》二卷、《柳边纪略》五卷、《凤城琐录》一卷、《沈故》四卷、《滦阳录》二卷、《燕台再游录》一卷，第二集为《辽东志》九卷、《全辽志》六卷，第三集为《辽阳州志》二十八卷、《铁岭县志》二卷、《铁岭县志》二卷、《锦州府志》十卷、《塔子沟纪略》十二卷、《岫岩志略》十卷、《何氏沈阳纪程》一卷、《潘氏沈阳纪程》一卷、《东北舆地释略》四卷、《黑龙江舆图》一册、《黑龙江舆图说》一卷，第四集为《医闾集》九卷、《解脱纪行录》一卷，第五集为《皇清吏史》十卷、《画家知希录》三卷，第六集为《辽文萃》七卷，第七集为《全辽备考》二卷、《东三省舆地图说》一卷、《西伯利东偏纪要》一卷、《东北边防纪要》二卷、《盛京疆域考》六卷、《锦县志》八卷、《广宁县志》八卷、《宁远州志》八卷、《盖平县志》二卷、《开原县志》二卷、《布特哈志》一卷，第八集为《翰苑》一卷、《辽东行部志》一卷、《鸭江行部志》一卷、《使辽语录》一卷、《嘉庆东巡纪事》三卷、《辽纪》一卷、《辽阳闻见录》二卷、《鲊话》一卷、《耳书》一卷、《旗军志》一卷、《蜀轺纪程》一卷、《巴林纪程》一卷、《楝亭书目》四卷、《四库辑永乐大典书目》一卷、《永乐大典书目考》四卷、《沈馆录》七卷、《沈阳日记》一卷，第九集为《雪屐寻碑录》十六卷、《满洲祭神祭天典礼》六卷、《梦鹤轩梅澥诗钞》四卷，第十集为《大元大一统志残本》十五卷辑本四卷考证一卷附录一卷。

料文献初编》中的《东北及北疆边务》、《边疆行政建制初编》中的《东北及北方》、《边疆史地文献初编》中的《东北边疆》、国家图书馆分馆编《清代边疆史料抄稿本汇编》① 等。另外，欧美、日本、韩国对中国东北边疆史文献进行电子化时所选择的版本也以原始繁体竖排版居多。朝鲜半岛可见电子化文献主要分布在韩国，以繁体竖排原版为主，如《三国史记》《高丽史》《朝鲜王朝实录》《承政院日记》《备边司誊录》《同文汇考》等，其文集类如《韩国历代文集丛刊》等也是翻印原版的繁体竖排版。日本方面，无论是原版还是再版文献，均为繁体竖排版。近代以来的边疆踏查文献则是多国语言版的。②

前文所述文献，一部分只有纸质版本没有数字化版本，需要借助设备扫描制作成 PDF 版本；一部分格式不一，存在 UVZ、DJVU 等多种格式，需要通过格式转换工具或程序统一为 PDF 版本。针对上述情况，常见的操作方法是，将其他文档格式先拆解为带有页码信息的图片集合，然后通过代码将其统一制作成 PDF 文档。(制作流程参见图 2-7)

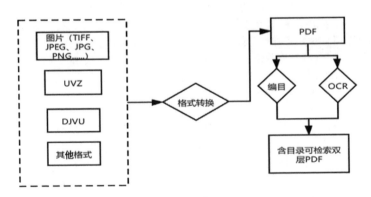

图 2-7　PDF 标准化制作流程图

---

① 国家图书馆分馆编：《清代边疆史料抄稿本汇编》，北京：线装书局，2003 年。
② 日本东洋文库珍贵踏查文献系列［EB/OL］. http://dsr. nii. ac. jp/toyobunko/sitemap/index. html. ja#class1，浏览日期：2022 年 2 月 16 日。

另外，海内外历史文献数据平台中，部分珍贵文献数据采用高清图片形态逐页显示，未结集成册，如日本东洋文库珍贵踏查文献系列、韩国藏书阁珍稀档案和贵重图书系列。这种情况下，在获取图片数据之后，需要通过 PDF 编辑软件将其编辑成册。这一项工作也可以通过编写程序批量完成。软件在操作过程中更加稳定，目录识别也更为准确，但一般只能逐本操作。编写程序完成后则可以多文献组并行，连续操作，效率更高，但程序运行要求文献编目图片命名规范、数据组格式统一。二者的选择需要根据数据量和数据整洁情况具体问题具体判断。

（二）文献数字书签的编制

书签是我国传统书籍的重要附属物，在典籍生产、传播与阅读活动中扮演着凸显标题、指引查阅的重要角色。[①] 在数字文档中，编辑书签既符合传统的阅读习惯，提高查阅效率，又有利于文档数据结构的生成，提高文档数据化编辑效率。通常来说，PDF 格式的古籍类文献只是图片顺序的堆叠，没有书签，不支持全文检索，读者逐页浏览耗时费力，这就意味着需要根据文献内容做好书签。

目前，PDF 技术在学术文档编辑中的应用相对成熟[②]，常用的 PDF 编辑软件有 Adobe Acrobat Professional、ABBYY FineReader、迅捷 PDF 编辑器、WPS PDF 等。书签可以通过此类软件编辑生成。排版相对规律的版本，则可通过代码定位提取标题进行批量编制。

在基础史料方面，笔者对中华书局版的古文献进行了搜集与整理。比如，对 1959—1977 年版二十四史、2011—2013 年点校本二十四史、2000 年简体字本二十四史和许嘉璐主编的《二十四史全译》进行编

---

① 王甜甜：《书签考》，《图书馆研究》2020 年第 4 期。

② 周雪莹：《采用双层 PDF 形式将方正书版文件制作为可检索式 PDF 文件》，《编辑学报》2012 年第 6 期。

目①，其中精确到了人物、地名和编年，并将编目结果引入二十四史全文文档之中，制作了基于网页目录的二十四史（XML）对照版、DOCX（Word）格式的二十四史文本，以满足不同类型研究的文献检索、多版本比对、文本内容校勘的需求。

对于东北史专题中的重要文献，诸如《辽海丛书》《黑水丛书》《长白丛书》，在 PDF 编辑的过程中也都进行了基于 PDF 书签的编制。在具体技术操作方面，ABBYY FineReader 等软件可以实现自动书签识别，并基于识别结果进行校验、修改，进而实现高效的文档编目。（编目效果参见图 2-8）

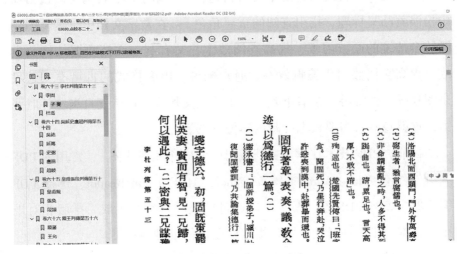

图 2-8　点校本二十四史编目样例

（三）双层数字文档的制作

在数据制作实践中，图像清晰度高、字迹工整、栏线清晰的部分繁体竖排版文献，可以通过 OCR 制作成双层数字文档，实现基本的全文检

① 许嘉璐主编：《二十四史全译》，上海：汉语大词典出版社，2004 年。

索功能，于此效果相对较好的软件是 ABBYY FineReader。双层数字文档一般采用 PDF/A 标准，识别文字位于图片下方，二者位置一一对应。检索匹配内容高亮显示，结果在左侧工具栏逐条呈现，并显示定位页码，点击后可以实现跳转，相关内容支持竖排复制。在东北古史文献中，经过重新排版的文献史料多为简体横排版文献，如《长白丛书》① 和《黑

---

① 《长白丛书》由吉林文史出版社出版。东北古史相关部分已扫描，并通过 OCR 制作了双层 PDF，主要包括《光绪丁未延吉边务报告　延吉厅领土问题之解决》《白山诗词》《吉林农业档案卷》《长白汇征录　长白山江岗志略》《长白山文化论说》《长白先民传》《朝鲜文献选辑朝鲜文献中的中国东北史料》《朝鲜文献选辑清实录中朝关系史料摘编》《朝鲜文献选辑宣和奉使高丽图经》《朝鲜文献中的中国东北史料》《成多禄集》《成多禄集附录》《打牲乌拉志典全书打牲乌拉地方乡土志》《东北地区燕秦汉长城和郡县城的调查研究》《东北鼓吹乐研究》《东北民俗资料荟萃》《东北旗地研究》《东北史地考略续集》《东北土地关系史研究》《东北亚丝绸之路历史纲要》《东疆史略》《东疆研究汇览长白山区开发史稿》《东三省政略》《东夏史料》《奉使辽金行程录》《顾太清诗词东海渔歌》《顾太清诗词桃花流水捕渔人诗文》《顾太清诗词天游阁集》《海西女真史料》《黑水先民传》《箕子与朝鲜论集》《吉林地志　鸡林旧闻录　吉林乡土志》《吉林纪略初集韩边外》《吉林纪略》《吉林近代史稿》《吉林三贤集》《吉林通志》《吉林外纪》《吉林新志》《吉林志书造送会典馆清册》《金碑汇释》《金史辑佚》《旧满洲档研究》《雷溪草堂集》《刘大同集》《蒙荒案卷》《蒙荒案卷办理图什业图蒙荒案卷》《蒙荒案卷办理札萨克镇国公旗蒙荒案卷》《清代东北参务吉林官运局第一次报告书》《清代东北民俗文化研究》《清代吉林盐政》《清实录东北史料全辑》《清实录中朝关系史料摘编》《双城堡屯田纪略　东北屯垦史料》《宋小濂集》《先清史料四集》《鲜卑新论女真新论》《香余诗钞吉林纪事诗》《徐鼐霖集》《宣和奉使高丽图经》《薛虹学术论集》《高句丽历史与文化研究》《明清东北史研究论集》《医巫闾山诗集》《满族萨满跳神研究》《西团山文化研究》《关东搜异录》《吉林满俗研究》《不畏斋随笔》《东北农谚汇释》《东北岁时节俗研究》《东疆研究论集》《乌拉史略》《乌拉史略扈伦研究》《清代宫廷萨满祭祀研究》《清代满洲土地制度研究》《中朝关系史研究论文集》《永吉县志》《廿六史中朝关系史料选编》《中国东北通史》《中国相邻地区朝鲜地理志资料选编》《珲春副都统衙门档案选编》《珲春史志》等。

水丛书》①的大部分内容，黑龙江教育出版社出版的《中国边疆研究文库·初编·东北边疆》，以及绝大部分建国以后出版的史料辑佚类、校注类成果，如《东北古史资料丛编》《奉使辽金行程录》等，大多数是重新排版制作的文献。建国后出版的各类东北边疆史研究成果、考古报

---

① 《黑水丛书》主要包括《黑龙江志稿》《宦海伏波大事记》《库页岛记略》《黑龙江外记》《黑龙江述略》《宁古塔地方乡土志》《东三省海防札记》《鄱阳集》《何陋居集》《甦庵集》《宁古塔山水记》《域外集》《吴兆骞集》《述本堂诗集（十一种）》《龙江杂咏》《卜魁集》《北戍草》《鸿泥印记》《澄庵诗稿》《龙江钓叟诗遗》《边声》《东道集》《龙江诗选》《紫箫声馆诗存》《海伦杂咏》《黑水诗存》《雪晴吟草》《茂林居士忆琴百绝句》《遁园杂俎》《程德全守江奏稿》《庚子交涉隅录》《赐福楼笔记》《赐福楼启事》《抚东政略》《周中丞抚江奏稿》《龙沙麟爪》《龙江公牍存略》《黑龙江十年航政报告书》《黑龙江省政府对于蒙藏委员会蒙古会议提案意见》《黑龙江省垦务要览》《黑龙江垦殖说略》《东三省移民开垦意见书》《黑龙江省清丈兼招垦计划书》《黑龙江通省事宜》《黑龙江舆图说（图略）》《黑龙江志略》《黑龙江》《龙城旧闻》《海参崴公董局城治章程》《秋吟山馆诗集》《珲瑃偶存》《黑龙江省边垦案》《周中丞抚江函稿》《黑龙江政务报告书》《绝域纪略》《卜魁纪略》《三姓山川纪》《富克锦舆地略》《宁古塔村屯里数》《东北边防辑要》《西伯利东偏纪要》《东三省舆地图说》《东北舆地释略》《密山实事录》《女真译语二编》《秋箛余韵》《黑龙江历代诗词选注》《讷河名胜文选汇编》《松漠纪闻》《黑龙江水道提纲》《皇华纪程》《吉林勘界记》《寿山将军文稿辑佚》《北徼游》《呼伦贝尔边务调查报告书》《〈东三省疫事报告书〉黑龙江吉林史料选编》《龙江旧闻录》《黑河札记》《常重三老先生暨德配张太夫人八秩双寿征文汇编》《常重三先生哀挽录》《常母张太夫人哀挽录》《黑水郭氏旧闻录》《黑水郭氏世德录》《宁安县志》《北狩行录》《北狩见闻录》《会勘中俄水陆边界图说》《壬申哈尔滨水灾纪实》《瑷珲郭氏家谱》《诗人吴兆骞年谱》《诗人吴兆骞资料汇编》《吉林外纪》《瑷珲县志》《呼伦贝尔志略》《呼兰县志略》《大金国志》《金源纪事诗》《靖康稗史》《北征录》《北征后录》《东游日记》《东陲纪行》《东陲纪闻》《滨江尘嚣录》《哈尔滨见闻录》《黑龙江历代旅游诗歌选注》《黑龙江历代旅游诗文选录》《双城县志》《桦川县志》《万母王太夫人八旬晋八晋九寿言》《龙沙万将军铙吹辞》《万寿山将军事略（外五种）》《龙沙闻政记》《札满战役纪》《"九一八"事变中的黑龙江》《恩师万公国宾事略》《黑河纪游》。

告等，一般也是简体横排版。这些文献通过 PDF 制作工具或编写程序完成 OCR 识别进而转换为双层 PDF 的效率较高。此类文献是东北边疆史文献文本化和数据化的重要底本，原始的竖排版则是重要的校勘参考数据。

但在当前技术条件下，古籍文献多以图像形式存在，信息封闭、语义化程度低①，而 OCR 一般只支持逐字识别，不支持语义校正，对于复杂字体和墨迹不清晰的文献识别效果不甚理想。如下图所示，《辽海丛书》字迹和栏线相对清晰，总体识别效果相对理想，但自动编目效果不佳，需要手动修正。(参见图 2-9)

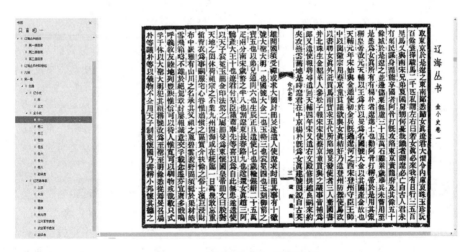

图 2-9　《辽海丛书》题录样例

（四）文献题录数据的制作

在完成 PDF 文件内部的数据处理后，还需要通过数字人文技术依据元数据需求提取内容，创建文献题录数据，以便于检索、后期数据平

① 陈涛等：《数字人文图像资源语义化建设框架研究》，《数字人文》2020 年第 2 期。

台化管理和内容推荐。① 文献题录数据的制作是在核心标准统一的前提下以元数据结构灵活原则进行。核心标准为：以纸质单册为单位，每册应对应唯一的 KEY 值及书名、作者、时代等关键信息，编码标准统一，内容格式统一。这些数据中一部分通过对书籍特征的判断，定位提取；另一部分需要人工校对，结果统一编辑为 XML 格式，既可以用于文献分析，也可以批量导入数据库，与图像文档匹配，提高专题数据库的建构效率。（题录样例参见表 2-1）

表 2-1 《辽海丛书》题录样例

KEY	Title 书名	JS 卷数	T 时代	Author 作者	Summary 摘要
LHCS0101	辽小史	一卷	明	杨循吉	记契丹自耶律阿保机兴起，至金人灭辽的史实。末记耶律大石西迁，建立西辽政权，甚简略。是书着意于政权更替、帝位争夺，至于辽与宋、金、西夏之间的关系则语焉不详
LHCS0102	金小史	八卷	明	杨循吉	记女真部族兴起至金哀宗天兴三年（1234）金为元所灭的历史。全书重视宋金关系及其交涉过程，以简明见长。所记女真贵族及其军事民主制真切而具体，于金主完颜亮之荒淫颇多揭露

① 李惠等：《钩玄提要——古籍目录智能分析工具构建》，《中国图书馆学报》2021 年第 4 期。

（续表）

KEY	Title 书名	JS 卷数	T 时代	Author 作者	Summary 摘要
LHCS0103	辽方镇年表	一卷	民国	吴廷燮	起自天显十三年（938），止于保大二年（1122）。《辽史》于方镇资料多未记载，吴氏依据纪、传所辑。五京留守资料虽不完备但粗可排列成表，兴中、黄龙、武定虽资料断续亦可辑集成表，而五国、乌古、开远、天德等因资料缺佚过多，故特辑题名，以存崖略。此书后汇入《历代方镇年表》
LHCS0104	金方镇年表	二卷	民国	吴廷燮	起自收国元年（1115），止于天兴三年（1234）。此表所涉方镇为咸平、河间、真定、益都、东平、大名、太原、平阳、京兆、凤翔、延安、庆阳、临洮、临潢等。方镇资料不见载于《金史》本纪，见于传者亦残缺不全，因此各镇有缺数年，甚至十年不载一人者。本表只撮其大要。后亦汇入《历代方镇年表》
LHCS0105	渤海国记	三卷附校录一卷	民国	黄维翰、金毓黻	凡十六章，分上、中、下三篇，约七万余言。该书记述自震国公乞乞仲象于唐武周万岁通天元年（696）参与契丹起事反唐至辽天赞五年（926）渤海君主大諲譔为辽国所俘期间的事迹

（续表）

KEY	Title 书名	JS 卷数	T 时代	Author 作者	Summary 摘要
LHCS0106	松漠纪闻	二卷 补遗一卷	宋	洪皓	建炎三年（1129），洪皓出使金国，被拘留十五年，后归宋。此书系对金国历史、政治以至于杂事的追记，内容翔实可信。元人纂修辽、金二史时曾参用。绍兴二十六年（1156）其长子洪适编为正、续二卷。乾道九年（1173），次子遵又为补遗一卷。三子迈所撰《容斋三笔》记有金国俘虏之苦，称是《松漠纪闻》遗文。洪皓别有《金国文具录》一书，为《松漠纪闻》的姊妹篇，已佚，仅见徐梦莘《三朝北盟会编》引录。按，唐置松漠都督府于今内蒙古西拉木伦河、老哈河流域契丹部族地，此书盖假"松漠"一词泛称北土松林广漠。或谓洪皓在金曾居冷山，冷山为唐松漠都督府地，因以名书
LHCS0107	扈从东巡日录	二卷 附录一卷	清	高士奇	1682年，高士奇随康熙帝东巡，自北京到吉林，全程两千余里，往返共行80日。此书记述见闻、山川风物，民生风俗，是研究东北边疆及满族史的重要资料。《辽海丛书》《小方壶斋舆地丛钞》等皆有收录，《长白丛书》也收录了此书

（续表）

KEY	Title 书名	JS 卷数	T 时代	Author 作者	Summary 摘要
LHCS0108	柳边纪略	五卷	清	杨宾	撰者之父杨越于康熙初年流徙于宁古塔。康熙二十八年（1689），作者前往宁古塔省亲，后根据文献见闻写成此书。该书记叙了清初柳边内外即盛京、吉林、黑龙江三将军辖区内形势、建置、山川、兵额、城堡、台站、官制、民族、部落、古迹、寺庙、贡赋、物产、民情、风俗等，末卷为诗集。该书所记特林地方明代永宁寺碑、中国在外兴安岭立界碑事，均为他书所未载。该书有康熙刊本及民国《辽海丛书》本

三、内容分类

文献分类是数据库开发需求分析和技术架构选择的前提。数据库功能开发要充分考虑东北历史文献数据的特点和历史研究需要，对数据格式具有良好的包容性，对知识体系架构具有良好的拓展性。关于文献史料的分类，陈垣在《中国史料的整理》一文中提出了一系列提高史籍利用效率的思想方法，对现代历史文献整理仍有很高的参考价值。尤其是他提出的分类专题编集的思想，对东北边疆史文献的整理和数字化具有启示意义。①

----

① 陈垣：《中国史料的整理》，吴泽主编，陈乐素、陈智超编校：《陈垣史学论著选》，上海：上海人民出版社，1981 年，第 244～252 页。

东北边疆史文献的分类主要包括主题分类、来源分类和数据权限三个方面。主题分类是历史研究者在研究过程中常见的分类方式。在数字人文技术的支持下，将文本自动分类模型引入主题构建之中，可以跨越多种文献类型，实现东北古史资料以研究主题为中心的快速文献组织。① 这种分类方式相对灵活，根据文献的版本、内容、形式等特点对文献进行组织，并根据研究主题的需要对分类文献进行二次组织。文献数据不仅要全面无缺漏，还应该在数据分类、数据排列、属性设置、检索科学等方面符合研究主题的特性，能够根据前人和今人的已有成果对数据进行预处理②，为研究主题提供体系化的文献参考集群。从内容上来看，文献数据主要包括古籍文献、专题文献和研究成果三个大类。

（一）东北古籍文献的基本谱系

中国东北古史文献中的古籍文献数据，主要分布于中国古籍、朝鲜半岛古籍及日本古籍中。中国古籍中的东北文献按照传统文献学分类组织，主要分布于纪传体、编年体、纪事本末体、典志体等文献之中，同时有部分散布于纲目体、别史杂史、方志、传记笔记、史论史考类文献之中。

朝鲜半岛古籍中的东北文献，主要见于《三国史记》《高丽史》《朝鲜王朝实录》《承政院日记》《备边司誊录》等。日本史书中的东北文献主要见于《国史大系》《续国史大系》《类聚国史》等。朝鲜半岛和日本的一些文集中也包含有部分东北史资料，根据体裁和纪事内容的基本特点，大致可分为别史杂史、历史地理、行记风物、人物（含墓志、碑铭、行状、谱牒）、政书、经易礼俗、诗赋、书信序跋、散文

---

① 李湘东等：《采用 LDA 主题模型的多种类型文献混合自动分类研究》，《图书馆论坛》2015 年第 1 期。

② 郑永晓：《基于传统目录学的古籍文献数据库建设之思考》，《科研信息化技术与应用》2010 年第 2 期。

杂文等十个类别。(具体细目参见图2-10)

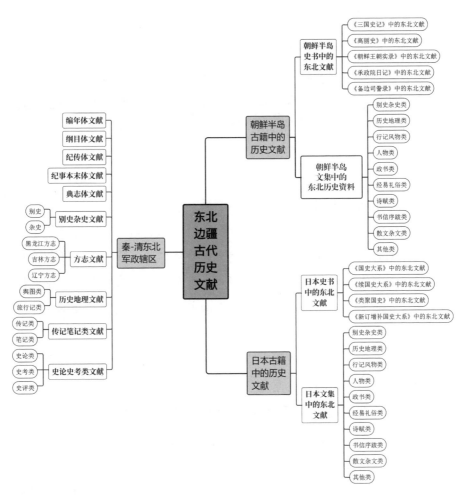

图2-10　东北古史文献谱系

(二)东北专题文献的基本谱系

专题文献数据是按照东北边疆史常用的研究主题对相关文献数据进行分类整理的文献形式,其目的是通过对以专题为中心的文献进行组织管理,提高文献的利用效率。初期数据库拟根据东北地区的民族、地方政权等实体，区分出箕氏朝鲜文献、卫氏朝鲜文献、令支—孤竹—东胡—屠何文献、扶余文献、高句丽文献、渤海—东丹文献、前燕—后燕—北燕文献、东夏文献、后金文献、北元文献等十余个文献专题。①文献专题从来源上可以分为国内资源和海外资源两种类型；从文献内容上可以分为古籍史料文献和研究成果文献两种。专题文献数据库是通过数据索引的形式在前端呈现，其数据来源于基本资源库，与初期数据库之间不存在数据堆叠重复。后期，这种专题数据库可以根据研究需求不断增加，也允许研究者根据自己的研究需求自主创建文献数据库。（基本细目结构参见图2-11）

（三）东北古史研究成果的基本谱系

　　研究成果数据，主要是相对于古籍文献数据而言，重点在于集中整理近代以来有关于东北边疆史的研究成果。从形式上来看，主要包括丛书、单行本著作和学术论文三种类型。丛书和单行本著作要进行全面搜集和整理，而学术论文搜集的重点是中国近代、中华人民共和国成立初期，以及日本、朝鲜半岛、欧美等国家和地区研究得出的在中国开放性学术平台上不常见的论文成果，常见论文则以目录、索引的方式直接关联到国内常见的论文网站，避免数据重复。

　　目前，已搜集到并实现数字化的重要丛书主要有《辽海丛书》、《长白丛书》、《黑水丛书》、《中国边疆研究文库》东北部分、《边疆史地丛书》东北部分、《中国考古集成·东北卷》、《清季外交史料》东北部分等。丛书以外的单行本著作和学术论文数量众多，主要通过主题聚类的方式进行集中管理，以提高文献利用效率。目前，初步实现聚类的文献类别，中国方面主要包括东北通史、东北民族史、东北边疆史、东北历史地理、满文档案与家谱、东北地方志、东北文物志、东北考古成

---

① 邴正：《东北古代方国属国史总论——〈东北古代方国属国史〉总前言》，《社会科学战线》2018年第9期。

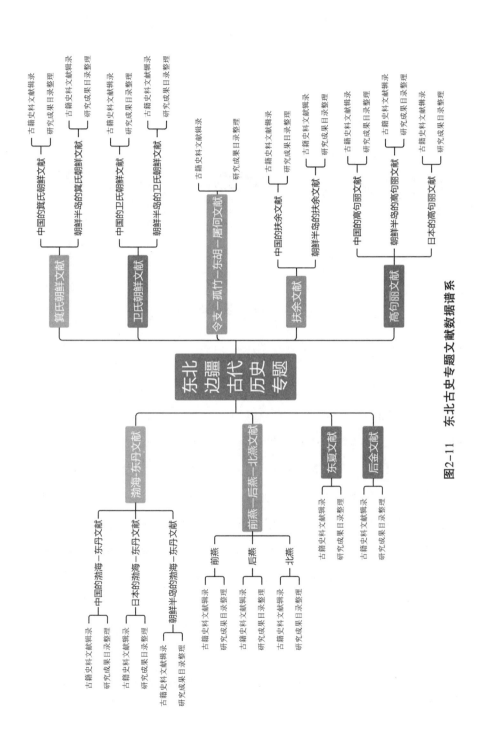

图2-11 东北古史专题文献数据谱系

果等，韩国、日本、欧美的相关数据在持续积累中。（基本细目结构参见图2-12）

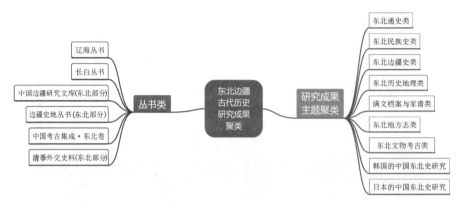

图2-12   研究成果的基本谱系

除书籍外，近代东北边疆古史调查档案、古旧地图等，也被纳入数据中。档案文献主要是明清时期留存的与东北有关的档案文献①，如满文档案、清朝内阁大库档案等。目前，这类一手资料尚缺乏数据化整理，很多档案中的东北史料还没有进行全面的数据清洗，于此需要构建相应的古籍数据库和文本数据库，以备新史料的全面发掘与整理。古旧地图主要是与东北相关的古旧地图，1911年以前的为古地图，1911年以后的为旧地图。古旧地图数据中既有以东北为主题的地图，也有东亚范围内涉及东北相关历史内容的地图，同时对地方志和部分古籍中的东北地图进行了单独的提取。珍稀图片主要是指近代以来与东北相关的各类珍贵图片。目前，搜集到的珍稀图片主要包括遗迹图片和遗物图片两种。遗迹图片是近代以来中外各个机构和个人在东北踏查时所拍摄或绘

---

① 中国第一历史档案馆编：《清代档案史料丛编》，北京：中华书局，1978—1990年。

制的图片，遗物图片主要是散佚遗物的原始照片。文本文档主要是搜集到的文献文本文档，既包括现有相关机构发布的文本，也包括实验室制作的专有文本，以后者为主。文本文档是文献数据化和文本计算的重要基础。

东北古史数据主要有三种类型：一是各种已有数字化版本，如中华书局"二十四史"等；二是开源数据；三是实验室产生的数据，如高句丽文献数据集、渤海文献数据集、辽金历史地理文献数据集、东北边疆研究成果全文数据及东亚四国年表数据等。

东北文献来源广泛，在分布上，中国大陆地区以东北地区收藏居多，其次是北京、上海的藏书机构和高校。中国港澳台地区以台湾地区最多，且数字化程度高，部分已完整地实现数据化工作。海外以朝鲜半岛居多，日本次之，欧美尤其是美国有一定数量的收藏。在文献数据管理中，标清文献来源有利于文献空间分布状态的计算，也有利于同类、同版文献的管理和数据的去重与合并。

文献来源的建置单位主要包括公共图书馆、大学图书馆、科研机构、出版机构和个人五类。公共图书馆指中国国家图书馆、东北三省各级各类图书馆，海外地区的韩国国立中央图书馆、日本国立国会图书馆、美国国会图书馆等。东北地区的东北师范大学、吉林大学、延边大学等多所高校图书馆在一定程度上收藏有东北文献，且大多数文献的收藏可以实现书目查询，但文献本身尚未完全实现数字化，且各机构之间也未建立数据共享体系。国内其他高校图书馆如北京大学图书馆等藏书丰富，其中就有东北文献，但多数是包含在文献体系之中，并未对东北文献进行专题辑录和专题数据管理。除东北地区外，其他科研机构的古籍收藏相对较少，但对于研究资料的搜集各有特色。这些国内机构的收藏题录尚未构建统一、具有关联性的编目，各自基本处于内部交流状态，有很大的发掘潜力。出版机构和个人的文献保有量也非常丰富，从当当网、孔夫子旧书网等图书交易平台来看，民间的东北文献藏书量非常丰富，且其中很多文献极具价值。

　　文献的权限主要是指文献本身的授权情况，按照《中华人民共和国著作权法》第二十三条规定："法人或者非法人组织的作品、著作权（署名权除外）由法人或者非法人组织享有的职务作品，其发表权的保护期为五十年，截止于作品创作完成后第五十年的 12 月 31 日。"因此，一般而言，古籍的版权归于公共领域，但电子书的版权根据各自情况的不同，所有权需要区别考量，尤其是经过系统的数字化加工和校订的数据，其开发单位通常会主张版权。① 明确的开源数据一般可以直接使用，比如韩国公共数据门户就明确提出，作为向国民开放的公共数据集中的空间，任何人都可以使用公共数据门户网站。② 公共机构的公开数据，一般默认可以用于非商业用途，即其在学术研究中是可以被规范引用的，比如中国历代人物传记资料库（CBDB）③、中国历史地理信息平台（CHGIS）的数据都配有引用说明。大多数学术论文的电子数据发布在商业性收费网站之中，这些数据有些有专门的数据格式，如中国知网（CNKI）的 CAJ 格式、超星的 PDG 格式，有些则使用通用的 PDF 格式，但有时也会通过加密或水印方式标注版权，这些数据通常只有付费后才能使用，且不能通过互联网传播。

　　非公开数据是指科研机构或个人手中所掌握的私有文献数据，这些数据原则上所有权归个人，但超过版权保护期的文献数据一般很难主张版权。在数据库管理过程中，需要严格区分数据权限，数字文献的使用要符合我国著作权法的规定，也必须甄别适用对象，限制其使用目的，

---

　　① 万红：《以〈著作权法〉第三次修订为视角的图书馆电子书版权保护》，《图书馆工作与研究》2015 年第 5 期。

　　② 韩国公共数据门户［EB/OL］. https：//www. data. go. kr/ugs/selectPublic-DataUseGuideView. do，浏览日期：2021 年 5 月 17 日。

　　③ 中国历代人物传记资料库［DB/OL］. https：//projects. iq. harvard. edu/chinesecbdb，浏览日期：2021 年 4 月 10 日。

尽到法律上合理注意的义务①，在做好数据安全防范的同时，尊重知识产权。

文献分类可以实现不同内容和类型文献的针对性管理，提高文献利用效率，为历史文献数据的设计与建设，提供基础的数据依据。

第三节　东北古史文献数据库的设计与开发

在数字人文的发展过程中，以历史为核心的资料库的开发建设是其重要的组成部分。② 东北古史文献数据库的设计主要是从历史研究的需求出发，将人文学科的研究思路转化为相应的技术路径。其基本过程是将搜集到的文献进行标准化处理后存储到本地数据库中，对于非开放资源则将文献链接存入文献题录数据中。相关数据库的开发主要是在数字化文献体系基础上，通过全文文本匹配、OCR 技术完成文献文本库的构建，并通过检索平台构建基于数据检索结果的结构化数据生产机制，实现全文检索和结构化数据输出；通过数据清洗和文本的结构化处理完成文本信息编目，为全文检索和详细目录浏览提供内容框架。在此基础上，实现文献的交互化管理、数字化阅读和数据化输出，提高文献利用的效率。

一、基本设计理念

基于数字人文的东北古史文献数据库的基本理念是人文主导、需求驱动、问题引领、推进研究。即数据库的开发以东北边疆史研究的实践

---

① 王代礼等：《数字环境下文献传递模式演化与著作权规制研究》，《图书馆学研究》2017 年第 3 期。

② 项洁、翁稷安：《数位人文和历史研究》，项洁编：《数位人文在历史学研究的应用》，台北：台大出版中心，2011 年，第 11～20 页。

群体为主导，在历史研究的学术需求下推动技术开发。数据库开发的功能直接指向当前历史研究的重点、难点和热点，本质上是将边疆历史研究的学术思路转换为数字人文的技术路径，以技术的方法提供东北边疆史研究的解决方案。

（一）目标定位

数据库设计的最终目标是让文献数据成为历史研究的助手，即数据库不仅局限于查询需要的数据，而且可以巨细无遗、脉络清晰地将有关专题所涉及的数据文献提供给学者，其所提供的数据不仅是文献本身，还包含文献之间的"关系"。只有这样，数据库才能真正成为学术发展的基石。[1] 在体系架构上，通过数据库建设完成东北古史文献体系的数据支撑；在实际功用上，通过文献数据库支撑的数据平台完成文献搜集、专题文献整理、文献信息提取、文献校勘、知识体系构建、学术史梳理等历史研究前期的大部分文献工作。其中，核心建设目标有三个。

一是，超越一般性文献数据存储概念。通过构建交互性文献存储体系实现文献的按需分类、个性化管理，为基于历史研究者个性化需求的东北古史文献体系提供基础数据和技术支撑。因此，东北古史文献数据库在架构上与通用性数据库有所不同，在内容上以东北边疆史文献为数据基础，在参考历史文献学基本理念的同时，充分考虑历史研究者的学术需求和技术现状，旨在建立一个东北历史研究者可以参与专题文献创建的数据存储体系。

二是，超越一般意义上的文献检索。通过专题文献、古籍文本库、东北古史百科和历史时空数据构建东北古史文献谱系。以谱系所构建的文献间的关联网络，实现基于树形目录的学习型文献泛读、基于可视化图谱的延展性浏览、基于专题半结构化的题录数据输出、基于文本库的

---

① 郑永晓：《基于传统目录学的古籍文献数据库建设之思考》，《科研信息化技术与应用》2010 年第 2 期。

专题文本数据生成，进而实现单一知识的多元信息校勘、专题文献辑录和历史实体关系的生成。

三是，超越一般意义的静态文献数据呈现。以深度学习的基本理念架构数据库的成长逻辑，通过文献增量机制和知识关系进化机制，实现文献数据总量、专题文献子库数量、知识关系网络伴随数据库操作记录共同成长。如此，便可以打破传统数据库的"上传—供给"机制，实现"操作即建设"的智能化成长逻辑。

在数据库建设过程中，以上三个目标相互支撑、有机关联：文献数据的存储与增量是东北古史文献体系的底层数据基础；文献专题组织结构是东北古史文献体系的表现形式，同时是文献数据化高效应用的技术依托；文献的呈现既是文献组织形式的优化升级，也是数据叠加、递增和进化的成果呈现。三者共同构成东北边疆史文献数字化体系。

（二）设计的核心原则

东北古史文献数据库的核心设计原则主要包含三个方面：

第一，在数据格式上兼顾数据标准化和数字资源的特殊性，实现更多层次、最大范畴间的文本融通。[1] 数字化文献统一采用支持 PDF 附件下载、文档及其目录在线显示的技术框架，并通过接口实现全文检索；文本文献统一支持 TXT 格式，统一存放在底层，通过文献分类结构，以四库为参照标准构建出经、史、子、集的宏观分类和细部分类，实现跨文件检索、一键结果输出，并提供非结构化 TXT 格式文本和半结构化 CSV 格式数据；重要历史专题文献录入富文本编辑器，并采用 Markdown 语法进行注释，统一编辑为 XML 数据格式。

第二，在数据管理功能上具有较强的可扩展性。在专题数据子库的

---

① 刘石、李飞跃：《大数据技术与传统文献学的现代转型》，《中国社会科学》2021 年第 2 期。

构建上，在底层数据不变的情况下，允许通过元数据或者标签聚合形成新的专题数据子库，允许用户依据个性化的研究需求筛选文献，构建用户类专题子库。在文献内部结构的管理上，PDF 文献内部支持页面标注、笔记关联、百科、地图和富文本页面连接；富文本支持站内百科、地图和文献的关联，支持站外任意网页链接的跳转。

第三，在整体功用上兼顾人文学科的实用性和数字人文的前沿性。对于人文学科而言，要实现资料检索结果的快速响应和标准化数据输出，需通过编目和内部目录实现文献的体系化浏览，在此基础上，通过拓展解释体系实现从文献阅读到知识学习的无缝衔接和多元拓展。在数字人文技术方面，要把数据关联、知识图谱和数据可视化理念融入文献数据库的设计之中，在设计上预留足够的拓展接口，为实现以文献为基础的东北古史知识体系的构建创造前提。

（三）基本设计逻辑

东北古史文献数据库的基本开发逻辑是将不同类型的数字化文献统一格式后，上传到数字化资源库进行集中管理。具体而言，主要有以下几个方面：

第一，以基本资源为基础构建文献数据库。数据库的基本逻辑为底层数据存储，这就要求其在数据格式上要相对包容，能够存储各种类型的数据；在数据调用上要实现多元响应，即一份数据允许多个专题子库和功能模块同时读取，不必重复复制到不同的文件夹中，以避免数据冗余；需设计重复文献冲突监测逻辑，即当文献的题录内容和文献大小完全一样时，提示数据重复，并判断是否覆盖。

第二，通过智能编目抽取文献题录构建文献目录数据库。文献编目应包含生成逻辑、导入逻辑和名称加密逻辑。生成逻辑是指所有带有名称的文献在导入数据之前，应按照既定的元数据结构，生成基本的数据信息；导入逻辑是指专题文献数据库支持题录的批量导入和导出，批量导入用于批量填充或升级数据库文献题录内容，批量导出是为了方便专题文献数据库对外提供 API 数据共享结构及基于文献题录的文本计算。

第三，通过文献的文本化处理构建全文文本数据库。全文文本数据库的文献来源分为三种，即来自于已有的电子版本、开源数据提供的文献全文数据及通过 OCR 加工的全文文本数据。所有全文文本数据统一为 TXT 格式，底层数据存放在平行位置，不同语种的全文文本数据分开存储，以便于文本库支持不同语言文本数据的全文检索和检索结果输出。目前，全文文本数据库中主要是中外古籍数据，这些数据在完成全文检索后，可以导出 TXT 格式或是带有标题特征的半结构化数据格式，以便于用户将其导入到文本文献对照阅读系统中，通过原始文献的对照阅读进行进一步加工和校勘。

第四，在文献数据库的基础上，通过交互操作实现以研究者个人需求构建专题文献数据库。历史研究者可以根据需要选择多种方式自建专题。其一，根据元数据和标签聚类自动生成。如名称中带有"肃慎"的数据，统一聚类为肃慎专题文献数据库，其余诸如"高句丽""渤海""契丹"等命名实体皆可实现。标签可以通过命名实体库自动加载到含有相关信息的文献属性中。其二，可以根据研究成果，如专题文献题录等数据生成专题。操作者利用已有的专题文献目录，将其导入到数据库创建栏目之中，如此，所有名称相对应的数据便能实现自动匹配，快速创建全文文献数据库。对于一个题录匹配多个文献、多个题录对应一个文献等情况，由专题子库的创建者决定是保留唯一数据，还是允许它们共同存在。其三，通过手动筛选文献创建专题子库。操作者筛选所需文献后勾选相应文献即可加入专题子库。手动筛选可以根据文献之间的关联关系和他人操作的相似记录提供相似文献的推荐逻辑，即当操作者选择某一文献时，数据库中与之具有关联关系的文献会导入推荐框中，如同一作者、同一专题的文献，或者其他用户在阅读这一文献时通常也会阅读的另外一批文献等。

第五，文献数据与文本数据资源结合，构建文本—文献对照阅读平台，兼顾文献快速查阅与引用准确。具体的设计逻辑为：利用 Web 多窗口架构实现"文本—文献"的对照编辑、阅读框架。为实现这一功能，页面具体结构分割为三个功能栏：左起第一栏是通过树形目录架构的可以逐级展开的文献目录框架，方便读者根据研究需求进行索引查询；第二栏是集合文本内容、编辑排版、数据链接、插入注释等主要编辑功能的富文本编辑器（Multi-function Text Editor，MTE），编辑器的目录内容与左起第一栏的文献目录内容一致，保持联动状态，即当用户点击左侧目录时，右侧内容自动跳转；第三栏为 PDF 嵌入框架，其通过第二栏富文本编辑器中插入的链接，实现文本精确到页的关联响应，即文本编辑器中的内容与右侧 PDF 内容实现——对照关联。在富文本编辑器中可以插入站内百科、文献数据、历史地理坐标、外网链接等注释内容，利用多图层窗口切换模块，实现多重文本间注释的切换。富文本编辑器可以实现批量导入和导出，导入文本后可以快速生成文本文献数据，并根据导入文本的数据结构自动生成左侧树形目录。导出数据通过文本计算实现内容远读，以知识图谱的形式把文本内的关系以可视化的形式展示出来，以辅助阅读。如此，文本—文献对照阅读平台中的富文本编辑器成为文献文本对照、注释、数据化的新起点，通联数据平台的各个部分，助力实现文献体系化构建和专业知识的滚动增长。

二、基本技术架构

东北古史文献数据库的技术架构，是由后台数据存储框架和前端功能模块两个部分组成。

（一）基于 NoSQL 的元数据框架

NoSQL 数据库由于注重分布式及高可用的设计思想，拥有天生的易扩展、高性能属性，越来越受到研发人员的青睐。① 在数据库架构方面，东北历史文献中数字化文献类型多元，每个专题文献都包含数个专题子库，每个专题子库又包含不同的数据格式。同时，不同类型文献的元数据结构不同、数据大小不同，其具体表现为不同文献对应的题录包含不同的字段个数和类型。因此，元数据设置会根据需求做出相应的调整。② 这种现状下，NoSQL 作为基本数据库架构较为合适。NoSQL 是非关系数据库，不需要固定的架构并且易于扩展，能够按照文档特点创建元数据结构，同时满足结构化、半结构化和非结构化数据的管理需求。

元数据设置遵循都柏林原则（Dublin Core，简称 DC），总体分为题名、创建者、主题、描述、出版者、其他责任者、日期、类型、格式、标识符、来源、语种、关联、覆盖范围、权限十五个核心元数据。③ 在 NoSQL 数据库中，元数据的数据选项并非不可更改的数据结构，而是允许根据不同的文献特征进行增减，并非一定要完全包含十五个核心元数据，但为了便于后期的数据关联，在基本大类上一致的数据在元数据结构上也应保持一致。如当代点校古籍类、现代期刊论文类、现代单行本著作类等的数据结构较为完整规范，元数据基本遵循图书馆常用格式。而档案类、古旧地图类、域外新见古籍类、非出版数据类、历史地理信息类等数据，则在元数据管理方面保持相对弹性。比如，古籍类文

---

① 仝野：《基于 NoSQL 数据库的系统设计与开发》，南京邮电大学硕士学位论文，2018 年。

② 结构化数据是指表结构数据。此类数据以列为属性，有着严格的数据格式和长度规范。其以行为单位，每行表示一个信息实体，行内的数据属性相同。非结构化数据指的是没有固定格式的数据，常见的有 TXT 文档等。半结构化数据介于结构化数据与非结构化数据之间，数据结构和内容混在一起，通过相关标记进行数据分层。常见的半结构化数据有 XML、JSON、HTML 和 CSV 文件等。

③ Dublin Core［EB/OL］. http：//dublin-core. org/，浏览日期：2021 年 6 月 28 日。

献注重文献的作者、刊行年代、版本特征、文献核心等内容，著作类文献注重作者、出版社、出版年份、文献简介和目录等内容，学术论文注重作者、发行单位、发行时间、论文标题、关键词、摘要甚至全文信息等。这些文献类型在 NoSQL 数据库下，元数据不必完全统一，可以根据文献特征，选择部分已经设定的元数据录入，也可以根据需要创建新的元数据。(基于 NoSQL 的元数据整体框架设置见表 2-2)

表 2-2　东北古史文献元数据的设置框架

元素	元素限定词	备注
题名	著作名称 论文标题 含有版本特征的古籍标题 数据标题	多语种翻译题名
作者		主要责任者
主题		关键词和分类标签，若有多个，用分号隔开
描述	古籍或著作的内容简介 古籍或著作的目录 论文摘要 数据内容及功能描述	文本内容
发行机构	古籍、图书的出版机构 论文的刊载期刊 数据的发布单位 个人和网络的数据来源	
其他责任者		主要责任者以外的机构或个人

（续表）

元素	元素限定词	备注
日期	创建日期 生效日期 可获取日期 发布日期 修改日期	标准日期格式
类型	繁体竖排数字文档 一般数字化文档 文本化文档（简体/繁体） 数据化文档	
格式	PDF/IMG/CSV/XML/JSON	
标识符	URI（统一资源标识符）	
区域	中国/朝鲜半岛/日本/欧美	
语种	中文/朝鲜语/日语/英语	
网络	版本继承 版本关联 替代 被替代 需求 被需求 部分为 部分于 引用 被引 格式转换为 格式转换于	用于构建文献关联知识体系
空间信息	位置信息	地理名称和坐标，可以通过舆图体系呈现

（续表）

元素	元素限定词	备注
权限	开源 机构公开 收费 非公开	

　　元数据的设置在体现信息个性化和信息灵活性的同时，要兼顾数据标准化，充分考虑数据管理的拓展性，在数字人文技术的支撑下，通过批量处理的方式提高工作效率。文献目录的数字化批量提取，数字化文档的批量上传、文本池扩展和关联，以及在此基础上的专题文献的生产、可视化数据源的构建等，都可以在 NoSQL 技术框架下完成。①（参见图 2-13、2-14）

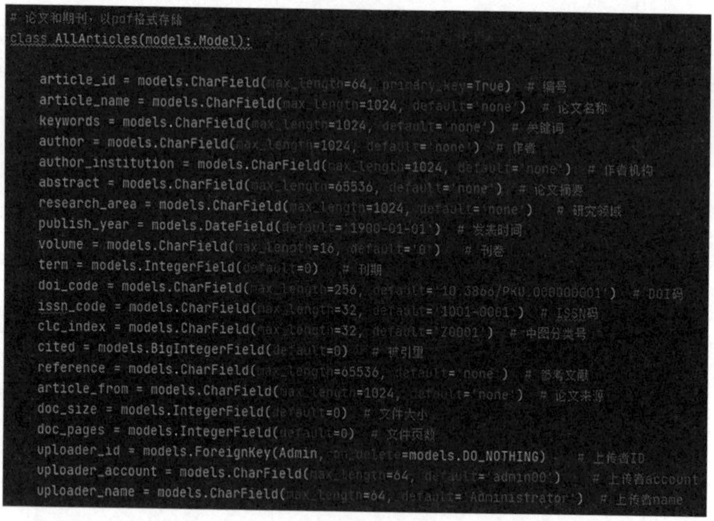

图 2-13　论文期刊的录入与元数据设置

---

① 张华兵等：《基于 NoSQL 数据库的模型设计方法》，《电子技术与软件工程》2019 年第 23 期。

```
# 著作，以pdf和文本文件形式存储
class AllBooks(models.Model):

    book_id = models.CharField(max_length=64, primary_key=True)  # 编号
    book_name = models.CharField(max_length=1024, default='未命名')  # 书本名称
    korean_name = models.CharField(max_length=1024, default='이름이없는')  # 韩文书本名称
    english_name = models.CharField(max_length=1024, default='none')  # 英文书本名称
    chinese_name = models.CharField(max_length=1024, default='未命名')  # 中文书本名称
    author = models.CharField(max_length=1024, default='none')  # 作者
    author_institution = models.CharField(max_length=1024, default='none')  # 作者机构
    issuer = models.CharField(max_length=1024, default='none')  # 发行机构
    release_year = models.DateField(default='1900-01-01')  # 发行时间
    physic_describe = models.CharField(max_length=256, default='none')  # 物理特征描述
    language = models.CharField(max_length=32, default='Chinese')  # 语种
    isbn_code = models.CharField(max_length=32, default='978-7-00-1000000')  # ISBN号
    src_type = models.CharField(max_length=32, default='国内史籍文献')  # 书本类型
    src_combine = models.CharField(max_length=256, default='None')  # 书本集册
    src_from = models.CharField(max_length=256, default='网络;')  # 书本来源
    keywords = models.CharField(max_length=64, default='None')  # 关键词
    abstract = models.CharField(max_length=65536, default='none')  # 文本摘要
    doi_code = models.CharField(max_length=256, default='10.3866/PKU.000000001')  # DOI码
    issn_code = models.CharField(max_length=32, default='1001-0001')  # ISSN码
    clc_index = models.CharField(max_length=32, default='Z0001')  # 中图分类号
    uploader_id = models.ForeignKey(Admin, on_delete=models.DO_NOTHING)  # 上传者ID
    uploader_account = models.CharField(max_length=64, default='admin00')  # 上传者account
    uploader_name = models.CharField(max_length=64, default='Administrator')  # 上传者name
    upload_time = models.DateTimeField(auto_now=True)
```

图 2-14　著作的录入与元数据设置

　　NoSQL 数据虽然不像 SQL 数据那样具有严谨的数据结构，但在查询响应，尤其是人文学科基于关键词的查询方面效果良好。另外，No-SQL 还具有良好的拓展性[1]，例如，支持图数据库建设，能够较为便利地实现基于 Neo4j 的专题文献题录的数据可视化等。如此，其可以在历史结构化数据呈现、古籍文本实体关系抽取结果呈现、基于文献目录的东北古史专题研究谱系呈现方面提供相对平滑的连接。实际上，历史学研究者对于数据可视化的操作在一定程度上还存在着技术障碍。因此，即便东北古史文献平台可以进行历史研究数据的生产和供给，但仅局限

---

　　[1]　闵昭浩、杨卓凡:《NoSQL 数据库与关系型数据库对比》,《电子技术与软件工程》2021 年第 14 期。

于按照传统的以"附件"的形式提供半结构化或者结构化数据包，那么对于历史研究者而言，这些数据仍然是无法阅读和实际应用的无效数据。图数据库的存在则为历史数据和历史研究之间建构了一个相对可靠的软环境。在这个环境中，历史研究者既可以根据平台的数据库技术抽取各类数据，也可以将抽取结果甚至自己加工的历史专题数据通过图数据库加以呈现，进而实现阅读、编辑、研究和输出。例如，从数据库的渤海史料专题中抽取实体关系，基于 Neo4j 建立图数据库，各种实体关系可以根据需要选择性地显示。（参见图 2-15）在此基础上，历史研究者便不必执行程序代码，而只是通过前端页面手动操作选取有效数据，就可以建构渤海对唐的朝贡关系图谱，辅助相关专题的研究。（参见图 2-16）

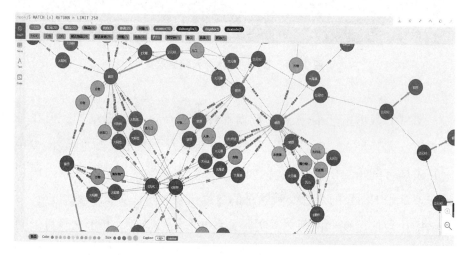

图 2-15　基于 Neo4j 构建的渤海史料实体关系图数据库

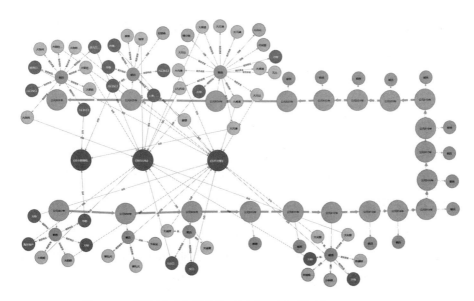

图 2-16　渤海国对唐朝贡关系图谱·大諲譔时期（907—926）

（二）前端功能模块

该平台包括三个核心模块：一是数字化文献管理模块。该模块可以实现文献的系统分类、集约化管理，在方便数字化文献检索与调用的同时，为文献的深度加工提供基础数据支撑。二是文献信度保障模块。该模块主要通过原始文档对照、权威版本对照和多版本异同比较，实现文本文档和权威印刷文献之间的信息对应，确保文献内容的信度。三是文献数据化拓展注解模块。该模块通过不断补充和完善东北古史研究细部专题数据，逐步建构东北古史概念注释的语义集群。语义网环境下存在着大量的动态知识①，东北古史中的历史观点、结论、史地考证等随着研究深入和数据的补充需要不断更新。文献数据化拓展注解模块可实现三者之间的关联：数字化文献管理模块是东北古史

---

① 周义刚、姜赢：《语义网下动态知识组织模型构建研究》，《图书馆理论与实践》2019 年第 9 期。

文献体系的底层数据基础，文献信度保障模块是文献体系内容不断进化的平台依托，文献数据化拓展注解模块是文献组织形式优化升级的动态机制，三者共同构成数据增量、内容增质、结构增值的动态文献数字化体系。

第一，通过树形目录结构实现文献编目的系统呈现。树形结构是典型的非线性数据结构，在数据管理和人文领域都有着广泛的应用，历史相关领域的帝王世系、家族谱系通常也采用这种结构。因此，树形目录结构既能体现传统历史文献资料集的一般编目特征，符合历史研究者的阅读习惯，又可以展现文献间的逻辑关系。相比于常规排版中的时间纵列或音序纵列，树形目录结构在兼顾上述功能的同时，可以直观展示文献之间纵向的源流关系和横向的并列关系，为使用者提供阅读模式的更多选择。

对于东北边疆史文献这类片段化特征明显的文献集合，树形目录的收展功能使读者既能从宏观上把握文献分布，也可以从微观上定位文献出处，让文献的整体感更加突出。树形目录具有多层级的管理能力，第一层级可以将多种专题文献置于同一目录之下，第二层级则是各种专题文献目录按照文献种类、文献来源、史籍名称等进行分类。如高句丽文献具体可分为中国正史中的高句丽文献、朝鲜半岛史书中的高句丽文献、杂史文集中的高句丽文献、金石文献中的高句丽等，各大类之下列出史籍名称，名称之下再列出卷集名称、卷数。渤海文献按照书写者所在的区域，分为中国文献、朝鲜半岛文献与日本文献，具体又分为中国正史中的渤海文献、中国正史以外的渤海文献、朝鲜半岛史书中的渤海文献、朝鲜半岛文集中的渤海文献、日本史书中的渤海文献、日本文集中的渤海文献、金石文献七种。其下列出文献名称，名称之下为卷集名称、卷数。这种结构在树形目录中标识清晰，查询、浏览便利，后期涉及新出文献的增补时，可以在目录的任意节点增添编辑，而不必打散原有数据结构。同时，除专题编目的树形目录之外，历史文献传统的经史子集等分类均通过树形目录展示，只需在元数据中添加属性标签即可便利组织。

前端的树形目录，在数据管理方面以半结构化数据的形式在平台中流通。一方面，树形目录在架构中支持题录导入、生成专题和专题标签属性的增添，提升了文献管理效率，增强了文献交互性。文献题录数据上传后，可自动匹配 PDF 文献，形成一对一关联。题录数据除生成自有专题之外，还可以直接通过专题标签挂靠到对应的专题文献数据集中。例如，《长白丛书》经过文献数字化处理、上传之后，除直接生成《长白丛书》文献专题外，专题内各著作还可以根据文献特征和研究需求分配到其他专题中。以《奉使辽金行程录》[①] 为例，该文献除属于《长白丛书》专题外，还隶属于"东北古代交通史""辽金史""东北边疆历史地理信息文献"等多个专题，也可以根据研究者自身需要，放入自建专题。另一方面，文档内部的详细书签也可以直接生成树形目录以作为题录数据的子目录，实现从宏观文献专题到微观历史核心内容的联通，进而生成以专题为中心的树形知识网络。详细的树形目录数据支持 XML 文档导出，可形成专题文献的实体数据。同时，这个实体数据是根据文献数据库内容的更新而自动更新的。例如，《奉使辽金行程录》目前已有新的版本出现。[②] 随着数据的上传，平台在保留原版的同时，会生成一套新的数据，研究者根据需要决定同时保留新旧数据还是保留最新数据。

第二，通过 Web 多窗口架构建立"文本—文献"的对照编辑、阅读框架，保障文本数据的权威性。在这一框架下，文本文档与原始纸质文献数字化后的 PDF 文档一一对应关联，做到页码一致、断点一致、文本内容一致。文本文档与其相对应的 PDF 及相关注释实现指针联动，

---

① 赵永春编注：《奉使辽金行程录》，长春：吉林文史出版社，1995 年。

② 赵永春辑注：《奉使辽金行程录》（增订本），北京：商务印书馆，2017 年。

自动进行关联响应和多版本切换，通过富文本编辑器实现文献的存储、整合与统一的界面呈现①，并通过文本通讯机制实现树形目录与文本内容结构的融合，即通过映射关联使树形目录的每一级对应文本的章节编目，实现数据管理与人文学科资料编纂、阅读习惯的统一。富文本编辑器所编辑的内容可以通过 XML 格式批量导出，通过文本计算实现内容远读，以知识图谱的形式把文本内部的关系通过可视化的形式展示出来，从而辅助阅读。（参见图 2-17）

图 2-17　文本—文献的一一对应关系

数据操作实践表明，当文本的数量级过高时，文本加载相对缓慢，甚至会出现卡顿现象。为优化在不同网络环境下文本内容的响应速度，

---

① 文本文档是指方便人文学者编辑的文字存贮模式，如 Word、Excel、TXT 等格式。富文本编辑器可以在线提供类似于 Word 文档的编辑功能，没有 HTML 语言基础的历史学科研究者也可以使用。平台之所以选择富文本编辑器而不是采用 HTML 语言进行编辑，旨在消除技术障碍，让历史学者深度参与数字文献的编辑与校注工作。

文献可采用分段储存、异步传输模式。① 树形目录逐级展开，对应的文献根据逻辑关系逐级分段加载。由此，在异步传输模式下，即便是低网速时点击目录也可以快速定位对应的文献。以通过目录形式查询中国正史中的高句丽史料为例。点击目录后，右侧富文本编辑器将自动跳转到对应的内容，在阅读至页面底部时文本会自动加载下一条文献，以保证阅读的连贯性，如需阅读其他文献中的内容，点击目录即可跳转。因而，该模式有利于实现文献整合，以"网络图书"的形式解决辑录文献"散"的问题。

第三，通过"文本—文献"的对照实现文献的精确呈现。现今，古籍在互联网中资源丰富、呈现方式多元、检索便利。但学者们一般只做查询参考，并不直接使用，真正直接引用的仍是专业出版社发行的权威版本文献。究其原因：一是互联网中的古籍文献质量参差不齐，疏漏、错误较多，不足取信；二是现有学术研究对于引用文献的注释要求精确到文献的版本和页码，而互联网文献大多并不能满足这一需求。要解决这些问题，兼顾准确与使用效率，就需要按照历史研究者日常针对文献比照验证的阅读习惯，通过 Web 多窗口架构建立文本与原文电子文献间的通讯机制，构建"文本—文献"的同屏对照显示模型，实现文本文档与权威刊行版电子文献（PDF）的逐段落一一对应关联。研究者在享有检索、阅读便利的同时，可以对照原文，确保文献的准确性。研究者对于需要引用的关键词句，可以直接在文本展示侧截取相应文字段落，版本信息及页码信息则以右侧权威版本为准。另外，原始文献侧为抽屉式多图层窗口架构，可以实现多个文献版本的切换，使研究者在文献辨析方面有据可循。权威版本文献源自东北古史文献数据体系，通过通讯机制导入，以完

---

① 张屹峰：《文件上传进度跟踪及异步传输的研究与实现》，《电脑编程技巧与维护》2017 年第 10 期。

整卷册的形式存贮在平台文献数据库中，研究者可以根据需要阅读上下文，完整把握文献内容，也可以根据需要通过检索跳转到文献数据库调用整套文献。

第四，通过文献检索功能，实现文献的快速查询、高效阅读和多信息比对。"文本—文献"对照阅读平台融合了文本全文检索、原始文献PDF全文检索、数据库文献匹配检索、文献解释系统检索等多种检索功能。文献全文检索结果以核心词为中心，左右各截取 50 字，并在标题栏显示关键词所在卷册/章节，UI 界面设计为历史资料卡片的形式，以适应历史研究者的阅读习惯，保证信息读取的高效率。① 原始文献通过 OCR 工具制作成双层 PDF，支持全文检索，检索范围约束在当前打开卷册内，以保证研究者在查阅原始文献时能够更加高效地获得对应文献的关键信息。文献解释系统的检索，主要是为了满足阅读者对关键词句的拓展阅读。所有检索功能的前端显示均布局在多文本对照框架的右侧，在不影响左侧文本阅读的前提下呈现，通过抽屉功能实现切换。检索结果支持并列显示，通过功能键的切换即可再次返回对应检索结果。此外，可以通过抽屉式多图层窗口切换模块实现文本的多元注释。抽屉式多图层窗口可以融合站内百科、地理信息系统和外部全局网络等信息源，实现多重注释。在编辑状态下，注释可以与内部百科、地理空间名称之间实现自动关联，外部全局网络下则允许插入多个注释链接。在阅读状态下，点击左侧富文本编辑器中的相关链接可以激发抽屉信息框显示出相应的信息，这样就可以在不中断现有阅读的情况下实现对关键知识点解释信息的查询。

第五，基于时间轴的文献时序管理。在正史文献中，东北古代地方民族政权一般是出现在中央王朝宏观历史框架下的地方或边疆历史记

---

① 马路遥等：《面向句法结构的文本检索方法研究》，《电子学报》2020 年第 5期。

述。东北边疆政权除部分拥有私有年号外，一般与中央王朝的纪年保持一致。同时，其与朝鲜半岛、日本保持一定的政治交往和经济文化联系。因此，历史文献的时间标识应该兼顾历史发展的整体性。常规的时间注释是以文献所载的纪年为基础注解公元纪年、地方政权的王位纪年等与文献相关的时间特征。如《新唐书》卷五《玄宗本纪》："（开元）二十年（732 年，渤海武王大武艺仁安十四年，壬申年）……九月乙巳，渤海靺鞨寇登州，刺史韦俊死之，左领军卫将军盖福慎伐之。"①这种纪年的编辑方式既破坏了文献原貌，又无法全面反映整体的时间状态，无法呈现纵向的历史时间。

通过数字人文技术以公元纪年为基线，叠加地方政权王位纪年、中央王朝纪年、朝鲜半岛政权纪年、日本纪年，共同构建历史时间标尺，可以实现纵向历史发展脉络和横向历史环境的综合呈现。对于综合的东亚时间轴数据，目前公开出版的工具书类最为详尽、准确的是《中朝日越四国历史纪年表》②，宏观数据部分有开源数据可以参考，如法鼓佛教学院佛学规范资料库的时间规范资料库③。相对细分的专业历史年表，如渤海历史年表等，则需要研究者根据需要进行加工制作。

数据表的呈现方面，在不改变文献原文结构的情况下，通过数字编码，实现文献中的时间与时间标尺上的时间点、时间段的对应关联。如此，专题文献中所体现的时间特征可以整体嵌套在历史发展的基本时间

---

① 欧阳修、宋祁：《新唐书》，第 136 页。

② 陈久金：《中朝日越四国历史纪年表》，北京：群言出版社，2008 年。

③ 佛学规范资料库的时间规范资料库，提供中日韩公历时间对照，支持日期规范码查询、干支年月查询，最大特色是提供东亚年代的并行展示。目前，可查询的时间范围：中国为秦始皇元年（公元前 221）至今，韩国为公元前 56 年至公元 1910 年，日本为 593 年至今。该时间表数据通过官网和 GitHub 对外开源共享。佛学规范资料库 [EB/OL]. https：//authority.dila.edu.tw/，浏览日期：2021 年 6 月 30 日。

框架之下，有利于文献内容的辨析与理解。在前端设计上，时间标尺嵌在平台右侧抽屉框架中，采用条状悬浮样式，便于和左侧文本、右侧文献内容实现一一对应关联。时间轴可以按时间纵线上下拖动，以便研究者对文献的时间属性进行考察。

　　对于一个时间点对应多个文献的情况，采用备选栏呈现的方式，以便研究者跳转阅读。同一时间点的多组数据支持批量导出，便于研究者基于文本进一步比较分析。在完成时间属性的标注后，文献按需求以共同的时间属性为基础重新组织，形成编年体例的标准数据，支持以时间为基线的文本计算。时间尺的应用能有效解决不同文献的时间偏差，有助于对错误、疏漏的文献进行注释与校正。（参见图2-18）

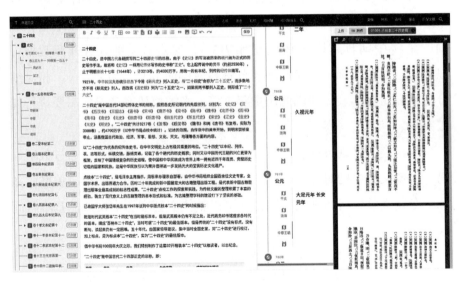

图2-18　历史时间轴与文本—文献对照阅读融合的UI效果

　　时间轴属于历史数据体系中的底层数据，基于时间属性的文献在数据管理、数据抽取与重构，以及以此为基础的历史知识网络的建立方面具有广阔的应用前景。① 第一，可以通过时间区间，判定同一主题史料在不同时间段的分布情况，借此分析历史主题在不同历史时期的文本活跃度。第二，可以通过特定历史实体存续的时间区间，如历史朝代、历史人物生平、事件起止时间等，判定史料在历史实体中的位置，继而判定史料属于前因预判、区间记述还是事后追记。第三，赋予历史实体时间轴属性之后可以构建更加清晰的历史网络。如以渤海末代王大諲譔朝贡专题为例，中国相关史料主要有《旧五代史》《新五代史》《册府元龟》《五代会要》《文献通考》《宋会要辑稿》六种史书，大约有 49 条相关记录。在没有时间轴约束的情况下，机器只能抽取出"諲譔+朝贡"的史料，加入时间属性后则可以将 907—926 年渤海的朝贡资料都抽取出来，而对于 926 年以后渤海的朝贡，则可以自动识别出非大諲譔时期的朝贡记录。在此基础上，以时间轴为基本线索，通过实体关系的数据，建构出大諲譔时期渤海朝贡图谱。通过图谱可以更加清晰地看出，关于大諲譔时期的朝贡，记载相对清晰的文献是《册府元龟》《五代会要》和《宋会要辑稿》三部文献，数据相对清晰的是大諲譔在位的前期和后期，正史《旧五代史》《新五代史》的记录则相对简略。这些数据对于分析渤海末期的内政、外交，以此为基础探讨其灭亡的原因及中央政权的态度，具有一定辅助意义。

（三）后台数据管理模块

数据安全是平台平稳运行、持续更新的前提和基础。数据安全的基本方案是：通过设备的物理架构，保证数据的传输和存储安全；通过技术架构在提高数据备份效率的同时，防御数据的外网侵袭；通过制度安全避免内部敏感数据和在研项目数据的人为外泄。

在数据设备的物理架构方面，采用塔式服务器、磁盘阵列外接备份

---

① 李君婵：《汉语文本中的时间、事件及其属性识别》，山西大学硕士学位论文，2013 年。

存储空间，共同构建多级混合存储架构，为存储体系提供合理的存储保障。① 对于基于数字人文的研究而言，研究者所掌握的带有唯一性、特殊性抑或自成体系的学术资料是研究深入展开的重要基础。研究者通过实验室把这些独特的资料根据自身的研究规划逐步加工成所需的形态，并在此基础上进行进一步的探究，是为历史学科数字人文研究的基本过程。这一过程中，原始资料、算法过程、运算结果都需要在其成果公开之前保证数据安全。因此，在研究性数字平台的架构中，服务器应当由内网服务器和外部校园网服务器构成。平台数据的开发过程、初步运营试验、封闭测试、在研项目运营和敏感信息呈现均在内网服务器上完成。如此，既可以保证基于网络的平台功能使用、基于团队的多人多学科协同操作，又能保证数据安全。校园网服务器仅运营文献数据平台的开源数据和部分可编辑的功能。内外网服务器之间通过防火墙隔离，在敏感数据测试阶段则直接切断内外网之间的链接，确保内网数据安全。

在技术架构方面，通过外接磁盘阵列实现文献、图片、音视频数据的单独存储，更新数据另接存储空间进行备份。在 RAID 技术应用中，RAID5 是一种使用非常广泛的数据冗余策略。② 磁盘阵列采用存储效能、数据安全与存储成本兼顾的 RAID5 方案。该方案根据阵列中硬盘的块数自动将数据等份并发写入每一个磁盘，同时其数据校验码信息会自动与数据分开存储，如此即便少部分磁盘遭到物理损坏，依然可以完成数据恢复。在该数据方案中，外部服务器的数据更新与内网之间采用异步方案，即所有核心数据的生产皆通过实验室的内网完成，根据数据分级机制有选择地将部分数据更新至外网，在相当程度上保证了数据

① 魏大威等：《国家数字图书馆分布式多活存储体系研究》，《图书馆杂志》2018 年第 3 期。

② 章宏灿、薛巍：《集群 RAID5 存储系统可靠性分析》，《计算机研究与发展》2010 年第 4 期。

安全。

　　同时，通过用户权限分级、数据安全预警和应急处理机制等，确保数据和平台的安全运营。用户权限管理方面，禁止除超级管理员以外的任何个人或团体对后台数据库进行访问。使用者权限按照自主访问控制要求设置，分游客、注册用户、专家学者用户、管理员和超级管理员五个等级。游客可查看公共信息，如典籍页面，文件搜索结果、新闻、百科、数据共享等界面，但不可访问内部具体内容。典籍对应的文本与PDF 文献、文献数据库中附件的在线数据、地图数据的可视化结果等，游客均不可读。

　　注册用户可查看自己对应的个人信息及部分低密级信息，如共享数据中的海外近百种开源数据；文献数据库中的公开资源，如多版本二十四史对照阅读数据，《辽海丛书》《长白丛书》《黑水丛书》全文数据等。平台用于展示或不涉及在研项目的典籍、古旧地图、在线历史地图等，原则上对注册用户开放。此外，注册用户也可对地图进行有限编辑。本网站所有已发布的矢量数据或学术地图对注册用户均为可查看但不可编辑状态。注册用户只能编辑自己创建的地图，且无对应的批量上传矢量数据等功能，也无法发布地图或上传、下载文件与典籍，但可以下载共享中心中的各种工具或公共文档。

　　专家学者用户采用实名邀请制。这一群体是平台在东北古史领域可持续发展的重要力量。[1] 专家学者用户可查看其对应的特定区域信息或项目信息，如"高句丽专题数据集""渤海专题数据集""东北基础历史空间数据""《中国历史地图集》矢量数据""东北古史命名实体库""东亚三国天文灾异数据""东北边疆边界古旧地图""东北古史内部刊物全文数据"等。专家学者用户中的合作团队还享有平台数据审核与修改、自建专题、数据传递、数据加工辅助、资料翻译辅助等权利。

---

　　[1]　欧阳剑等：《数字人文项目可持续性研究》，《图书馆杂志》2021 年第 11 期。

　　管理员拥有数据平台日常操作的最高权限，负责进行网站的日常管理，包括数据、专题的发布确认，注册用户审批等。超级管理员属于开发者账户，负责平台的运维，包括确保数据安全、网站运行状态检测、功能模块更新、框架升级、数据备份与容灾安检等。

第三章

东北古史数据体系及平台建设

　　历代关于中国东北的记载散见于经史子集各种文献之中，研究者在研究某一专题时，需要在庞杂的文献中搜集、整理、校对各种资料。传统的辑录往往是学者个人将散见于各种典籍的特定史料进行逐句辨识、摘录，根据历史文献学的方法和原则，按照特殊的需要摘录、整理为"长编"或者"汇编"，进而编辑成册或者篇，以便相关领域研究者高效使用。这种披沙拣金的过程虽致韦编三绝，能够达到一定的目标，但费时费力。古往今来，很多学者穷其一生，也只是完成了某一文献的辑录工作。① 间或有机构统合某一领域的专家学者之力历时数年完成某一类特定文献或目录的编辑工作。

　　东北古史体系建构对资料的需求是多元的，每一个专题都需要对应的史料体系作为支撑，采用传统的方法很难在短时间内取得成效。大数据技术引发了文献生产方式的创革、结构形态的新变和获取方式的拓展，文献的碎片化、标准化、结构化与可视化形成了各种文本集、数据库等"宏文本""超文本"，促进了文献

---

　　① 西汉刘向、刘歆父子费时三十余年纂成《七略》，后遂有班固《汉书·艺文志》。张三夕主编：《中国古典文献学》，武汉：华中师范大学出版社，2003年，第224页。

的关联与知识的再发现。① 这为基于古籍文本的专题文献抽取提供了技术可能。

第一节　东北古史专题文献的辑录模型建构与拓展

随着大数据技术的快速发展，基于自然语言处理（NLP）的文本挖掘技术（Text Mining）日趋成熟，并在诸多领域得到了广泛的应用，这为专题文献辑录提供了必要的技术支撑。与以关键词为基础的文本检索不同，非结构化文本的数据挖掘技术（Text Mining with Unstructured Text）是在叙述性文本中使用计算机语言抽取或标记特征词汇，并通过语义逻辑使文字之间形成约束关系来确定指向性内容。在此基础上，根据内容对文档进行筛选获取有效信息。

文本挖掘涵盖了多个学科领域，涉及信息检索（IR）、文本分析、自然语言处理、数据挖掘、机器学习、统计数据和计算语言学。基于这种技术，历史专题文献被最大限度地辑录出来，在清洗、验证后进行分类即可形成条理清晰的文献集合。从方法论的角度来看，这与传统的历史文献辑录具有相当程度的一致性，在文献辑录的过程中，不仅可以定位并记录有特定关键词的信息单元，还可以记录与文献内容相关但无特定关键词的信息，同时，排除关键词书写相近但意义不同的歧义信息。② 文本挖掘技术在文献辑录中应用的最大优势在于节省时间、提高效率。在某种程度上，几百行代码几十分钟的运行相当于几十个学者几

---

① 刘石、李飞跃：《大数据技术与传统文献学的现代转型》，《中国社会科学》2021 年第 2 期。

② 传统辑佚工作的内容和程序大致可分为前期准备、佚文辑录、佚文整理、后期综结四个阶段，展开细节可分为二十项。这些操作规程与文本挖掘中的相关程序如文本搜集、文本修剪与编码、文本辑录、数据验证等各个环节具有较高的一致性。张三夕主编：《中国古典文献学》，第 230~232 页。

年间的高强度劳动。

　　基于文本挖掘技术所获取的文献材料可以按研究需求生成结构化或半结构化的数据。研究者可以通过统一资源定位符相对便利地追本溯源，与原始文献的电子版本进行逐字对照，确认文献的准确性，还可以通过语义网构建出各种核心词汇的解释体系，使读者可以根据阅读兴趣开展延展性阅读。① 而且，这种结构化数据在文本远读或更深层次的文本分析、可视化处理方面相较于传统的手工检索编辑更具优势。在上述技术前提下，通过对多元文本中特定专题史料的提取，构建基于数字人文技术的东北古史专题文献辑录算法模型，并对模型进行通用化拓展设计，进而构建出东北古史专题文献按需提取的技术体系。

一、东北古史文献的数据类型与特点

　　卡米尔·罗斯认为，"数字人文"一词可以用三种不同的方式来理解："数字化人文"，主要涉及数字化文献的构成、管理和处理；"数值化人文"，强调数学概念在人文领域的应用及计算模型的发展；"数字的人文化"，强调从人文的视角去解读基于互联网的数据。以此观之，东北古史文献的类型与格式可以分为数字化、文本挖掘、数据化三个不同层级的形态。②

（一）东北古史数字文献的类型

　　数字化通常是指将纸质文献通过图像处理转换为数字文献，即页面文字内容不可编辑的图片文档，如 PDF、DJVU、PDG、JPG、TIFF 等

---

　　① 知识图谱是一种共引分析（co-citation analysis）和共现分析（co-occurrence analysis）的方法，它表示某一研究领域的研究热点、演化过程和发展趋势，以一定时期内某个领域的所有研究文献为样本，并且可以可视化形式呈现。

　　② 赵思渊：《地方历史文献的数字化、数据化与文本挖掘：以〈中国地方历史文献数据库〉为例》，《清史研究》2016 年第 4 期。

格式；文本挖掘主要是将图像文献转换为全文可编辑文档，如 TXT、DOC、RTF 等格式；数据化主要是通过文本文档中的实体关系抽取，构建半结构化或结构化数据，如 CSV、XML、JSON、SQL 等格式。在实际研究应用中，不同的数据格式具有不同的特点和优势。数字化文献源于纸质印刷品或档案。这些通过扫描而获得的数据，能够最大限度地保持文本的原始状态，数据误差较小。在历史研究中，这类数据通常可以等同于原始纸质文献，用于阅读、研究和学术引用。

文本挖掘文献来源于数字化文献，二者在内容上基本保持一致。相较而言，文本挖掘文献的内容会有一定误差，这通常体现在内容和格式两个方面：内容方面，一些生僻字和专有名词在 OCR 识别过程中会被误判或者遗漏，造成错别字和文本缺略，如"鞲鞴""灖貃"等字词在目前的多种识别环境中均不能正确判读；格式方面，主要是一些著作中的表格、图稿等在转换为文本挖掘文献过程中经常出错。但文本文献的优势在于内容可实现全文检索和任意编辑，使用相对便利。数据化文献来自对可编辑文档中历史实体信息的抽取和结构化编辑。相较于文本，历史数据缩减了不必要的叙述内容，保留了核心历史信息，改变了原始文献的页面布局，在数据分析和数据可视化方面具有优势。另外，结构化或半结构化数据具有很好的通用性和兼容性，可以通过数据关联发挥出超越文档本身的价值。

以数字人文的视角来看，东北古史文献数据分为传统印刷文献数字化图像文档、无结构文本数据、半结构化数据、结构化数据和大数据五种。传统印刷文献数字化文档主要是指传统纸质印刷文献经过扫描后生成的图像文档。这种数据对于学术研究而言信度较高，但信息封闭，不支持全文检索和文本编辑，不能构成有效关联，彼此间呈"孤岛"样态。无结构文本数据是指基于文献输入的全文可编辑的文本，通常为 TXT 格式。这类数据的优势在于支持全文检索，文本可以任意编辑，并支持文本分词、关键信息提取等简单的文本计算。文本可以任意编辑的弊端在于文本中文字错误、信息缺漏情况较多，原文献中的表格、图片不能被保存等，数据信度比图像文档低。半结构化、结构化数据和大数据资源，有别于传统意义上的历史文献，属于历史数据，与前二者兼顾服务于传统的历史文献阅读和资料查询不同，是信息化时代的产物，主要服务于数字人文支持下的历史研究。半结构化数据与普通文本相比具有一定的结构性，数据的结构信息和数据内容混在一起，相对完整地保存了文本内容，较为常见的有 XML、JSON、HTML、CSV 等格式。这类数据在网页信息传达、文本计算方面具有一定的优势，但其与无结构文本数据一样，存在着信度相对较低的弊端。结构化数据是指可以使用关系型数据库表达和存储、通常表现为二维表形式的数据。其主要特点是：数据的每一列，表示一个特定的属性集合；每一行，表示一个实体的信息，每一个实体的数据属性一致。例如，CBDB 中的东北历史地名数据，就属于结构化数据。这种数据具有很好的检索响应机制，数据信度高于半结构化数据。不过，此类数据由于属性限制严格，通常以录入实体数据为主，并不能完整地保存全部的文献内容。大数据是指基于互联网即时产生的未经加工且无明确范围的无序数据。这种数据通常处于开源状态，获取方便。不过，其同时存在数据量大、噪点多、数据清洗工程量大、文本细读信度低等具体问题，因而，更适用于文本远读，如海外关于东北历史认知的数据及自媒体关于东北古史问题的评论数据等，都是属于东北史研究需要关注的大数据。

（二）东北古史文献的数据特点

总体来看，东北古史数字文献具有资源总量上的稀缺性、分布上的跨国性、内容上的分散性等特点。资源总量上的稀缺性主要是东北古史数字化研究相对滞后造成的。东北地区的古籍数字化工作，尤其是高等院校在古籍数字化资源开发上明显落后于经济发达地区。① 这导致以古籍为基础的东北古史数据起步慢、发展起点低、非结构化文本数据储备不足、历史数据资源相对稀缺。

学界对东北古史文献进行整理、出版的工作，由来已久。部分已经出版的文献多是采用对原始版本进行影印的方式，比如《辽海丛书》。即使是再版，仍属微缩影印，尚未进行现代排版和句读。已进行点校、甚至注释的文献，比如《中国正史〈高句丽传〉详注及研究》②、《奉使辽金行程录》③。一些具有重要参考价值的杂志，如《东北亚历史与考古信息》《博物馆研究》等，还没有进行相关的数字化加工。另外，在已经完成数字化处理的文献中，有相当一部分止步于图像文档的生产，文本化程度不高。因此，东北古史文本数据的生产仍然需要依赖于数字人文技术进行高效处理。

东北古史数字文献在分布上具有跨国性的特点。随着数字人文技术的快速发展，海外有关东北古史的数字文献快速增长。其中，一种是被动式增长，即随着域外汉籍数字文献的总体增量，与东北古史有关的数字文献隐含在这些文献之中形成增量。这需要东北古史研究者通过对域外数字化汉籍的搜集与整理，搜检出其中的东北古史部分。另一种是主动增长，即海外中国史、东亚史等专门研究机构出于自身研究需要搜集、整理的中国东北古史专题文献，这其中有目前国内所未见到的部分资源，需要高度关注。

东北古史文本文献在内容上的分散性，是由其分布上的分散性和内

①　毛建军：《东北地区馆藏古籍数字化资源的建设及其意义》，《图书馆学刊》2006 年第 4 期。

②　刘子敏、苗威：《中国正史〈高句丽传〉详注及研究》，香港：香港亚洲出版社，2006 年。

③　赵永春辑注：《奉使辽金行程录》（增订本），北京：商务印书馆，2017 年。

容记载的零散性造成的。一方面，零星的文本文献来源不一，网络流传的数据质量普遍不高，相对权威的文本除个别学者掌握的专题数据之外，还有中国哲学书电子化计划、台湾的汉籍电子文献资料库、韩国历史信息综合系统等。虽然总体数据量已成规模，但东北古史文献内容零散地隐藏在经史子集诸部文献之中，无论是纸本文献还是简册、金石文等都有相关记述。

迄今为止，围绕东北地区的民族地方政权、东北古族、历史地理、考古遗迹资料等，尚没有形成体系化的专题文献平台。东北古史文献研究在国内也缺乏专业的数字人文平台，既没有专门机构提供文本数据，也没有对已公开的数字人文研究数据进行必要搜集、整理和统一发布。例如，中国正史文本中的东北古史数据、CBDB 中的东北历史地名数据、日韩文献中的文本数据等，其中都含有中国东北古史数据，但均未形成对应的专题，这就需要构建模型，进行专门辑录。

二、东北古史专题文献的辑录

中国东北古史专题文献辑录，是指运用计算机技术，对中外古籍、研究文献、考古资料进行整理、挖掘，从中抽取中国东北古史研究所需的专题文献。基本技术过程包括文本数据整理、文本属性及内部结构分析、文献辑录验证、模型扩展等。

（一）文本数据整理

当前，网络上公开的各类汉籍以众源数据为主，文本类型、格式各不相同，内容质量参差不齐。专题信息辑录之前，需要做好文献版本辨识与选取、数字文本制作、OCR 识别、文本校对与编辑、文本中间形式剪裁、文本结构分析六个方面的准备工作。①

---

① 周雪忠、吴朝晖：《文本知识发现：基于信息抽取的文本挖掘》，《计算机科学》2003 年第 1 期。

从文献的呈现形式来看，与东北古史相关的典籍主要有原始图像（JPG、PNG、TIFF 等）、PDF、TXT、XML、CSV 五种主要类型。原始图像主要是一些珍稀古籍、档案、手稿、古旧地图等，此类文献数量有限，通常可以通过 OCR 识别后，以手动矫正完成数据整理。TXT 格式古籍相对较为常见，主要保留了文献的文字内容。此类文本存在内容缺略，错字，页码、标题、表格等原有格式被破坏的问题，需要根据文本的实际情况进行数据整理。XML 格式文本信息保留相对全面，信度相对较高，可以和 CSV 格式一起作为专题文献抽取的中间形式，直接进入文本修剪与分析。

值得关注的是，文本挖掘技术是在现代语言环境下展开的。这一技术的主要实验本体及研究对象是现代语言，当研究对象聚焦于用古代汉语书写的文本材料时，需要做必要的调整和细致的准备。

文本中间形式剪裁过程可以分为三个核心部分。首先，剔除影响数据挖掘的重复性内容。通常情况下，同一种文献只需保留一个版本，多个文集中相同的文献篇目一般也要根据情况去除重复部分，从而避免在计算结果中出现重复性数据。同一篇目的文献，需要精细比照不同版本。在这个环节中，相同或近似度较高的数据可导出为一个小的数据单元，形成同文汇聚类文献。其次，对作者、成书年代、书名、卷序号、文本体裁等有价值的信息进行增添与编辑，形成数据的身份和属性标识，以便后期回溯原文进行验证时高效定位。最后，以篇等为单位对文本进行编码及合并，将文本修剪为可供计算机语言执行的中间形式。[①] 文本批量处理的基本算法是，从多个 XML 文件中，

---

① 为了便于代码的执行，一般选取 CSV 格式作为文本的储存形式。这种逗号分隔值文件是一种较为常用的纯文本文件格式。这种文件内部无说明代码，结构相对简单，且可以和 Excel、TXT 等文件格式进行相互转换，便于无技术背景的人文社会科学研究者浏览和编辑。另外，其由于极简的存储方式，在储存容量上相对轻便，便于数据传输和程序调用。

依次逐条抽取数据，并将结果输出为一个数据表。（参见图 3-1）

Algorithm 1 xml 文本数据清洗

输入： $filelist$xml 文本列表, $patternlist$ 匹配模式类型列表

输出： $cleanedData$ 清洗后的数据列表

1: **function** CLEANDATA($filelist, patternlist$)
2:    $cleanedData \leftarrow []$
3:    **for** $file$ **in** $filelist$ **do**
4:       $textbuffer \leftarrow file$
5:       $bookname \leftarrow MatchPattern(textbuffer, patternlist[0])$
6:       $booktype \leftarrow MatchPattern(textbuffer, patternlist[1])$
7:       $bookcontent \leftarrow MatchPattern(textbuffer, patternlist[2])$
8:       **while** $bookcontent$ **is not** $NULL$ **do**
9:          $cleanedData \leftarrow [bookname, booktype, bookcontent]$
10:         $textbuffer \leftarrow CutBefore(textbuffer, bookcontent)$
11:         $bookcontent \leftarrow MatchPattern(textbuffer, patternlist[2])$
12:       **end while**
13:    **end for**
14:    **return** $cleanedData$
15: **end function**

图 3-1　算法示例 1：XML 文本数据清洗

　　在文本批量处理过程中，需要注意如下问题：一是在文本计算之前对已经获取的文本进行完整度校验，找出空值文本和缺失文本，并进行必要的修正。对于重复文本，则根据文件大小和更新时间进行合并或替换。二是通过对文本结构的分析，参考历史文献学的相关知识，考虑计算机语言识别的实际情况，制定精准高效、指向清晰的匹配模型。[①]　三是在输出抽取文本的过程中，需要注意对字符特征的处理，保持编码的一致性，以防出现乱码。一般来说，GBK 是中国字符编码的常用格式，UTF-8 则是国际通用的字符编码格式。计算机在进行文本计算时，通

---

① 在文本匹配过程中，选取书名、作者、卷集数、卷名、文章名称、文章类型、文章内容，同时赋予每一条数据条目唯一的、可解析的身份编码。

常会使用 UTF-8 格式。

（二）文本属性及内部结构分析

在完成文本中间形式整理之后，需要对文本的基本属性及内部结构进行初步分析，以便在后续专题文献辑录过程中，有效把握文本的基本特性，形成更加高效的算法模型。

文本计算之前，一般需要从版本与编目的角度，考察文本的基本结构。从形式上看，古籍版本刊印包括木刻本、活字本、手抄本、石印本等多种版本，不同版本的文字排版不同，字体样态不同。从刊行单位上看，不同时期、不同地域的刊印发行单位不同，不同刊行单位、不同刊行批次的古籍质量、信度不同。但这些版本信息在进行 OCR 识别生成 TXT 文本时通常无法保留，为了文本溯源的方便，需要在文本的属性栏中添加版本信息。

不同体裁的文献在数字化过程中所采用的文字排版方式也不尽相同。为了便于后期历史资料的整理和利用，东北古史相关资料的分类方法主要参考《四库全书》，按照经、史、子、集进行宏观上的分类。在细部分类方面，充分考量文本本身的体裁和书写特点。比如，古诗词类篇幅一般较短，需要按照一定的规则进行断句、排版。而诗词的序文通常又是历史研究的关键信息，因此，在文本批量处理时需要将诗词类单独提取出来进行批量处理。在处理诗词时，还需要根据诗和词的不同题材，再次进行细分。文章类长篇数据，需要根据版本特征和编订形式进行分类处理，例如卷、册、篇、章等都需要进一步细化，以便形成指向明确的文本身份定位数据。

三、辑录文献的验证

在数据分析的基础上，开始对修剪之后的文本进行专题文献辑录。文献辑录的基本流程包括绝对值检索与验证集构建、文本特征选择与冗余信息剔除、模型算法过滤、辑录结果校验四个环节。

（一）绝对值检索与验证集构建

在检索之前，我们并不能准确判断在待抽取数据集之中究竟包含多少条与特定专题有关的信息，以及这些信息在数据集中的具体位置。因此，需要建立一个验证集来检验后续计算结果的正确性。

所谓验证集，就是集合一套确切认定的相关专题内容的数据，以验证后续辑录结果中包含相关绝对值文献的比例。验证集是所有专题文献的第一数据梯队，载录文献均为专题相关的文本内容。文本计算的输出结果必须在大概率上包含验证集才可以验证运算方向没有偏离。（参见图3-2）验证集通常由专家手动建构，或采用公开出版的资料集。比如，高句丽专题，可以选取《中国正史〈高句丽传〉详注及研究》作为验证集[①]；渤海专题，可以选择《渤海史料全编》作为验证集[②]。在进行高句丽、渤海专题史料辑录时，如果辑录结果完整地包含了验证集，则说明辑录结果的信度相对较高；如果辑录结果遗漏了验证集中的关键信息，则说明模型的设计有疏漏，算法有待优化。

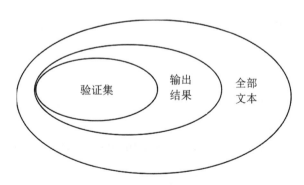

图3-2　验证集、输出结果与文本关系示意图

①　刘子敏、苗威：《中国正史〈高句丽传〉详注及研究》，香港：香港亚洲出版社，2006年。

②　孙玉良编著：《渤海史料全编》，长春：吉林文史出版社，1992年。

在文本检索前，需要通过词频统计把握文本的基本特征，从而找出代表文本基本特征的高频关键词。以高句丽专题为例，通过对文本的初步判读，可知高句丽在文本中的高频词有"高句丽""高勾丽""句丽""勾丽""高丽"五种。由于当年的"高丽"更多是指王氏高丽，而且在古文献中出现的频次也较高，所以我们在文本整理时，需做专门的消歧处理。"高丽"并不适合做绝对值，故以前四种为基础进行组合检索。[①] 基本方法是，在所有以篇章为单位的文本列表中，使用"高句丽""高勾丽""句丽""勾丽"四个词汇依次抽取，只要有一个词符合标准，即存入验证集文本之中。（参见图 3-3）

Algorithm 2 从文本列表中抽取出包含关键词的文本

输入: *sourcelist* 文本列表, *keywords* 理想文本的关键词列表

输出: *extractText* 抽取的文本

1: **function** EXTRACTTEXTBYKEYWORDS(*sourcelist, keywords*)
2:   *extractText* ← []
3:   **for** *line* **in** *sourcelist* **do**
4:     **for** *word* **in** *keywords* **do**
5:       **if** *word* **in** *line* **then**
6:         *extractText* ← *line*
7:         *break*
8:       **end if**
9:     **end for**
10:   **end for**
11:   **return** *extractText*
12: **end function**

图 3-3   算法示例 2：从文本列表中抽取出包含关键词的文本

初步文本计算后，可得到初步筛选的专题文献数据集。为确保数据

---

① 常娥等：《基于向量空间模型的古汉语词义自动消歧研究》，《图书情报工作》2013 年第 2 期。

信度，需要进一步对数据进行清洗。① 通过语义分析发现，"高句丽"
"高勾丽""勾丽"三词不存在语义歧义的情况，但在"句丽"一词
中，因"句"字为多音多义字，其读作"句（jù）"时，存在部分歧
义数据。歧义数据有"女郎新句丽春容""七言绝句丽朝郑知常大同江
诗""七言绝句丽人行""妙句丽词""句丽文逍""秀句丽词""联句
丽正堂新秋联句"等，这些数据需要剔除。消歧之后，可以得到绝对
值数据。（参见图 3-4）

Algorithm 3 挑选 n 条与关键词组最不相关的文本

输入： *sourcelist* 文本列表, *keywords* 文本的关键词列表, *n* 挑选的条数

输出： *leastRelevantText* 查找结果列表

1: **function** FINDLEASTRELEVANT(*sourcelist, keywords, n*)
2:     *relevantlist* ← []
3:     **for** *index, line* **in** *sourcelist* **do**
4:         *counter* ← 0
5:         **for** *word* **in** *keywords* **do**
6:             **if** *word* **in** *line* **then**
7:                 *counter* ← *counter* + 1
8:             **end if**
9:         **end for**
10:         *relevantlist* ← [*counter, index*]
11:         *relevantlist* ← AscSort(*relevantlist*)
12:     **end for**
13:     *leastRelevantText* ← *relevantlist*[0 → *n*]
14:     **return** *leastRelevantText*
15: **end function**

图 3-4　算法示例 3：挑选 n 条与关键词组最不相关的文本

（二）文本特征选择与冗余信息剔除

在去除停用词之后，各类史书、文集中仍然有着庞大的词汇量，若

把这些词汇全部作为特征，则缺乏关键词集，无法保证文本辑录的效果，这就需要标注有效特征以提高辑录效率。东北古史资料分布相对分散，对于非正史资源而言，通过文本计算完成对具有某一特定专题表征的提取比较困难。因此，非正史数据集一般需要采取第三方参照值介入的方法来提高效率，参照数据以记述相关性密切、命名实体集中的正史文本为宜。以高句丽专题为例，从记录高句丽文献最为集中的朝鲜半岛正史《三国史记》、中国正史中的诸《高句丽传》等文献中抽出实词2484 条，进而对文本特征进行标注。① 实词抽取的基本方法是，先排除虚词、保留实词，再对实词使用 Markdown 语法进行标记②，在标记完成之后抽取带有标记的词语存入实词列表中。（参见图 3-5）

Algorithm 4 从文本中抽取实词列表

输入: *filelist* 文本列表, *patternlist* 实词的格式列表

输出: *entitywords* 生成实词列表

1: **function** FINDENTITYWORDS(*sourcelist, patternlist*)
2:　　*entitywords* ← []
3:　　**for** *file* **in** *filelist* **do**
4:　　　　*counter* ← 0
5:　　　　**for** *line* **in** *file* **do**
6:　　　　　　**for** *pattern* **in** *patternlist* **do**
7:　　　　　　　　*textbuffer* ← *line*
8:　　　　　　　　*word* ← *MatchPattern*(*textbuffer, pattern*)
9:　　　　　　　　**while** *word* **is not** *NULL* **do**
10:　　　　　　　　　*entitywords* ← *word*
11:　　　　　　　　　*textbuffer* ← *CutBefore*(*textbuffer, word*)
12:　　　　　　　　　*word* ← *MatchPattern*(*textbuffer, pattern*)
13:　　　　　　　　**end while**
14:　　　　　　**end for**
15:　　　　**end for**
16:　　**end for**
17:　　**return** *entitywords*
18: **end function**

图 3-5　算法示例 4：从文本中抽取实词列表

---

① 笔者已经对中国正史中的《高句丽传》进行细致实词区分。参见刘子敏、苗威：《中国正史〈高句丽传〉详注及研究》，香港：香港亚洲出版社，2006 年。

　　笔者把抽取的与高句丽有关的实词带入东北古史基础数据集中进行比对，留下与文本特征匹配的数据条目，剔除没有匹配文本特征的部分，即可获得粗选文本。这在相当程度上削减了冗余数据，为后续辑录的精确性提供了初步保障。

（三）构建精确的检索模型

　　东北古史研究是一个相对专业的研究领域，虽然相关记载都是用汉字书写的文本，但东北古代民族政权之中，有很多个性化的专属词汇，比如东胡、肃慎、乌桓、鲜卑、高句丽、室韦、契丹、奚、挹娄、勿吉、靺鞨、女真等，这些词汇在东北古史领域本身就带有较强的特征标识意义。命名实体识别模型训练在数据量不大、缺乏成熟数据集的情况下存在一定的困难。考虑到抽取的第三方参照值数据量不大、质量较高的情况，我们采用语义检索中经典的全局检索策略，通过手动分拣辨识出可以代表某一专题特征的唯一性实词，形成精确的同义词库；对抽取的词中具有唯一特征属性的词，如民族称谓、政权名称、特殊人名、地名、民俗等具有标识行的命名实体进行分拣标记，用于初步数据筛选。（参见图 3-6）

　　以高句丽专题文献的构建为例，当约束词数为 1 时，检索结果涵盖了全部的 907 条高句丽验证集数据，整体数据集为 12816 条（参见图 3-7）；当约束词数为 2 时，检索结果为 2605 条，涵盖验证集数据813 条，验证集包含比例为 89.6%，共有 94 条逸出数据。[①]（参见图3-8）

---

　　① 在实际辑录结果数据中，单一词约束形成的数据有 12816 条，由于其包含全部验证集数据，可以视为与高句丽文献高匹配的数据集合。在之后的机器学习过程中，训练集成熟以后可以进行二次清理，此时应该还有挖掘到少量数据的可能。

Algorithm 5 词集抽取文本的规模与验证集文本的规模比较

输入: *wordlist* 词集列表, *sourcelist* 文本列表, *keywords* 验证集文本的关键词列表, *limitation* 多词约束条件

输出: *extractSetSize* 词集抽取的文本规模, *validSetSize* 验证集文本的规模, *intersectionSetSize* 交集规模

1: **function** COMPAREEXTRACTANDVALID(*wordlist, sourcelist, keywords, limitaion*)
2:     *extractset* ← ()
3:     *validset* ← ()
4:     **for** *index, line* **in** *sourcelist* **do**
5:         **for** *word* **in** *keywords* **do**
6:             **if** *word* **in** *line* **then**
7:                 *validset* ← *index*
8:                 *break*
9:             **end if**
10:         **end for**
11:         *limitcounter* ← 0
12:         **for** *word* **in** *wordlist* **do**
13:             **if** *word* **in** *line* **then**
14:                 *limitcounter* + +
15:             **end if**
16:         **end for**
17:         **if** *limitcounter* ≥ *limitatiom* **then**
18:             *extractset* ← *index*
19:         **end if**
20:     **end for**
21:     *extractSetSize* ← *SizeOf(extractset)*
22:     *validSetSize* ← *SizeOf(validset)*
23:     *intersectionSet* ← *IntersectionOf(extractset, validset)*
24:     *intersectionSetSize* ← *SizeOf(intersectionSet)*
25:     **return** *extractSetSize, validSetSize, intersectionSetSize*
26: **end function**

图 3-6　算法示例 5：词集抽取文本的规模与验证集文本的规模比较

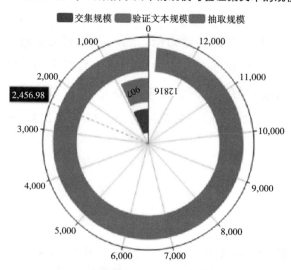

图 3-7　约束词数为 1 词时的抽取结果

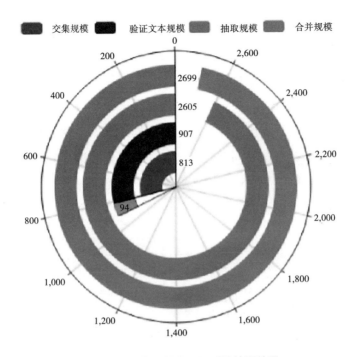

图3-8 约束词数为2词时的抽取结果

通过对逸出数据的人工校验，笔者发现产生这种结果的原因在于，这些文章仅含有以"句丽"为核心的四个构建验证集文本词汇中的一个，即文本中仅含"勾丽""句丽""高句丽""高勾丽"四个词中的一个，而不包含特征词中的其他词汇。因此，检索结果数据与逸出数据之和为实际辑录结果，共2699条。

关于抽取结果数据关系的可视化处理。若理想数据表述相对集中且数据量过小，加之所包含的内蕴纷繁复杂，通过算法验证难以保证效果，我们会通过专家人工审核的方式，确保数据的有效性。数字人文的核心目标是，尽可能地用技术替代人工，尤其是人工的重复性劳动。因此，在数据审核的过程中，需要尽量减少专家审核的工作量。

第一步，去除三字以上意义明确、无歧义的文献信息，仅以二字词汇为查验目标。由于二字词汇在分词过程中存在因句读不同而产生歧义的情况，可以用 MaxMatch 分割算法对两组辑录文献以关键词为中心进行消歧计算。具体算法为：以核心词为起点，截取 8 个汉字，从左侧开始逐一增加字符串长度进行词库匹配校验。当字符串与核心词组合匹配新的词汇时，视为产生歧义；反之，则视为未产生歧义。如果整条数据中仅有一个核心词汇且产生歧义时，那么标注该条数据为无效数据；当该条数据中有第二个核心词汇时，则启动第二轮验证，如此循环，完成消歧。① 最后，将产生歧义的数据导出到新的数据表中进行人工观察，确实为无效数据的则删除。（参见图 3-9）

Algorithm 6 文本分词算法

输入：*sourcelist* 待分词文本, *worddict* 分词词典, *maxlength* 词最大长度
输出：*splitlist* 分词后的文本

1: **function** FORWORDMAXIMUMMATCH(*sourcelist*, *worddict*, *maxlength*)
2: 　*splitlist* ← [] //初始化分词后文本列表
3: 　**for** *line* **in** *sourcelist* **do** //对每行文本分词
4: 　　*i* ← 0
5: 　　**while** *i* ≤ *Length*(*line*) − 1 **do** //从第一个字符到最后一个
6: 　　　*ismatch* ← *False*
7: 　　　**for** *j* ← *maxlength* **downto** 1 **do** //从最长的词开始匹配
8: 　　　　**if** *InDictionary*(*line*[*i* → *i* + *j*], *worddict*) **then** //若该字段在词典中找到对应的词，则将词放入分词后的文本，并移动 i 到该词之后
9: 　　　　　*splitlist* ← *line*[*i* → *i* + *j*]
10: 　　　　　*ismatch* ← *True*
11: 　　　　　*i* ← *i* + *j*
12: 　　　　　*break*
13: 　　　　**end if**
14: 　　　**end for**
15: 　　　**if not** *ismatch* **then** //在词典中未找到该字符对应的词，生成单个字符
16: 　　　　*splitlist* ← *line*[*i*]
17: 　　　　*i* ← *i* + 1
18: 　　　**end if**
19: 　　**end while**
20: 　**end for**
21: 　**return** *splitlist*
22: **end function**

图 3-9　算法示例 6：文本分词算法

第二步，检索结果中的验证集数据按照包含特征词数量的多少进行

---

① MaxMatch 属于一种贪心算法，主要是针对当前的局部问题提出现有条件下最好的选择。

降序排列，作为第一组数据；其余检索结果数据也按照特征词数量进行降序排列，作为第二组数据。其中，第二组数据为重点审核数据。为了减少阅读量，对第二组数据中超过100字的文本以文中核心特征词为中心左右各截取50字构成精简文本，并将特征词抽取出来用于参照。精简数据整体标注清晰，数据越靠上，所含特征词数量就越多，是该专题数据的概率也就越大。在此基础上再进行人工检视，可以最大限度地节省人力，提高审核效率。经过手动分拣之后，笔者共得到高句丽确切相关的文献1405条。

第三步，手动输入特殊值代入检验。将未列入唯一性标志文献且与高句丽高度相关的"梁万春/杨万春"作为关键词代入检索，可以发现该数据在未提前设定的情况下，实际所包含的22组数据全部收录在数据集之中。[①] 如此反复，循环多组关键词监测，验证文本辑录算法有效，辑录结果相对理想。

四、辑录模型扩展与专题文献增量

我们仍然通过高句丽文献的辑录进行实验，将高句丽文献辑录作为东北古史专题文献体系建构的一个算法模型。这一模型在东北古史文献基础数据集的支撑下，按照研究需求辑录任意专题的东北古代历史文献，并按照要求处理为资料卡片、专题资料集或结构化数据。目前，除高句丽专题文献外，本实验陆续完成了中国与域外所藏古籍中的古朝鲜文献、渤海文献，金石文中的高句丽文献、渤海文献等专题文献辑录。

（一）模型拓展应用

不同专题的文献在文献分布和数据特征上具有一定的特殊性。技术模型的使用，并不是机械地照搬，而是需要通过数据观察，根据不同情

---

① "梁（杨）万春"作为一个由中国文学所创作的历史虚拟人物，在《韩国文集丛刊》中以安市城守将的身份多次出现。关于他的史事不见载于中国及朝鲜半岛正史，故而在前期样本抽取中并未出现，可以作为特殊校验值使用。

况进行适当调整。以渤海文献的辑录为例，其与高句丽文献相似，二者都属于专业领域的小样本数据抽取，对数据的精准度要求高。相比于高句丽文献，渤海正史文献分布相对集中且史实叙述完整，多数集中分布在《旧唐书》《新唐书》等史籍中，后续文献多与两《唐书》的相关记载有所呼应。因此，其精确检索模型使用 CBA 算法构建专家系统，效率更高。①

第一步，选取两《唐书》中的渤海文献作为样本，通过分词工具分词，并结合研究成果筛选置信度高的人名、地名、事件等实词进行补充，形成数据集。根据实词所代表渤海历史的置信度进行编码赋值，对诸如大祚荣、大諲譔、忽汗州等可以指代渤海人名、地名的单一词赋值为 1，其余根据实际情况分别赋值为 0.1-0.9。②

第二步，从文本段落中寻找出共同出现的实词组成频繁项集，结合文本叙述的历史含义③，归纳"族属""建国""王族""疆域""政区地理""朝贡册封""战争""职官""风俗""经济""遗民"等主题概念，创建渤海基本历史事件、人物、地名等语义检索模型④，进而以这些主题作为节点，构建渤海基本历史叙述的文献过滤模型。以渤海京府州县的所属关系为例，渤海相关史料较为清晰地记录了渤海五京十五府及其大部分所属州县的对应关系。因此，渤海政区地理称谓的实体关系相对清晰。在进行相关专题检索匹配时，史料归属的判定相对较为精

---

① CBA 算法全称是 Classification base of Association，是基于关联规则进行分类的经典算法。朱晓东：《基于支持度变化的关联规则挖掘算法及实现》，南京航空航天大学博士学位论文，2005 年。

② 戚园园：《基于特征表示学习的文本检索研究》，北京邮电大学博士学位论文，2021 年。

③ 赵春霞等：《基于频繁项集的多源异构数据并行聚类算法》，《济南大学学报（自然科学版）》2022 年第 4 期。

④ 蔡银琼等：《基于多表达的第一阶段语义检索模型》，《计算机工程与应用》2023 年第 4 期。

确。(参见图 3-10)

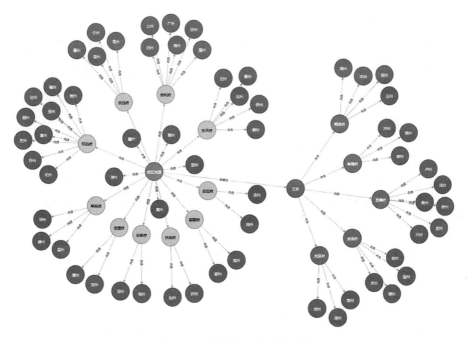

图 3-10　渤海政区的关联规则

　　第三步，利用关联规则挖掘算法，以段落为单位对文本进行遍历检索，将匹配内容连带编码信息输出为一个数据表。通过计算每条数据中频繁项集的拟合情况来确定历史主题，多个主题间以逗号分开，写入主题栏。在这种情况下，与渤海历史关系较为疏远的文献被自动排列在数据尾部。根据检索结果来看，含有一个以上主题或置信度值大于 1 的均为渤海文献。为防止数据因过拟合造成文献遗漏，保留置信度值 0.6 以上的数据，并按数值大小降序排列进行手动筛选。通过计算，笔者共获取渤海文献 1662 条，以文献段落计算，共计 40 万字。

　　(二)通用模型建构

　　通过对一系列东北专题文献辑录的计算，逐步构建相对成熟的通用型文献辑录模型。① 这一通用模型包括文献数据积累与存储、研究需求、文献数据技术抽取、数据呈现与应用四个模块。这四个模块以研究者为中心形成有机关联的整体，系统化解决东北专题文献的辑录问题。

其一，汉籍文本数据是专题数据抽取的数据源。目前搜集到的汉籍文本数据主要包括中国历代史书文献、中国历代文献、朝鲜半岛文献、日本汉籍文献、东亚旅行记文献，以及部分近代东北考古资料和踏查笔记等。为便于文本计算，所有入库文献统一处理为繁体中文、TXT 格式，字符编码为 UTF-8。② 之后，这些数据将通过数据集的增量机制，随国内外文本数据的增加而增加。同时，平台根据专题研究需求，对部分尚未见诸互联网的文献进行文本化制作，以此实现东北古史数据集的增补、完善及持续更新。

目前，国内外很多图书收藏机构和历史研究机构都加快了馆藏文献的数字化进程，如中国国家图书馆、日本国立国会图书馆、韩国学中央研究院韩国学资料中心等机构，都有大量古代汉籍数字化成果公布，并且不断更新。同时，互联网中很多开源平台也在不断推出各种古籍的TXT 文献数据，但这些基于印刷文献的文本在转为文本数据时需要校正才能保证准确度，因此准确文本数据的加工仍需一个长期的过程。

一些专业学会机构的学术成果和会议材料也通过网络平台实现了数字化共享，这些平台所公布的数据有不少包含东北边疆史地文献信息和研究成果。例如，中国国家图书馆目前已经实现了古籍的数字化共享。该平台数字古籍栏目中的古籍，包含目录且图像扫描清晰；数字方志栏目已收录了 6528 组方志数据；中华古籍善本联合书目等，都具有很高

① 邹傲等：《基于预训练和深度哈希的大规模文本检索研究》，《计算机科学》2021 年第 11 期。

② 张鹏伟、李建文：《数据库系统开发中字符编码问题的研究》，《陕西科技大学学报（自然科学版）》2013 年第 5 期。

的数据价值。另外,国家图书馆与地方图书馆同海外汉籍藏书机构建立了链接。这些做法都方便了东北古史文献的调研与搜集。韩国国史编纂委员会开发的韩国历史信息综合系统,整合了韩国国内30多个与历史学研究相关的数据库资源,这些数据库无论是对于传统的文献精读,还是基于文献数据的文本计算都具有很高的参考价值。对研究者而言,掌握这些数据,突破现有文献的局限,进而通过数据仓储的形式实现数据的及时更新并使之融入专题文献辑录的数据集之中是非常必要的。

简而言之,文献数据的开发与开放为东北古史文献的整理与集合提供了丰富的数据支撑。当然,这也对东北古史研究者掌握通用的数字人文技术、改善历史研究与书写方法提出了新的要求。东北古史文献数据平台的开发正是适应文献数据增加、技术迭代的产物。

其二,东北古史研究主要依重文献和数据两类材料。文献需求方面,首先是东北古史体系常规的专题文献。中国史学发达,文献丰富,为便于研究,学界往往按时代进行分类,大体是按照中央王朝独立或几个王朝组合的时代进行材料分组,比如先秦、秦汉、魏晋、南北朝、隋唐、宋辽金、元、明、清等,进而将文献整理为专题文献。其他文献分类,主要有以东北古代民族为主体的民族专题文献;以少数民族地方政权为主体的古代政权专题文献,诸如扶余、高句丽、渤海等;以空间为主体的专题文献,比如辽河流域、黑龙江流域等。这些在东北古代历史研究中的常规专题,通过基于全文本文献的专题抽取和数据校对,逐步建构起完善的文献体系。其次是个性化研究专题文献,即根据研究者的研究选题对文献进行辑录。个性化的需求通常会跨越时间、空间和常规的专题分类,需要根据研究设定情况进行多元文献辑录。通常情况下,这类数据样本小,指向性相对模糊,需要反复清洗。个性化需求的解决,也是东北古史文献辑录模型不断优化的重要动力。最后是对研究选题文献分布情况的探测。这主要是为了测定选题的文献储备情况,借此评估研究选题在史料储备方面的可行性和研究成果在文献引用方面的创新性。快速检测机制不必像文献辑录那样进行细致地校订，只需要将文献辑录结果清洗处理形成文献题录，即可进行相应的评估分析。

其三，为了满足文本计算的需要，文献数据应包括文献题录、实体关系和历史地理信息数据等结构化或半结构化数据。文献题录，是指与文献内容关联的文献分类信息，如卷册章节的位置、作者简介、历史年代等。中外汉籍中关于"扶余/夫余"的文献约有 2717 条，按四部分类为史部 2175 条、子部 95 条、集部 447 条，每一条文献都包含核心语句、文献出处、文献类型、四部分类等信息。这样的文献题录以核心信息为中心构成半结构化数据，可以通过抽取文献的各种分支主体如"扶余国""扶余王"等关键信息，对文献数据情况和分布情况进行计算，或就关键信息在各类文献中的分布密度进行分析。这种检索一体技术可以让研究者从文档和数据库中获取的知识条块化，实现不同知识碎片的整合与知识单元重组。[①] 实体关系，主要是指所抽取文献中各个实词之间的关联关系。实体关系之间构建三元组，形成事件，同一类型的事件聚类，进而形成主题。如从文献中抽取渤海向唐王朝朝贡关系的数据，以"时间—使者—贡品"三个实体关系共同构成一个事件，则所有的三元组集合共同构成"渤海朝贡"主题数据。历史地理信息数据，是指从文献中抽取的空间实体及其位置信息数据。这些数据通过空间坐标匹配，最终形成可以用于地理信息可视化的空间信息。同时，从抽取的数据信息中进一步抽取实词和实词构成的关系模型，构建出新的数据集。这个数据集通过半监督学习、优化数据抽取模块，可实现数据增量与抽取模型优化。

其四，数据管理模块。其主要包括数据仓储、文本编辑、文本—文献对照、数据分析与可视化四个主要功能。数据仓储，是根据不同的数

---

① 刘石、李飞跃：《大数据技术与传统文献学的现代转型》，《中国社会科学》2021 年第 2 期。

据专题和数据类型对数据进行存储。这种存储不是简单的数据保存，而是参考数据仓库的理念，实现数据的可持续积累。尽管东北古史文献的数据量和数据更新频率尚未达到数据仓库的量级，但其数据应用在相当一部分功能上涉及了该领域。[①] 文本编辑是对单个专题文献辑录的结果进行的必要文本编辑。由于现有的互联网文本数据错漏较多，甚至有一部分是未经标点的文献，因此，在完成专题文献辑录之后，需要依据权威版本进行必要的校正、修订和句读，并根据文本阅读的需求和研究需要进行信息补充。例如，补齐辑录文献片段的卷册章节等位置信息，标注相关权威版本及对应的页码，以方便读者查证与引用。文本—文献对照主要是通过"文本—文献"对照阅读平台实现辑录文本与权威版本或多版本之间精确到页码的一一对照，以实现文本检索的便捷性与文献内容权威性之间的兼顾。数据分析与可视化主要是通过基于东北古史的文献数据分析实验逐步完善构建。其基本目标是，实现东北古史数据分析模型示范和部分常用的分析模式的通用化操作，例如词频统计、数量变化的时间序列分析等。[②] 数据分析的核心目的是降低数据分析等技术应用的门槛，方便东北古史开展类似研究。数据可视化则是通过研究成果的展示和代码开源为历史专业背景的研究者提供示范样例和分析模板。[③]

　　辑录模型的拓展应用，从文献获取到专题文献抽取、从数据分析到数据可视化逐步深入，如此既可以逐步完善东北古史专题文献数据体系，又可以逐步降低数字人文技术的应用门槛，使更多历史研究者能够将数字人文技术引入自己的研究领域。（参见图 3-11）

---

① 陈文伟、黄金才：《数据仓库与数据挖掘》，北京：人民邮电出版社，2004 年，第 1 页。

② 李海林、黄思雨：《时间序列聚类的期刊参考文献与引证文献来源分析研究》，《情报科学》2019 年第 10 期。

③ 陈益全、刘强：《数据可视化 Web 应用技术举例》，《计算机时代》2022 年第 3 期。

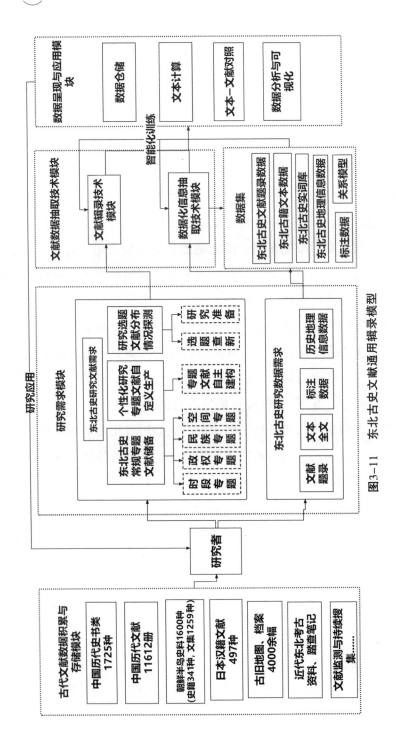

图3-11　东北古史文献通用辑录模型

第二节　东北古史文献的数据整理与文本解读

　　数据整理也叫数据准备，是在挖掘和提炼数据价值的过程中所进行的前期数据预处理工作。① 东北古史文献专业性较强，其文本叙述与现今流行的大数据类型存在较大差异，数据类型的特征不明显，缺少标注训练集。此外，部分生僻字词如奚、砬、濊貊、靺鞨、靺羯，计算机识别不准确。因此，自文本进入可编辑状态后，数据整理工作贯穿文本计算的始终，需要不断通过数据观察发现数据中存在的问题，并通过人机互动进行修正。

　　在大数据背景下，历史学者面临两个悖论：一是作为个体的学者可以在短时间内获得海量文献资源，却不能在短时间内完成海量文献的阅读，即大数据与大量阅读之间的悖论；二是学者意在搜集更多的文献，但当同一主题文献的数量超过必要的限度时，在有限的篇章中不能全面而准确地展示，进而影响更好结论的得出，即更多的文献与更好的结论之间的悖论。解决这两个悖论，就需要通过计算机对文本进行必要的解读。

一、数据整理

　　文本计算主要是通过大量历史文本解析某一特定历史时期的特定历史现象。在进行文本计算之前，需要对校对后的文本进行标准化处理，在标准化文本的基础上通过数据观察廓清文本的基本样态，然后将非结构化文本转换为结构化数据。数据结构化主要根据历史文献学的相关知识完成辑录数据的身份建构，即在原有的文献编码结构下增加作者的生

────────────

　　① 杜小勇等：《数据整理——大数据治理的关键技术》，《大数据》2019 年第 3 期。

卒年月、文本产出时间及文集出版时间，确定时间坐标，明确文献所属门类、子类及体裁等属性。①

（一）专题文献的数据化处理

专题文献需要进行的规范化处理主要包含两个方面：一是传统文献编辑，二是数据结构化处理。前者服务于对传统文献的引证与分析，后者服务于文本计算。

传统的专题文献编辑是对辑录文本进行校对、句读，并从专业角度进行必要注释、编辑。在编辑过程中，数字人文技术仍然可以提供高效的支撑。文本计算可以完成数据的精简。比如，高句丽专题文献在文本计算时，以完整的篇章为单位收录，全文条目总字数近 600 万字，而关键信息包含在史书、文集、诗词等各种类型的文献中，对于传统文献的编辑而言工作量过大。根据文献辑录的一般习惯，在不影响核心意思表达的情况下，仅保留与高句丽相关的文本。本着提高效率、尽量减少人工环节的理念，首先通过核心词匹配的方法在文本中对高句丽相关的内容进行标记，在此基础上手动删减相关文献。在删减文献的环节，我们着重把握三个方面的问题：一是最大限度地压缩文本量，减少查阅者二次文本检索的负担；二是最大限度地保留文本的有效性，以不影响文本信息的完整性为下限进行精简；三是考虑到人物形象、故事情节的完整与连贯，以及基本格式的完整性，预留与全文文本、原始图像文本的编码链接，便于检索、回溯乃至回归原著。校对工作可以通过 AI-OCR 生成校对报告、自动批量修改，使文本文献与原文保持高度一致，不一致之处生成比对报告，方便手动查验修改。关于文言文句读，目前已有较

---

① 从时间角度，部分文集的出版与实际文本形成之间存在着明显的时间差异。考虑到文本产生的时代背景在文本解读中的重要价值，在时间属性的标注上，文本生产的时间区间在作者的生卒年月区间之内的，根据文本自身标注年月，文本中没有标注年月的，则以作者的死亡时间作为文本时间界定。

为成熟的平台可以实现文本的批量句读。从实验使用的结果来看，其句读准确率达到85%以上。人工团队可以跳过前期手工处理，直接进入专家审核，节省人力物力，提高工作效率。

在完成文本属性建构之后，为了便于文本计算和数据传输，需要将文本再次标注为 XML 格式。① 比如，辑录的高句丽文献，除在其中加入文献名称外，相关的作者信息、所属资料集信息。甚至，随着后期计算，文献在现代研究著作中的引用信息、评价信息也要通过 XML 数据添加进去，以方便不同需求的文本阅读与计算。

对于文献记录或撰写规范，在有条件的情况下有规律可循的非结构化文本也可以直接制作成半结构化数据。比如，《承政院日记》是一部日期标识非常清晰的历史文献，日期信息精确、当日值守大臣名单和官职清晰、国王及其所在宫殿详尽，在此基础之上才记录当日相关事宜，具有明确的时间、人物、事件等历史特征。这一文献在数据处理过程中，可以相对轻松地通过正则表达式将非结构化数据处理为半结构化数据。（参见图 3-12）我们透过这类朝鲜半岛人书写的文献，可以补中原史家记载，进而补描并辅正差异性史学，从而推动东北史谱系的清晰与完善。

（二）专题文献的文本特征分析

结构化数据可以对文本特征进行分析。通过对辑录的海外非正史中的高句丽文献进行分析，笔者发现其文本特征具有以下几个方面。

第一，通过文本计量统计可以发现，高句丽文本数据在相关数据集中占比微小，有效记载集中于有限的作者群体之中。从文献总体占比情况来看，所辑录的关于高句丽的有效数据总计有 1405 条，主要分布在

① XML 属于可扩展标记语言，数据既可以被 Excel 识别，又可标记类别属性，便于数据处理、分析。同时，其数据通用性强，尤其是在原文位置定位和原始文献图像超链接方面具有一定的优势。

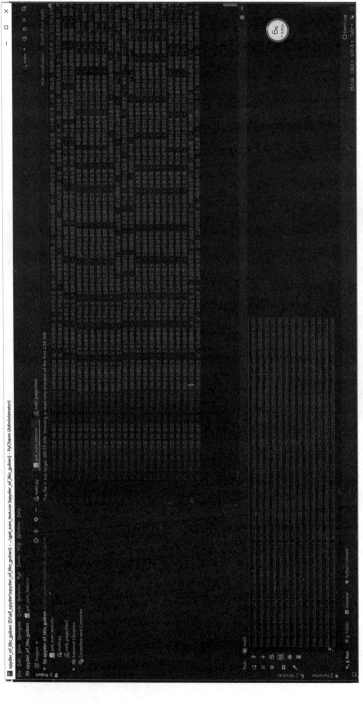

图3-12　《承政院日记》数据结构化样例

65 万条数据集之中，内容总占比为 0.2%。辑录资料共涉及 381 位作者的作品，占相关数据集作者群体的 30%。虽然大多数行状、墓志类文本涉及"高句丽"，但仅是相关人物在追忆先祖出身时简单提及。比如，"姜氏望晋阳者，实自高句丽兵马元帅以式"①、"先公讳䜣，字景悦，姓洪氏。昔唐遣才士八人，来教高句丽，先公之先祖其一也，寓籍于南阳"②，基本不涉及其他更多高句丽信息。以高句丽为核心进行专题写作的文章相对较少，总计只有 51 位作者，87 篇（首）诗文。这种分布状态说明高句丽史事在朝鲜半岛文人群体中具有一定的认知度，但整体热度有限。通过分类统计可以发现，朝鲜半岛士人所书写文本（排除掉正史）中的文献类型分布与高句丽文献类型分布之间存在显著差异。在所辑录的高句丽数据中，占比最多的是在整体数据中相对小众的公车类（12.88%），为 42.99%；占比第二的传记类为 19.57%，在整体数据中更为小众，仅为 3.65%；占比第三的诗类为 17.15%，在整体数据中比例最高，为 58.61%；占比第四的杂著类为 16.23%，在整体数据中占比仅为 4.95%。这种反差明显的情况表明，高句丽史事在海外汉籍叙述中属于相对边缘的话题。（参见图 3-13）

　　第二，通过时间轴分析可以发现，所辑录的高句丽专题文献之叙事分布在 9 世纪初到 19 世纪初的 1000 年里。（参见图 3-14）总体来看，分布并不均衡。在 14 世纪之前，无论数据条目，还是涉及作者数量都寥寥无几。14 世纪末 15 世纪初，高句丽叙事出现了统计文本中的首次小的峰起，相较于其前期的寂静，条目稍有所增加。但关注的人数有限，作者数量最多时也不过数人。此时，朝鲜王朝初建，其关注高句丽

　　① ［韩］宋秉璿：《渊斋先生文集》卷四十一《学生姜公䌵墓表》，韩国民族文化促进会：《韩国文集丛刊》第 330 册，首尔：景仁文化社，1990 年。

　　② ［韩］洪玮：《西潭先生文集》卷四《墓碣》，韩国民族文化促进会：《韩国文集丛刊》第 106 册，首尔：景仁文化社，1990 年。

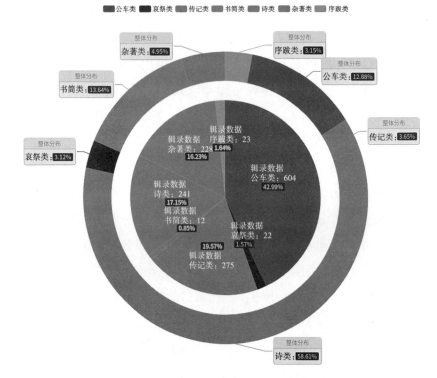

图 3-13 整体文献类型分布与高句丽文献类型分布比例嵌套饼状图

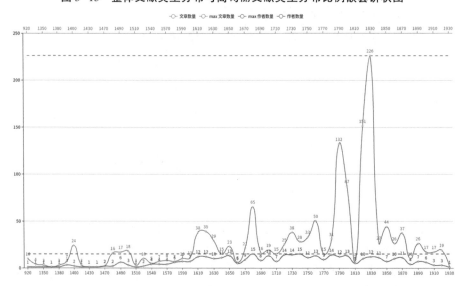

图 3-14 《韩国文集丛刊》中高句丽文献作者、文章数量分布曲线图

史主要是为了警示朝鲜国王恪守礼制，并引用高句丽忤逆隋朝而至灭亡来规劝朝鲜国王殷鉴不远。如权近在《东国史略论》中评价高句丽郊豕逃逸时，认为："祭天于郊，天子之礼也。高句丽以蕞尔下国，僭行其礼，天岂受之哉！祭帝之牲，养之必有其所，掌之必有其人。郊豕之逸，至于再三，天示不受之意明矣！夫天者理之所在，而神不歆非礼。丽王不知循理而无违，率礼而不越，小心翼翼，畏威保民，实所以事天也。乃敢非礼犯分，僭天子之礼，既以失矣，又以一豕之故，遂杀二人，以是事天，反所以欺天也，其得疾病，岂必二人之崇哉？"① 这一记事出现在朝鲜王朝立国初期，此时的朝鲜百废待兴、礼制欲隆。作为高丽与朝鲜两朝大臣，权近知道事大以诚的重要性。而由这一则议论可知，朝鲜文人认为国祚宁固的主要因素之一是"礼"，即在天下秩序之内尊崇礼制、恪守臣礼方可确保国运长久。这从权近引用高句丽旧事作为反例，说明以"蕞尔下国"的身份逆天违礼必然导致国灭王除可见一斑。

朝鲜半岛文人关注高句丽的第一次高峰出现在 17 世纪前半期。此时，后金势起，为集中力量进入中原，其需要稳定后方，遂加强对朝鲜的威慑，先后发动了 1627 年（明天启七年）"丁卯之役"② 和 1636 年（明崇祯九年）"丙子之役"。随着战事的增加，一些政治类论述中引用隋唐讨伐高句丽的旧事作为例证。第二次高峰出现在 17 世纪中后期。清王朝建立之后，朝鲜燕行使者频繁通行，使各种历史地理的考证逐渐增多。第三次高峰出现在 18 世纪末至 19 世纪上半期。图 3-14 显示此时有次第而起的两个峰值，中间有一次回落。若以半个世纪为限，这一时段可以视为同一个时期，即第三次高峰时期。这一时期朝鲜"北学

---

① ［韩］权近：《阳村先生文集》卷三十四《东国史略论》，韩国民族文化促进会：《韩国文集丛刊》第 7 册，首尔：景仁文化社，1990 年。
② 崔峰龙、任君蕾：《浅析清初（后金）与朝鲜宗藩关系演进与确立——以"丁卯之役"与"丙子之役"为中心》，《大连大学学报》2017 年第 5 期。

派”兴起。① 柳得恭、李德懋、朴趾源、丁若镛等文人，都有过燕行的体验，并与清朝文人多有唱和。这一时期的高句丽记述有两个特点：一是作者集中在以上述人物为核心的小群体内；二是地理类的考述较多，比如李种徽的《东国舆地志》、成海应的《四郡考》、丁若镛的《疆域考》等。到 19 世纪中期以后，随着西方的入侵，民族危机加深，朝鲜文人对于高句丽的关注持续下降。

第三，以高句丽为个案，借助数字人文技术解构专题文本，对于理解东亚一体与建构相关话语体系具有示范作用。不同历史时期的文本可以透视出当时人们的历史认知与记忆图谱。② 基于时间序列的文本分析，可以把握不同历史时期的人们对高句丽历史的认知特点，有助于理清不同背景下高句丽历史认知体系构建的过程。构建不同的历史文献专题，可以为东北古代民族、地方政权的相关研究提供扎实的文献资源支撑。借助技术手段进行专题分析、综合分析，对于我们了解历史及把脉东北历史问题具有重要意义。

二、专题文献的文本解读

如前文所述，结构化数据可以根据研究需求从不同的角度，使用不同的分析方法，得到不同的数据分析结果，这些都属于数字人文视角的文本解读策略。在文献阅读与信息提取方面，以文本计算、数据可视化表达为基本功能的数字人文技术的应用在一定程度上支持了历史学者的深度研究。

（一）专题文献的文本解读策略

首先，利用文本计算的方法从整体文献中提取出含有特定信息的文

---

① 孙卫国：《朝鲜王朝对清观之演变及其根源》，《廊坊师范学院学报（社会科学版）》2017 年第 3 期。

② 宋锋林：《认知的维度》，北京：北京邮电大学出版社，2018 年，第 77 页。

献。以渤海末代王"大諲譔"为例，据已掌握的渤海文献，该关键词共出现 135 次，含"大諲譔"和"諲譔"两种形式，共计涉及文本记录 42 条。在传统的文件检索中，这些数据的提取需要逐条摘录形成资料卡片，然后通过观察找出研究所需的关键信息。而文本计算的方法对此则能够在极短的时间内一次完成，并且在文献的规整程度上甚至要超过手工整理的效果，还可以根据需要生成文本文档、数据表格等多种形式。①

其次，在完成基本的文本信息提取与整理之后，构建文本关联规则与文本字符串进行匹配②，再进行语义关系分析，从而对大諲譔时期的特定历史事件进行高效梳理。以大諲譔时期对中央政权的朝贡为例，不同文献的记载详略各有不同。有的仅对个别年份的朝贡进行了记录；有的仅记某年某月渤海朝贡或渤海大諲譔遣使朝贡；而有些在部分朝贡事件上记录较为详细，记录了使者姓名、朝贡"方物"的具体数量和品种等；有的则记录了中央政权对朝贡使者的封赏、回赐情况。这些建立关联规则的数据，在进行一次研究之后，还具有从其他视角再度思考的价值，且不断地复用数据进行研究，也会使数据本身得到进一步优化。

再次，文本计量分析在提高研究效率的同时，可以使研究方法得到优化、研究内容进一步深入、研究成果表达有所创新。比如，关于渤海移民问题的研究，先从渤海史料文献中提取移民专题，通过渤海实词库完成文本标注。如此，除可以快速定位诸如姓名、官职、性别等移民主体信息外，还可以通过关联规则提取出时间、位置、数量等信息，以此为基础就可以进行相对精确的计量。这些工作在传统历史研究中较为耗

---

① 马海丽、王曦：《古籍数字化中计算机自然语言处理应用现状分析》，《古籍研究》2020 年第 2 期。

② 刘忠宝、赵文娟：《古籍信息处理回顾与展望》，《大学图书馆学报》2021 年第 6 期。

费精力，在数字人文技术的支持下则相对高效，也可以在表达上摆脱简单的数据罗列，结合历史地理信息系统进行更加精确、形象的可视化分析。基于文本分词的计量统计可以通过对不同时期不同作者所用的渤海核心语义进行分析，判定不同作者关注渤海历史的侧重点，同时可以通过核心语义的重合率来分析渤海文献的转引情况，以及转引文献的记录偏差，进而对一些渤海文献的准确性与客观性进行判断和评价。

最后，非结构化文本分析可以改变研究者的历史文献认知方式，拓展研究者的视野，为研究者创新研究模式提供更多可能性。当典籍根据语义标注的粒度被划分为篇章、段落、句子、词组、词等不同的簇，文本即可作为词汇的集合进入计算分析和知识生产的过程。[1] 在文献的解析与运用方面，通过语义分析对历史信息进行提取、统计、拼接及多侧面地观察，能够更加全面地认识不同时期、不同视角、不同立场的历史书写者对同一渤海历史事件的认知差异。比如，通过语义提取功能，抽取关于渤海建国集团的属性问题，可以发现其他区域的人所书写的汉籍之相关信息多转引自两《唐书》，如"渤海靺鞨""本粟末靺鞨"等表述。[2] 在论及渤海与朝鲜半岛政权的关系时，唐朝时期的中国史书多以新罗、渤海并称。唐以后，"渤海"之称虽然时有出现，但其人其事皆已纳入宋辽金史之中。朝鲜半岛的史书、文集出现时代越早，其记叙对渤海越呈现出疏离的倾向。新罗时代的叙述带有一定的竞争甚至敌对倾向，如"粟末小蕃"[3]、"以渤海乌昭度为首……既致四邻之讥，永贻一

---

① 刘石、李飞跃：《大数据技术与传统文献学的现代转型》，《中国社会科学》2021 年第 2 期。

② 通过分词统计，"渤海靺鞨"词频为 80 次，"本粟末靺鞨"词频为 30 次，共涉及中国、朝鲜半岛、日本的各类史书文集 38 种。

③ ［韩］崔致远：《孤云先生文集》卷一《谢不许北国居上表》，韩国民族文化促进会：《韩国文集丛刊》第 1 册，首尔：景仁文化社，1990 年，第 156 页。

国之耻"① 等。高丽时代，契丹的强大对高丽北界造成压力。高丽在情感上开始转向同情、支持渤海，"勃海，我婚姻也，其王为契丹所虏，请与朝廷共击取之"②。及女真兴起，朝鲜半岛文人倾向于梳理渤海与女真的渊源关系。"大抵高勾丽初起玄菟，渐南迁乐浪之域，而其东北西北两面之地，或入于上国，或入于靺鞨。靺鞨后为渤海，又后为野人女真。"③ "扶余之种，通称为靺鞨，齐梁以后入于高句丽，在唐为渤海，在五季为辽之东丹国，在宋为熟女真，在元为东真国，今为老胡之地。"④ 由此，可以通过语义关系抽取关键的情感特征形成情感定义，进而通过对不同时期书写渤海历史的作者、不同国别的史实叙述视角、不同形式的文本表达方式来分析高丽人对渤海建国、发展、亡国、变迁所持的感情和态度。

简而言之，确立一种科学的基于大数据的计算思维，是时代的迫切需要。⑤ 在历史研究中应用大数据方法有助于突破传统学科的局限，尤其在资料辑录、长编编制、文本分析等方面具有强大的辅助作用。值得注意的是，科技应用于历史研究领域时，虽然做到了"器利"，但欲"善其事"还需要审慎考证，将基于量化的结果转化为符合历史语境的解释。因为在大数据时代，重要的是对数据进行合理分析，而不是大数

① ［韩］崔致远：《孤云先生文集》卷一《新罗王与唐江西高大夫湘状》，韩国民族文化促进会：《韩国文集丛刊》第 1 册，第 160 页。

② 司马光编著，胡三省音注：《资治通鉴》，北京：中华书局，1956 年，第 9298 页。

③ ［韩］李种徽：《修山集》卷十四《东方地名之辩》，韩国民族文化促进会：《韩国文集丛刊》第 247 册，首尔：景仁文化社，1990 年，第 581 页。

④ ［韩］姜再恒：《立斋遗稿》卷九《东国地理志·后汉书·扶余国传》，韩国民族文化促进会：《韩国文集丛刊》第 210 册，首尔：景仁文化社，1990 年，第 133 页。

⑤ 韩炯：《从计量史学迈向基于大数据计算思维的新历史学——对当代西方史学量化研究新发展的思考》，《史学理论研究》2016 年第 1 期。

据本身，否则研究实践很容易沦为游戏。① 我们不能期待数据本身对历史问题做出根本性的解决，传统方法与现代技术合理契合，是学术研究的关键所在。比如，在文本解读方面，文本远读（Distant Reading）和文本细读（Close Reading）交替使用，注重对不同历史背景和特定文本语境中的情感分析，在研究方法上灵活应用定量研究与定性研究，能够获得最大限度的收益。

（二）专题文献解读的技术需求

东北古史研究的关键支撑是古代文献，文献的准确度在相当程度上决定着东北古史话语体系的信度，文献解释的丰富程度在相当程度上决定着东北古史话语支撑体系的丰满度。文献解释内容的建构，首先需要明确内容、过程与结果三个关键节点，即解释什么、用什么解释、解释内容如何实现持续更新和有序管理。从古代文献注解的习惯来看，文献解释的焦点在于时间、地名、人物和典故，解释的目的主要是使文献更加准确和便于理解，具体内容包括音注、句读、释义、考证、校勘等。从数字人文的视角来看，文献解释主要是对文本中的命名实体进行拓展性解读，其技术路径主要涉及实词抽取、解释内容匹配、词性标注和关联关系建立等步骤。以渤海史料为例，其核心内容来自于两《唐书》，后续补缀内容主要出自《全唐文》《全唐诗》《文献通考》等，总体以唐宋辽金时期的文献最具价值，后世出现的相关书写主要以这个时段的文献为基础。解释体系的构建并不是一蹴而就的，需要不断积累。当然，在大数据背景下，相关工作并不是依赖于人工，而是通过半监督的机器学习完成。文本解释体系的基本构建流程是，通过实词抽取形成实词集合，再通过技术手段从学术型的数据库中匹配与这些实词有关的解释文本，从而形成解释内容的集合。

---

① 王涛：《数字人文框架下〈德意志人物志〉的群像描绘与类型分析》，《历史研究》2018 年第 5 期。

辑录的专题文献来源多元、文本类型复杂多样。从类别上来看，其中有正史、别史，也有文人笔记、文集、诗集等。正史的内容记录相对详细、准确，编纂体例工整，系统性和时序性较好；文人笔记往往一事一记，或偶于日常生活琐事中提及相关历史的只鳞片爪；别史记叙呈现碎片化的特点，有相当一部分是对正史内容的摘录或转述；文集主要有古诗与文章两种类型，古诗的题目或序文涉及历史的较为常见，文章的内容则相对庞杂，主要涉及客观的史地考证和主观的史论评价。辑录文献正是对这些叙述庞杂的文字的截取，很多主题以外的文本信息被屏蔽，影响对文献的整体理解。因此，需要构建相应的解释体系对文献隐含的时间信息、历史地理信息、历史人物信息、历史事件等进行注解，同时以正史为基准标明文献之间的一致性、互补性和差异性。这种基于实词的解释体系的构建涉及知识管理（Knowledge Management，KM）。

从解释内容的需求来看，首先需要理清辑录文献的时序性。一方面，要理清相关文献的撰写及成书时间。一般来说，成书时间越早，距离历史的真实越接近，成书对应时期的社会环境越稳定，其对应的历史考订越可靠。另一方面，要标明文献内容在整个专题中的时序，对于碎片化的历史记录而言，文献本身及文献内容所叙述的时序是文献理解和研究应用的重要前提。如关于高句丽的文献片段，需要明确其叙述的中央王朝的时代背景，以及对应的高句丽诸王时代；关于渤海文献，需要明确其在渤海存国 229 年中的时序及对应的中央王朝的纪年时序。

其次，要对空间信息进行注解。一方面，要廓清具体文献条目成书的地点、流传路径。另一方面，要对文献记录中所涉及的历史地理空间进行标识和注解。如对古朝鲜历史而言，箕子东奔及卫满出塞的路线，浿水、上下鄣及王险城的位置，汉灭朝鲜的行军路线，汉四郡的建制沿革及基本疆界等都是需要考订清楚的重要问题。如果地点不清、路线不明，历史的发生与演绎就无法客观，所有的研究也便无的放矢。对高句丽历史而言，需要弄清其所营建诸城的空间位置、与历代中央王朝发生战争的地点、朝贡交通的基本路线、隋唐征讨高句丽的行军路线等问题。空间信息的注解有助于进一步加深对文献的理解，是渤海史研究的重要信息。

最后，需要引入东北古史研究成果对文献进行注释。从辑录到的古朝鲜、高句丽、渤海的专题文献来看，其均涉及文献内容的重复引用和转述。从海外史籍中高句丽文献统计分析的情况来看，94%的史料是转引史料。其中，与东明王有关的叙述分布在124种文献中，与乙支文德有关的叙述出现于100种文献中，均为重复叙述和史料转引，未见引用准确的正史原文；渤海王大武艺史事，两《唐书》、《册府元龟》、《资治通鉴》、《唐会要》、《文献通考》等皆有记录，朝鲜半岛则有18种史书、文集涉及①，《日本史记》《续日本纪》等日本文献记载渤海遣使与日本通交的史事。文献间对同一人物及相关事件的记录简繁不一，存在信息疏漏、表述偏差等问题，需要经过注解梳理、审慎考辨之后才能在学术研究中酌情使用。

对内蕴深厚的古代文献研究而言，大数据技术在知识获取、标注表示、取样阐释等方面带来了根本性变革。② 因此，文献解释可以突破传统的行间注、页下注等解释形式，实现基于数据平台的多维视角的解释体系的构建。文献解释体系的技术架构比文本—文献对照框架复杂。

首先，文献解释体系的建构需求相对多元，既要保证古代汉语的表述、编辑与呈现，又要保证图文、音视频功能的实现，还要兼顾人文学科常用的著作、论文数据库原文的检索、导入与显示。为此，用于编辑

---

① 相关文献主要有《三国史记》《三国史节要》《东国通鉴》《东史补遗》《东史会纲》《东史纂要》《东史纲目》《东国史略》《海东绎史》《海东绎史续》《东国地理志》《东事》《星湖僿说》《纪年儿览》《修山集》《燃藜室记述》等。

② 刘石、李飞跃：《大数据技术与传统文献学的现代转型》，《中国社会科学》2021年第2期。

文献的富文本编辑器需要支持插入注释、表格、地理坐标、图片、视频等多媒体拓展功能，支持通过内部通讯机制自动关联解释体系，实现对文本中人名、地名、时间、事件等信息的解释功能。

其次，技术应用要尊重人文学者的日常阅读习惯，文本注释不宜庞杂，要尽量保证 UI 界面的整洁。尽管当前基于知识图谱的数据可视化已经取得了长足发展，可视化模型不断突破创新①，语义网在语义理解深度和数据网络宽度上都获得了长足发展②，但当前的人文学科，尤其是历史学在基于页面的文献阅读方面仍然相对传统，类似于传统文献的静态页面更容易被接受，所承载的内容也更容易被理解。为保证阅读效率和文献展示的完整性，文献解释内容不能遮挡文本页面，即不能通过覆盖性跳转来实现解释内容的展示。解释体系中的拓展内容通过页面标记进行标识，点击触发后在右侧抽屉窗口显示，不覆盖左侧目录及文本阅读，不中断阅读界面。触发下一注解链接时，无论是百科注解还是历史地理信息，右侧抽屉窗口均可自动切换，无需返回操作。

最后，根据历史学科文献索引的习惯，在文献解释内容之间也需要建立必要的联系。例如，百科可以作为历史地理信息的扩展注释，也可以自动关联文献题录，而所有文本中的历史地理信息都可以通过 Web-GIS 进行坐标呈现，逐步形成语义网络。同时，随着数据的增量，解释内容也随之增加，形成真正意义上的解释体系。渤海史实词库可以实现文献关键词的准确识别、自动匹配，随着百科、历史地理信息数据、学术文献数据库等内容的不断增加，通过自动增量逐步完善文献解释体系，并通过后台数据编码以注释的实词为单位将各自的注释体系一为

---

① 张玉柳、赵波：《国内外知识图谱发展趋势和研究热点演变分析》，《图书馆理论与实践》2021 年第 4 期。

② 许鑫、杨佳颖：《国外语义网研究现状与动向——基于 2002—2018 年 ISWC 会议》，《情报学报》2020 年第 7 期。

标准化数据，支持 XML 格式数据导出，使研究者可以便捷地获取位于任何一个序列中的文本与知识集合。① 如此，阅读者可以借助解释体系的多元索引对文献进行深入辨析。

第三节 东北古史数据的积累与平台建设

在数据管理方面，不同的文献类型在组织管理和平台呈现上的要求不同，如何最大化地实现资源整合、数据融合，减少历史研究者的文献查询、检阅负担，提高文献利用效率，是东北古史文献体系构建的基本出发点。

当前，文本分析在数字历史领域运用的还比较少，这背后有许多客观原因，最主要的因素是史料的数字化程度还比较低，效果也达不到进行大规模文本挖掘的程度。传统的历史研究重视的一手文献往往以档案、手稿等形式出现。因此，数字史学首先要解决史料数字化的问题。② 就东北古史研究而言，这一问题尤为突出。因此，在完成东北古史数据抽取建模之后，还需要以模型为基础加强东北古史数据的积累，完成文本抽取、数据标注、数据可视化技术的通用化，并通过 Web 前端实现简便操作，以降低数字人文技术在东北古史研究领域的应用门槛，使更多的历史研究者参与进来，形成良性循环。

一、数据的积累

东北古史数据的积累需要通过三种途径：一是通过网络开源数据的采集、清洗，获取东北古史专题数据；二是根据需要对图像文献进行数

---

① 刘石、李飞跃：《大数据技术与传统文献学的现代转型》，《中国社会科学》2021 年第 2 期。

② 王涛：《"数字史学"：现状、问题与展望》，《江海学刊》2017 年第 2 期。

据化处理，获取非结构化文本数据，即通常所说的文献全文；三是在文本数据、所采集公共数据的基础上，通过标注、计算获取研究所需的专题数据。

（一）数字文献文本化

文本要素可通过自然语言处理（NLP）和其他文本分析工具由机器处理，从而为其流动性创造了新的空间。目前，通过计算机程序即可将文本作为一个对象进行搜索、替换、计算、罗列、重排等操作，这与传统阅读方式大不相同。① 通常情况下，数字文献文本化是基于数字人文的东北古史研究的关键基础。人文学者根据研究需要选择适合的文本，计算机专家对提供的文本进行处理，并根据调研预处理步骤来转换给定文本。② 目前，国内东北边疆史的数据化处理刚刚起步，数据一般根据研究者的实际需求制作。文献文本化处理主要分为图像文献的文本提取和文本数据整理两个步骤。

图像文献的文本提取，即对 PDF 等图像文献进行 OCR 识别，然后写入文本，并进行识别结果矫正。③ PDF 文本常用的 OCR 识别方法有两种，即程序识别和 PDF 编辑软件识别，这两种方法在数据提取实验中各有利弊。程序识别的优势是成本较低，无需购买相应软件的版权，同时操作灵活，可以根据不同数据的类型和特点选择不同的 OCR 库或调用比较成熟的 API 接口，数据量较大时可通过多线程并发的方式提高识别速度。其弊端是数据较为复杂时识别效果不理想，数据误差较大，文档的版面格式保存较差。为了保证历史研究者可参与程序功能，

---

① ［美］安妮·伯迪克等：《数字人文：改变知识创新与分享的游戏规则》，马林青、韩若画译，第36页。

② 欧阳剑、任树怀：《数字人文研究中的古籍文本阅读可视化》，《图书馆杂志》2021年第4期。

③ 为便于文献管理，东北古史图像文献统一为 PDF 格式，双层 PDF 统一为 PDF/A 格式。

PDF 解析程序仍然采用通用框架。首先，通过程序制定路径，并提前创建文件夹，使用者只需要将 PDF 文件复制到文件夹即可以使用。其次，将 PDF 识别结果直接写入 DOCX 等可编辑文档，保留文档结构，创建文档存储位置。写入完成后，数据将保留书签、表格、图片等信息，最大限度地保留文档原有特征，并按给定名称序列存储在指定的位置。最后，直接默认识别文件夹内的所有 PDF 文件为待识别文件，无论使用者放入多少个 PDF 文件，程序将自动按顺序进行识别，并分别输出到结果文件内，原文件名保持不变。(参见图 3-15)

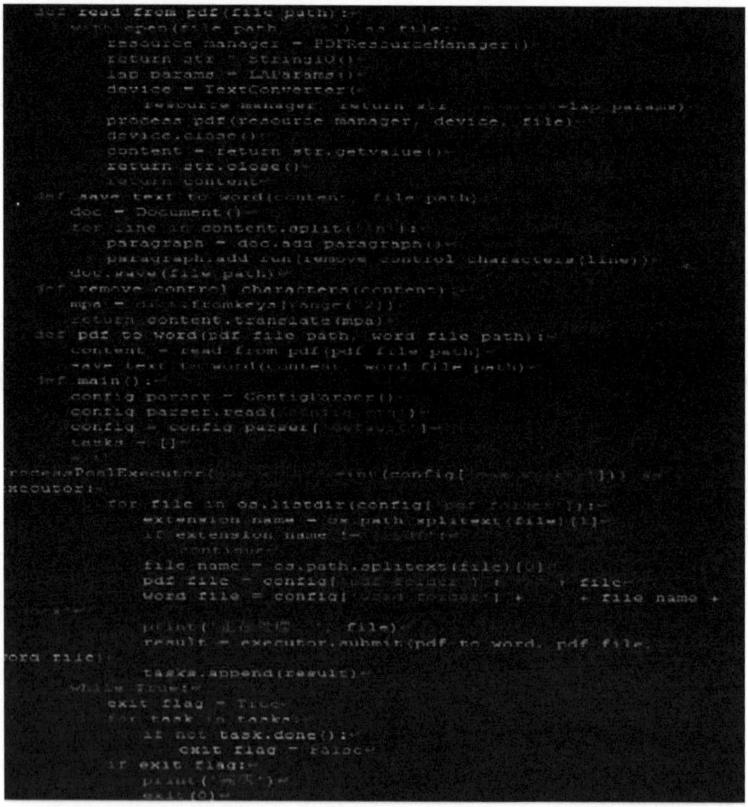

```
def read from pdf(file path):
    with open(file path,     ) as file:
        resource manager = PDFResourceManager()
        return str = StringIO()
        lap params = LAParams()
        device = TextConverter(
            resource manager, return str,        =lap params)
        process pdf(resource manager, device, file)
        device.close()
        content = return str.getvalue()
        return str.close()
        return content
def save text to word(content, file path):
    doc = Document()
    for line in content.split(   ):
        paragraph = doc.add paragraph()
        paragraph.add run(remove control characters(line))
    doc.save(file path)
def remove control characters(content):
    mpa =     .fromkeys(range( 2))
    return content.translate(mpa)
def pdf to word(pdf file path, word file path):
    content = read from pdf(pdf file path)
    save text to word(content, word file path)
def main():
    config parser = ConfigParser()
    config parser.read(          )
    config = config parser[       ]
    tasks = []

rocessPoolExecutor(            (config[          ])) as
xecutor:
        for file in os.listdir(config[          ]):
            extension name = os.path.splitext(file)[1]
            if extension name !=
                continue
            file name = os.path.splitext(file)[0]
            pdf file = config[          ] +     + file
            word file = config[          ] +     + file name +

            print(         , file)
            result = executor.submit(pdf to word, pdf file,
ord file)
            tasks.append(result)
    while True:
        exit flag = True
        for task in tasks:
            if not task.done():
                exit flag = False
        if exit flag:
            print(     )
            exit(0)
```

图 3-15　Python 调用 PDFMiner 将 PDF 批量转换为 Word 代码

工具方面，较为稳定的是 ABBYY FineReader。该软件目前最新版本字符识别准确率高，文档格式保持相对完整，并且可以实现 PDF 原文与识别结果的对比校验、自动修改，生成差异报告。① （参见图 3-16）其弊端是对计算机性能要求较高，尤其是数据量较大时，软件为了提高识别效率会自动开启多组并发任务，显卡性能较低的计算机容易导致卡顿甚至死机。

文本数据整理主要包含修正文本格式、纠正文本错漏、文本校验和文本句读四方面的核心内容。一是修正文本格式，还原文本原貌。OCR 识别过程中通常会造成部分文本格式错误，例如自动生成的书签标题级别错误、表格数据紊乱或丢失、图片部分被过度切割、图像清晰度不够及书面污损造成的乱码等。这就需要通过"机器+手动"的方法还原文本中的表格、图像、页码、排版。机器操作主要通过差异对比找到错漏之处，对于可以批量修改的进行批量修改，对于个别需要手动校正的则进行手动校正。在这个过程中需要手动修改的相似部分也可以通过计算机编写代码进行调整，如文本中的图像部分，就可以通过计算机程序进行批量替换。目前，对于可编辑的 PDF 文档而言，图像提取技术相对成熟，有现成可用的工具包②，对于纯图像文献中的图片文献识别则需要通过卷积神经网络进行训练。③ 如此，可以最大限度地提高文本格式调整的效率。

---

① ABBYY FineReader ［EB/OL］. https：//pdf. abbyy. com/，浏览日期：2022 年 3 月 1 日。

② 例如，pdfimages 能够提取 PDF 中的图像文件，参见 ［EB/OL］. http：//www. xpdfreader. com/pdfimages-man. html；pdftotext 能够提取 PDF 中的文本文件，而忽略图像文件 ［EB/OL］. http：//www. xpdfreader. com/pdftotext-man. html，浏览日期：2022 年 2 月 24 日。

③ 王保成等：《基于 LDA 和卷积神经网络的半监督图像标注方法》，《计算机工程与科学》2022 年第 1 期。

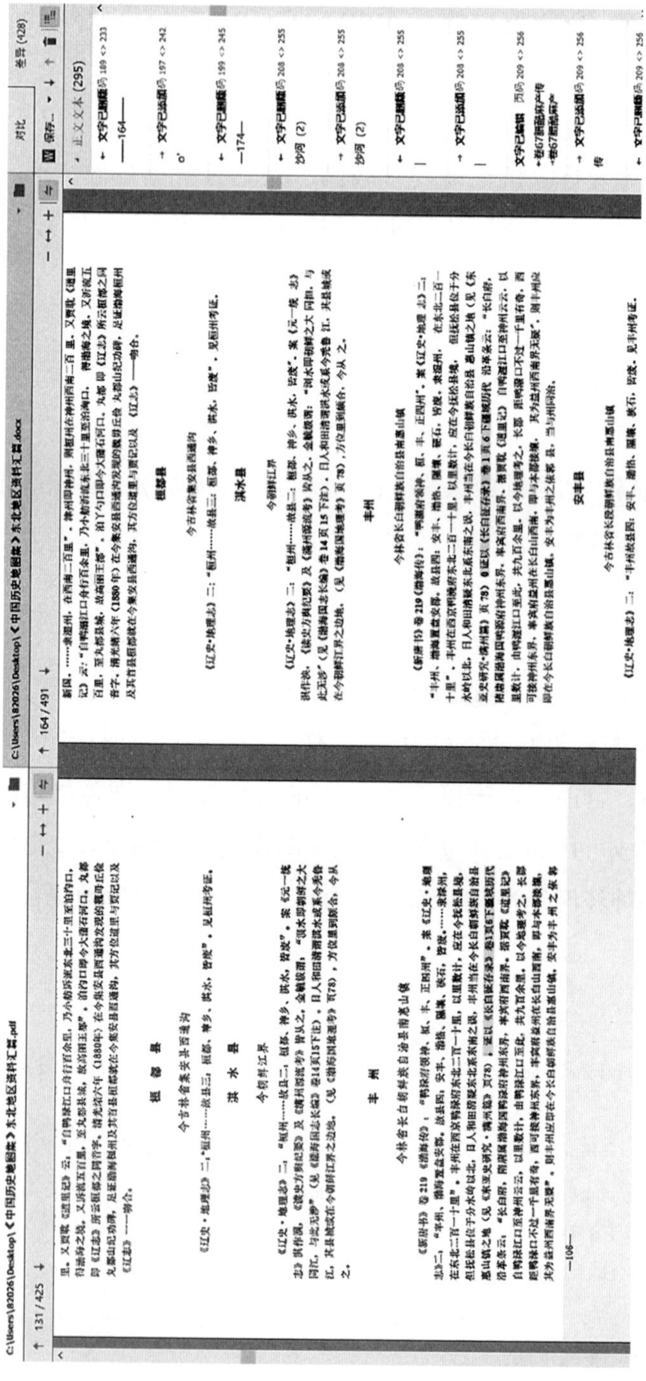

图3-16 ABBYY FineReader 识别与差异对比效果

二是纠正文本错漏。东北古史文献中有很多生僻字，这在 OCR 文本识别过程中容易造成错漏的情况。因此，后续工作中要对未能识别或识别错误的生僻字进行订补。其中有一部分错字是有规律可循的，可以根据东北古史文献的表述习惯构建错误规则，推理模型和特征交叉算法，批量标注出识别文本中可能存在的错别字①，并根据识别准确率选择是进行批量修改还是手动修改。在手动修改环节，利用"文本—文献"多版本交叉校对，基于 Web 的多人协作开发、实时增量存储，进而实现错漏字词的快速校验与补充，这样的做法能够较好地提升校对效率。

三是校验文本，保障信度。对于部分拥有网络文本或东北古史专题中典型易错词汇的全文文本，可以通过特殊段落或字词的准确度快速验证文献的置信度，也可以通过整体文献中是否包含某些关键特征的段落来验证文献数据是否全面。如，在渤海历史文献中最常见的易错词"靺鞨"，在渤海专题文献中属于特殊词，也属于高频词，可以通过整体文献中与其类似的多组词汇交替验证来考察文本整体的信度。以常见的"粟末靺鞨"组合为例，当检索到"粟末"时，其所邻近的"靺鞨"若出现错字，或检索到"靺鞨"时发现对应的邻近词"粟末"为错字，则说明该套文本存在关键错误，文本置信度有待进一步提高。

四是以"机器+人工"的方式对相关文献进行句读。部分东北古史文献没有进行句读和标点。比如，前文所述高句丽专题文献中绝大部分是没有句读的，这就需要通过"机器+人工"的方式进行句读。目前，关于古籍句读，机器学习方面常用的方法是通过 BERT（Bidirectional Encoder Representations from Transformers）预训练模型进行分词，也有

---

① 张笑文：《基于知识图谱的 OCR 转换文本纠错方法研究与应用》，北方民族大学硕士学位论文，2019 年。

专门的平台和工具包，如籍合网的自动句读、标点、专有名词标线的工具集合，以及北京师范大学开发的句读、标点工具与文本标注工具——古诗文断句。这些工具包也可以通过编写程序模拟网页，按其限制字数分段进行批量标注。（参见图3-17）在机器标注之后，辅以人工校正，进而提高句读效率。

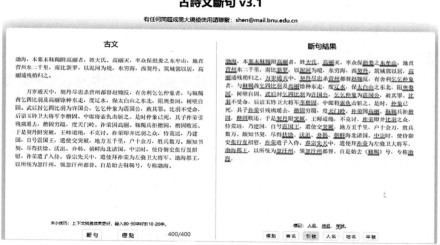

图3-17　古诗文断句标注界面和标注的可视化效果

　　简而言之，数字文献文本化主要是在数字人文技术的支持下实现文本信息的高效率提取。同时，东北历史专业研究者的介入，在相当程度上保证了文本文献的置信度。由此，可实现东北古史文本数据的科学积累，逐步构建起东北古史文本数据仓储体系。

　　（二）文本数据化

　　在数字文献文本化的基础上，利用文本分析工具对东北古史文本进行文本分析和内容分析，以支持数字人文研究，如对文本内容进行分词、词性标注、摘要提取、情感分析等。① 通过结构化或标签的方法来识别人物、主题、地点或文本特征，为文本调查和呈现文本阐释提供途径②，增加文献的流动性，提升文献的利用价值③，推动数字人文研究在东北古史领域的实践。东北古史数据化处理主要包含数据标注、命名实体抽取和数据结构化处理等几个方面。

在数字人文领域，文本分词是文本计算的重要基础，基于现代汉语的中文分词工具相对较多，常用的有结巴分词（jieba）④、北京大学开源分词工具 PKUSeg⑤、清华大学分词工具 THULAC⑥、SnowNLP⑦、HanLP⑧、

①　陈涛等：《知识图谱在数字人文中的应用研究》，《中国图书馆学报》2019 年第 6 期。

②　［美］安妮·伯迪克等：《数字人文：改变知识创新与分享的游戏规则》，马林青、韩若画译，第 35 页。

③　周建新、谭富强：《数字人文：作为学术资料再分配的新形式》，《图书馆杂志》2021 年第 2 期。

④　结巴分词（jieba）支持精确模式、全模式、搜索引擎模式，并支持自定义词典，是目前最常用的分词工具［EB/OL］. https：//github.com/fxsjy/jieba，浏览日期：2021 年 12 月 1 日。

⑤　PKUSeg 是由北京大学语言计算与机器学习研究组开发的多领域中文分词工具，其分词准确率高，提供多种不同领域的分词模型，可根据文本特点选择不同的模型且支持自训练模型［EB/OL］. https：//github.com/lancopku/pkuseg-python，浏览日期：2021 年 12 月 1 日。

⑥　THULAC（THU Lexical Analyzer for Chinese）是由清华大学自然语言处理与社会人文计算实验室推出的一套中文词法分析工具包，具有中文分词和词性标注功能［EB/OL］. https：//github.com/thunlp/THULAC-Python，浏览日期：2021 年 12 月 1 日。

⑦　SnowNLP［EB/OL］. https：//github.com/isnowfy/snownlp. 浏览日期：2021 年12 月 1 日。

⑧　HanLP 是由一系列模型与算法组成的工具包，提供词法分析（中文分词、词性标注、命名实体识别）、句法分析、文本分类和情感分析等功能［EB/OL］. http：//hanlp.com/，源码 https：//github.com/hankcs/HanLP/tree/1.x，浏览日期：2021 年 12月 1 日。

中科院大数据语义分析平台 NLPIR①、哈尔滨工业大学语言技术平台 LTP② 等。随着技术的发展和数据的积累，这些工具从拥有单纯的分词功能，逐步发展成为由一系列模型与算法组成的综合性文本计算平台，在完成分词的同时，可以进行词性标注、命名实体识别、句法分析、文本分类和情感分析等。但基于古代汉语，尤其是历史典籍的分词工具相对较少，中华书局古联公司（籍合网）所推出的古籍整理工具支持智能标点功能，精度相对较高。③

在基于古代汉语的命名实体标注方面，目前较为成熟的有魏希德（Hilde De Weerdt）团队开发的 MARKUS④。MARKUS 可以实现全文文本标注，支持导出 CSV、TSV、Excel、HTML 等格式，并将数据标注、数据提取、外部数据合并、可视化分析等数字人文环节打通，以降低技术门槛，提高人文学者的参与度。⑤（参见图 3-18）

---

① NLPIR 汉语分词系统的主要功能包括中文分词、词性标注、命名实体识别、新词识别及关键词提取等，支持用户专业词典与微博分析。NLPIR 系统支持多种编码、操作系统及多种开发语言与平台 ［DB/OL］. http：//ictclas. nlpir. org/，浏览日期：2021 年 12 月 1 日。

② 哈尔滨工业大学语言技术平台 LTP 提供了一系列中文自然语言处理工具，用户可以使用这些工具对中文文本进行分词、词性标注、句法分析等工作 ［DB/OL］. http：//ltp. ai/，源码 windows 版本 ［EB/OL］. http：//static. scir. yunfutech. com/win＿release/ltp-3. 4. 0-win-x64-Release. zip；Linux 版本 ［EB/OL］. http：//39. 96. 43. 154/small. tgz，浏览日期：2021 年 12 月 1 日。

③ "古籍自动标点系统"是由古联智能数据研究室和"古联—北师大联合实验室"基于不同训练方法研发的系统平台。与其他团队的自动标点模型训练不同的是，古联公司使用了《中华经典古籍库》独有的数据量高达 15 亿的整理本古籍作为训练集。模型效果在验证集上的标点 F1 值超过 92%，断句 F1 值超过 96%。

④ MARKUS ［DB/OL］. https：//dh. chinese-empires. eu/markus/，浏览日期：2021 年 12 月 1 日。

⑤ 魏希德：《中文与韩文数据集的创建、关联与分析——用 MARKUS 与 COM-PARATIVUS 进行数字文本标注》，《数字人文》2021 年第 3 期。

图3-18　MARKUS标注界面和标注可视化效果

在训练集的选择方面，研究者大多是根据相关研究需要，将通过手动标注和半监督学习（Semi-Supervised Learning，SSL）形成的工具或平台应用于部分研究领域，其所呈现的精度相对较高。但是，这类做法在应用于东北古史这种专业性强且数据化程度不高的领域时没有基本的保障。因此，在文本命名实体识别过程中，需要在相关成果的基础上进行针对性训练，才能进一步提高精度。①

从概念的角度来讲，命名实体通常指文本中的基本信息元素，是正确理解文本的基础。② 在当前的技术背景下，东北古史文献命名实体识别的基本技术路线是：大规模专题数据通过典型文本抽取权威数据集注入可扩展平台，对平台进行训练矫正提高抽取精度，再通过专家系统矫正进行语义消歧和共指消解，最终获取实体数据。小的样本集则可以通过平台标注和专家矫正的方式快速完成。以渤海文献中的实词抽取为例，可以先对《旧唐书》《新唐书》《宋史》《文献通考》《辽史》等文献中的渤海史料进行标注，通过专家矫正获得"渤海核心文献实词样本集"（参见表3-1），并将其作为最初的训练集。在此基础上，对辑录到的渤海文献进行命名实体抽取，获取渤海史料命名实体数据集。③

---

① GuwenBERT 是相对常用的训练模型［DB/OL］. https：//huggingface. co/etha-nyt/guwenbert-base，浏览日期：2021 年 12 月 1 日。

② 高扬：《智能摘要与深度学习》，北京：北京理工大学出版社，2019 年，第 56 页。

③ 袁悦等：《不同词性标记集在典籍实体抽取上的差异性探究》，《数据分析与知识发现》2019 年第 3 期。

表 3-1　渤海核心文献实词样本集

文献	分类	实词集
《旧唐书·渤海传》	人物	大祚荣、祚荣、李尽忠、乞四比羽、李楷固、楷固、崔䜣、大武艺、武艺、大门艺、门艺、李道邃、张文休、韦俊、金思兰、钦茂、大贞翰、大清允、大嵩璘、嵩璘、大能信、元瑜、李重旻、大仁秀、大叡、大彝震、大明俊、高宝英、宝英、大先晟
	地名	营州、天门岭、东牟山、忽汗州、黑水州、幽州、天津桥
《新唐书·渤海传》	人物	赵翙、乞乞仲象、仲象、乞四比羽、比羽、李楷固、祚荣、楷固、张行岌、武艺、门艺、李道邃、张文休、金思兰、钦茂、宏临、元义、华玙、嵩邻、元瑜、言义、明忠、仁秀、新德、彝震、虔晃、玄锡
	地名	东牟山、营州、泥河、辽水、太白山、天门岭、忽汗州、黑水州、登州、幽州、忽汗河、东京、上京、龙泉府、中京、显德府、龙原府、栅城府、南京、南海府、西京、鸭渌府、长岭府、扶余府、鄚颉府、定理府、安边府、率宾、率宾府、拂涅、东平府、铁利府、越喜、怀远府、安远府、涑州、粟末水、龙原、鸭渌、长岭、栅城、扶余、鄚颉、率宾、显州、沃州、龙州、位城、卢城、湄沱湖
《文献通考·四裔考·渤海》	人物	赵翙、乞乞仲象、仲象、乞四比羽、比羽、李楷固、楷固、祚荣、张行岌、武艺、门艺、李道邃、张文休、金思兰、钦茂、宏临、元义、华玙、嵩邻、元瑜、言义、明忠、仁秀、新德、彝震、虔晃、元锡、大諲譔、大元谦、阿保机、大鸾河、鸾河、李勋
	地名	东牟山、营州、泥河、黑水州、登州、幽州、忽汗河、上京、龙泉府、中京、显德府、东京、龙原府、栅城府、南海府、西京、鸭渌府、夫余府、鄚颉府、定理府、安边府、率宾府、东平府、铁利府、怀远府、安远府、涑州、龙原、鸭渌、营州道、夫余城、东丹府、夫余城、乌舍城

（续表）

文献	分类	实词集
《宋史·渤海国传》	人物	大祚荣、阿保机、突欲、崔乌斯、大鸾河、鸾河、李勋、刘延翰
	地名	辽东、扶余城、东丹府、幽州
《辽史·地理志》	人物	大諲譔、大延琳、乞乞仲象、祚荣、彝震、大仁秀、李世勋、公孙康
	地名	长泰县、定霸县、强师县、保和县、富利县、龙州、幽州、蓟州、潞县、辽东、迁辽县、宣化县、神化县、鸭渌府、上京道、饶乐州、祖州、天成、长霸县、咸宁县、诚州、扶余城、扶余县、显理县、义州、永州、义丰县、富义县、泰州、圣州、永安县、龙原府、怀州、饶州、长乐县、辽城县、安民县、凤州、安宁郡、镇州、上京、东京、辽阳府、东牟山、辽水、忽汗州、平壤城、中京、显德府、忽汗城、辽阳、东平郡、南京、辽阳县、金德县、浿水县、勾丽县、常乐县、仙乡县、辽队县、鹤野县、鸡山县、析木县、花山县、东平府、蒙州、紫蒙县、辽城、黄岭县、兴辽县、长宁县、肃慎县、庆州、东京、龙原府、龙原、永安、乌山、壁谷、熊山、白杨、开远县、栅城、龙原县、盐州、龙河郡、格川、穆州、会农郡、会农、水岐、顺化、美县、贺州、吉理郡、洪贺、送诚、吉理、石山、盖牟城、盖州、辰州、卢州、杉卢郡、山阳、杉卢、汉阳、白岩、霜岩、铁州、安市县、安市城、兴州、海冥县、盛吉、蒜山、铁山、汤州、常丰、白石、均谷、嘉利、崇州、长岑县、崇山、沩水、绿城、海州、沙卑城、南京南海府、叠石、沃沮、鹫岩、龙山、滨海、升平、灵泉、耀州、椒州、椒山、貂岭、渐泉、尖山、岩渊、嫔州、晴州、天晴、神阳、莲池、狼山、仙岩、渌州、神鹿、神化、剑门、上京、桓州、中都城、丰州、盘安郡、安丰、隰壤、碳石、正州、东耐县、慕州、显德府、显陵、医巫闾山、山东县、望平县、永丰县、积庆宫、归义县、显州、康州、率宾县、率宾府、熊山县、渤海

（续表）

文献	分类	实词集
《辽史·地理志》		县、灵山县、灵峰县、司农县、麓郡县、贵德县、崇山县、奉德县、缘城县、奉德州、白岩城、沈州、白岩县、集州、陴离郡、险渎县、霜岩县、广州、当山县、铁利郡、铁利州、昌义县、辽州、祺州、遂州、美州、山河县、黑川、麓川、通州、通远县、布多县、安远县、义县、鹊川县、归仁县、强帅县、新安县、渔谷县、韩州、柳河县、鄚颉府、粤喜县、万安县、双州、安定郡、双城县、安夷县、银州、富州、延津县、富寿县、延津、新兴县、越喜国、优富县、永平、同州、襄平县、东平、咸州、铜山县、铜山郡、候城县、龙泉府、信州、越喜、怀远府、武昌县、怀福县、定武县、豹山县、宾州、渤海城、扶余府、黄龙县、长平县、迁民县、永宁县、永平县、湖州、渤州、郢州、铜州、东京、涑州、定理府、铁利府、安定府、长岭府、东州、尚州、麓州、宁州、恩州、恩化县、黔州、盛吉县、迁州、归州、润州、阳乐县、东京城

　　命名实体在东北古史数字人文研究领域有着广泛的应用空间。在信息检索任务中，命名实体可以用来提高和改进检索系统的效果。比如，我们在专业检索中将"渤海"的相关信息设定为核心实词库的内容，通过其文献题录信息的综合约束，可以实现渤海文献的批量快速抽取①；在历史事件的检测过程中，可以通过时间、地点、人物等命名实体综合推理出文本可能叙述的历史事件。而在东北古史语义网络中，每一个命名实体都会在文献注释环节中匹配到相应的解释，并与对应的文献产生关联关系。在多语言平台的翻译过程中，东北古史的诸多命名实

---

　　①　党建飞：《基于深度学习的中华典籍知识抽取方法研究》，中北大学硕士学位论文，2021年。

体则需要专业的对应翻译，如韩国文献通常会把"高句丽"的英文翻译为"Goguryeo"，中国文献则往往会直接使用拼音"Gaogouli"，部分英文文献会使用"Koguryo"。因此，准确识别出文本中的命名实体对提高机器翻译的水平与效果具有重要意义。①

整理后的数据可以通过文本计算由非结构化文本转换为结构化或半结构化数据。以东北古史基础历史地理信息数据为例，数据项主要包含地名、时间、行政建置、历史沿革和考证内容。其具体的后期应用主要涉及三个方向：构建结构严谨的东北历史地名数据库，如此则需要保存地名、坐标、时间、行政级别等结构严整的信息；构建用于文本计算的东北历史地名数据，通过 CSV 保留全部文献信息，并实现总体结构的统一；构建历史地理信息数据，通过写入 Shipfile、GeoJSON、KML 等格式进行空间布点，用于空间分析和可视化。例如，《释文汇编》修正后，根据内容排版的特点，其数据主要包含：时间属性，即两汉魏晋、南北朝隋唐、辽金元、明、清五个时间段；行政建制或地方政权类型，即汉魏晋南北朝所设郡、唐代都护府、辽代所设府、金元所设路、清代将军辖区，以及东北诸部族和民族政权等；行政建制下辖实体，如州、县等；各地名实体的具体地址；地名实体的历史沿革；地名实体的综合考证叙述，即从文本中抽取与地名有关的文献考证部分，对类别进行标识，进而完成文本计算的准备工作。

二、数据通用平台的设计与开发

（一）东北古史数据平台设计的基本理念和架构逻辑

东北古史数字人文平台开发的基本理念是专业化、通用化、平台化和简便化。所谓专业化，就是数字人文平台是以东北古史研究为服务对象的定制设计，其技术、文献、文本和研究模型都是以东北古史为中心

---

① 高扬：《智能摘要与深度学习》，第 57 页。

的，并且在东北古史研究中不断完善；所谓通用化，主要是在东北古史的文献搜集、数据处理、研究尝试等数字人文专题实践的基础上，不断完善各种常用的操作范例和算法模型，明确东北古史研究的数字人文需求，实现常用功能的重复使用和专业内通用；所谓平台化，是指专业的通用功能通过数字人文平台（Web 前端）统一呈现，实现基于互联网或局域网内的共享使用；所谓简便化，是指精简文本计算的编程环节和参数调整环节，研究者通过 Web 前端的简便操作即可获得东北古史研究所需数据。

基于上述理念，东北古史数字人文平台的基本架构逻辑以东北古史研究者为核心用户群体，以跨境多平台数据采集、文本库专题文献辑录、智能标点、分词及词性标注、图谱分析、地理坐标生成等模块为核心功能层，以满足从东北古史数据采集到专题文献辑录，从文本标准化加工到中外语言障碍破除，从文本数据化到数据分析，再到数据可视化、空间可视化等一整套数字人文研究的基础需求。[1]（参见图 3-19）

基于东北古史数字人文基础薄弱的现状，数字人文平台的基本架构逻辑包含五重内涵：

一是基础数据的积累与供给。数字人文平台后端数据库中存储有东北古史研究所需的大量公共数据和专题数据，在数字人文实验室的支撑下，这些数据会持续更新、不断增添，数据体量逐渐增大，以至于逐步涵盖东北古史研究的各个方面。同时，通过文本计算、深度学习和专家校验，数据内部结构和数据信度将不断优化，数据供给质量逐步提升。

二是数据模型与操作样例的供给。平台尽量详细地提供操作步骤说明、数据请求样例和输出结果应用示例，未来会逐步添加研究成果展

---

[1]　温晓雅：《基于知识图谱的数字人文研究平台构建》，《信息技术与标准化》2021 年第 5 期。

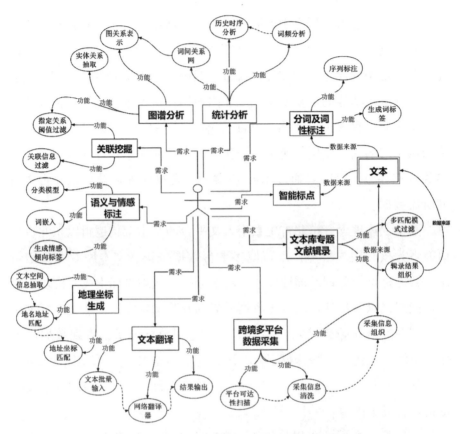

图 3-19　东北古史数字人文平台的建构逻辑

示。研究者只需要通过修改数据样例、导入所持有数据，即可获得自己
想要的数据。同时，可以下载平台内的成品数据直接用于科研，对于数
据在研究中的应用情况，也可以找到国内外公开的典型研究成果作为参
考样本。

　　三是程序和算法的后台化。考虑到东北古史研究群体的文科特性，
平台在设计过程中极力避免 Web 前端出现代码，所有程序和算法都通
过服务器存储于后台，并通过前端的操作请求多线程并发启动。为了克
服前端通用程序在处理特殊数据和特殊需求上的局限性，平台在前端设

置了数据请求上传功能。研究者可以根据自身需求将数据或任务请求上传至平台，平台则以实验室为依托启动定制服务。

四是前端互动操作的极简化。前端基本上只保留数据样例展示、数据上传、结果下载、功能选择等几个核心按键，将各种功能打包，力争做到一键解决绝大部分问题。后期，随着全网应用的展开，平台功能将根据实际需求逐步优化升级，确保数据一次性输出的成品率。

五是多种数据样例的可选择性。考虑到不同研究者使用的数据阅读工具与分析工具不同，每种数据都尽量允许输出多种数据格式，如TXT、CSV、XML、JSON、KML、Shipfile等。为照顾常用办公软件的使用者，部分数据还支持 DOC、XLS 等格式的输入或输出。如此，可以让数据平台在保持简洁、高效的同时更"接地气"。

（二）东北古史数据平台的核心功能

东北古史数据平台的核心功能主要包括图像文献文本化、基于文本库的专题文献辑录、文献的跨境跨语言检索、智能标点、本体模型建构、机器翻译等。随着后期成熟的数据模型的增加，平台功能将逐步增加或实现融合。①

图像文献文本化的具体操作规程在前文做了较为详细的叙述，平台中主要体现的是其高效性和高信度特点。平台已经完成对一部分东北古史文献的文本数据提取工作，并在持续推进，对于利用率较高的古史文献，当客户端发送的请求与已入库的文本匹配时，可以直接反馈，提供成熟的文本输出。平台已经积累了部分东北古史命名实体数据，尤其是生僻字、易错字词的匹配逻辑，可以对于识别的文本进行批量校正②。对于需要手动校正的文本，平台多线程在线文本对照审核系统，可快速

---

①　苏祺等：《古籍数字化关键技术评述》，《数字人文研究》2021 年第 3 期。

②　李娜：《面向方志类古籍的多类型命名实体联合自动识别模型构建》，《图书馆论坛》2021 年第 12 期。

完成文本数据结果的输出，同时输出文本又可以进一步丰富文本数据库，从而实现文献文本化的高效率和良性循环。

对于文献的跨境跨语言检索，前文也做了功能方面的部分叙述。跨境跨语言检索主要是将海外与东北古史研究相关的资源页面集中于数据集，使研究者在一个平台内即可对散布在全球的重要东北古史资料进行集中采集，并通过数据整理提供多种格式数据的批量下载。（具体流程参见图 3-20）

在具体功能设置方面，平台主要有以下几个方面的优势：其一，在检索方面，平台突破了历史研究者通常认知的关键词检索，支持基于文件的检索。① 也就是说，研究者既可以通过明确的关键词组和检索需求进行直接检索，也可以在认知相对模糊或者涉及多概念群时，通过构建一个或多个文件进行检索，提高检索效率，更大范围、更细粒度地获得相关资源。这一设计主要是考虑到在东北历史研究过程中，文献需求通常以概念或者概念群的形式出现。比如，读者想了解辽代渤海遗民的情况，仅以"渤海遗民"或者"辽代渤海遗民"为关键词很难获得全面的文献资源。这就需要解构辽代渤海遗民概念群，比如渤海遗民所涉州县、人物名称等。② 其二，平台尽量根据历史研究者的互联网使用习惯优化程序模块的运行。比如，采用多平台异步加载的方式提高页面的响应效率。数据输出既支持分段分类输出也支持集中输出，输出结果既显示文献的题录信息也显示文献的核心内容信息，同时保留源文件链接。研究者既可以分类阅读文献、建立资料卡片，也可以集中分析文献形成

---

① 黄丽娟：《基于语义分析的文本相似检索模型研究》，《电子技术与软件工程》2020 年第 17 期。

② 邱伟云、严程：《数字人文视野下中国近代边疆概念群研究》，《云南师范大学学报（哲学社会科学版）》2021 年第 4 期。

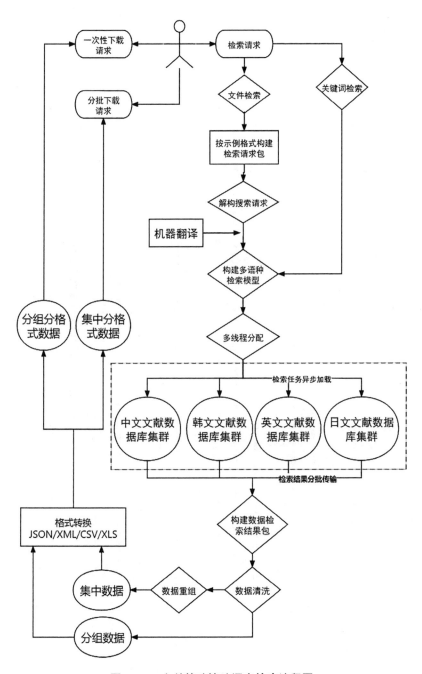

图 3-20 文献的跨境跨语言检索流程图

藏书阁　下载数据

1839년 김용탁(金龍鐸) 고신(告身) / 1839 / 고문서-교령류-고신 / 정치·행정-임면-고신

고문서-교령-고신 정치·행정-임면-고신 전령 의성김씨 5책 안동 천전 임하면 전성자화산댁 (1) 고문서-교령류 이조 1839 년조 김용탁(金龍鐸) 고신(告身) 국왕·왕실 김용탁 고신 1장 총이 현자 5 글자서 1. 교첩류 (1) 교지 교지 136 64 005_01

1839년 김용탁(金龍鐸) 고신(告身) / 1839 / 고문서-교령류-고신 / 정치·행정-임면-고신

고문서-교령-고신 정치·행정-임면-고신 전령 의성김씨 5책 안동 천전 임하면 전성자화산댁 (1) 고문서-교령류 이조 1839 년조 김용탁(金龍鐸) 고신(告身) 국왕·왕실 김용탁 고신 1장 총이 현자 5 글자서 1. 교첩류 (1) 교지 교지 137 64 005_01

1839년 김용탁(金龍鐸) 고신(告身) / 1839 / 고문서-교령류-고신 / 정치·행정-임면-고신

고문서-교령-고신 정치·행정-임면-고신 전령 의성김씨 5책 안동 천전 임하면 전성자화산댁 (1) 고문서-교령류 이조 1839 년조 김용탁(金龍鐸) 고신(告身) 국왕·왕실 김용탁 고신 1장 총이 현자 5 글자서 1. 교첩류 (1) 교지 교지 138 65 005_01

1825년 생원(生員) 신(후) 토지매매명문(土地賣買明文) / 미상

土地明文 141 1825년(純祖25) 39×33 道光元年 (乙酉) 十二月三十日幼生員新衿(乙)衿某賣田沓(로)爲乎事段右明文爲臥乎事叚 身乙用良要用所致以宅奴 漢代立召史處 庫乙巳乃牌字成給爲去乎 日後良中或有雜談之弊是去等 持此文卞正事 買主宅奴漢代立召史 十九畓乙盡以賣田畓斗乙庫乙庫乙庫作文記上下相考 本文二字幷永永放賣爲去乎日後子孫

图3-21　东北古史跨境跨语言检索结果样例

宏观认知，还可以通过源文件链接进一步深入了解文献的来源、类型和整体内容。其三，平台在数据格式上充分考虑历史研究者的多元需求。数据既能够生成 DOC、XLS、TXT 等办公软件可以浏览的数据，也可以直接生成 XML、CSV、JSON 等半结构化数据，服务于文本计算或工具分析。对于输出结果的查看和获取，采用自动生成检索结果页面，可一键下载，也就是"所见即所得"的输出方式。（参见图 3-21）

多平台抽取可以拓展东北古史研究群体的资料获取路径与方法。路径方面，东北古史研究者可以通过平台克服语言和网络障碍，了解更多的海外东北古史文献及数据资源。方法方面，相比于传统的逐一翻查、逐个下载，批量按需抽取会使信息获取的效率出现质的飞跃。如此，很大程度上提升了研究者使用数字人文方法的兴趣，同时提高了平台的吸引力。

关于专题文献抽取，前文对域外汉籍中高句丽数据的抽取做了详细阐述。其基本原理是通过全文文本库集合东北古史文献文本，实现通用程序的平台化操作。如此，可以实现文本数据的集约与增量。随着东北古史文献数据化工作的推进，文本库中的数据将会越来越完善，东北古史研究者能够从文本库中抽取到更加全面的资料。同时，专题文献抽取省去了复杂的程序调试、运行环节，通过服务器一次性完成从请求到结果的工作，操作更加简便。具体功能方面，平台充分考虑了东北古史的特点，在数据抽取过程中既支持单一关键词的检索，又支持命名实体集群的批量检索及符合平台格式的文档文件的批量检索。检索结果包含了完整的题录数据，同时支持多种格式的输出。（参见图 3-22）

图 3-22　专题文献抽取界面及检索结果样例

在获取实词之后，需要对其进行分类，以便后期对解释内容的分类组织管理和文本计算。总体来看，可以分为人物（姓名、别名、官职）、地名（政区地名、自然地名）、时间（干支纪年、年号纪年、公元纪年）三个大类和若干细部分类。在完成命名实体抽取之后，根据实体内容进行注释匹配和本体模型建构。

机器翻译主要是满足东北古史研究领域在域外资料翻译方面的需求。东北古史资料主要涉及韩、日方面，兼有英语需求。中国国内常用的"百度翻译"不够准确，而中国知网的在线翻译只在专业词汇翻译方面比较有优势。在实际使用中，日语最为理想的在线翻译平台是 Excite①，韩国语更常用的是 Papago②，英语则以谷歌在线翻译效果较为理想。这三个网站在中国的使用不够稳定，此外，研究者通常是多种翻译比较对照，对历史专业的命名实体多需遵循各国的翻译惯例。③ 同时，基于 Web 端的翻译，通常只支持复制粘贴，不仅限制字数且不能保持翻译文档的原有格式，给整篇、整本或多文本批量翻译造成了不便。

　　针对上述需求，平台集中多个在线翻译平台，并通过后台设置在前端上传数据、后台连续操作，实现文档翻译的基本功能。当使用者仅复制一段文字在文本框时，后台直接响应翻译，显示结果；当使用者上传的为 DOCX 文档时，后台根据所需翻译平台约束字数，采用段落优先原则切割文本，分段、连续翻译，在写入文档时保留原有文档格式；当格式为表格时，机器则采用逐一读取表格、翻译、转写入表格的方式，保证翻译的准确性和格式的还原。(基本流程参见图 3-23)

　　通常情况下，东北古史的数据生产、文本计算、统计分析和数据可视化都需要在实验室中完成。考虑到目前东北古史数字人文研究数据的基础薄弱、文科研究者参与度低、可资借鉴的研究样例少等问题，平台特别设计了东北古史数字人文示例系统。系统旨在通过已经验证的成熟数据，展示文本分词、序列标注、文本分析、数据可视化的基本流程。随着实验数据的持续积累，预计经过三到五年时间，系统将完成东北古史基础数据和计算模型的积累与推广。分词和词性标注是实现句法语义分析的前提。④ 与英语不同，汉语词与词之间没有自然的分隔，在进

---

　　① Excite［EB/OL］. https：//www. excite. co. jp/world/fantizi/，浏览日期：2022年 2 月 1 日。

　　② Papago［EB/OL］. https：//papago. naver. com/，浏览日期：2022 年 2 月 1 日。

　　③ 阳琼：《在线翻译质量文类差异：基于人工测评的比较分析》，《东方翻译》2021 年第 4 期。

　　④ 龙从军、刘汇丹：《藏文自动分词的理论与方法研究》，北京：知识产权出版社，2016 年，第 185 页。

行文本计算之前，首先需要进行分词。①

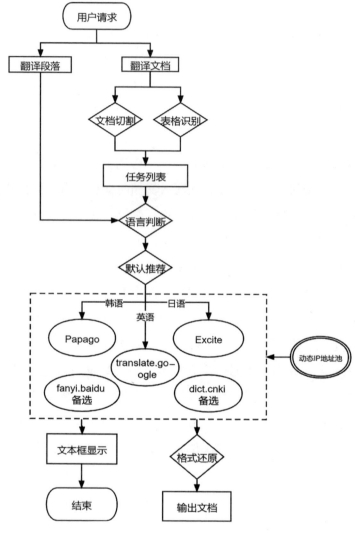

图 3-23　在线翻译流程图

---

① 李安：《语料库语言学及 Python 实现》，济南：山东大学出版社，2018 年，第 110 页。

　　当前，东北古史文献的文本分词基本可以实现。其具体操作流程是：用户上传文本或者在前端输入文本，后台完成数据格式的标准化处理，后台分词模型进行分词。在分词过程中，研究者根据平台提供的数据选择是否加入东北古史惯用词或特定分词。完成分词之后，研究者就可以进行基本的用词习惯统计、词频统计和词·时间分析，分析结果可以根据需求，选择不同的数据可视化模型，生成相应的结果。（流程参见图 3-24）

　　在分词之后，序列标注（Sequence Tagging）可以解决词性标注、命名实体识别、关系抽取等问题①，使东北古史文献文本转换为计算所需的标准数据。当前，模型对于经过校验和手动辅助标注的示例数据能够实现较为理想的序列标注，比如高句丽史料数据集、渤海史料数据集、东北古史基础历史地理信息数据等。② 目前，对于新的请求数据，模型的精准度还有待提高。以渤海朝贡专题为例，通过专题数据抽取、清洗、验证，共标注出命名实体 349 组，这些数据经过标准化处理之后，可以知识图谱的形式在多种可视化环境中显示。（参见图 3-25）命名实体分类明确、关系清晰、文献来源准确，专题研究时可以直接作为参考。

　　在数据可视化方面，主要采用交互操作相对简便的 Neo4j 图形数据库来完成实体关系的可视化③，数据样例相对丰富的 Echarts 模型来实现文本分析数据的可视化④。为了便于操作，平台设计了数据示例样表并共享部分代码。初级研究者只需下载数据示例样表，然后根据需要修改数据名称和数据值，即可相对简便地获取自己所需要的数据可视化效

---

　　① 星环科技人工智能平台团队编著：《机器学习实战：基于 Sophon 平台的机器学习理论与实践》，北京：机械工业出版社，2020 年，第 144 页。

　　② 东北古史基础历史地理信息数据的生产过程和应用样例，将在第四章详细叙述。

　　③ Neo4j 平台［EB/OL］. https：//neo4j. com/，浏览日期：2022 年 2 月 1 日。

　　④ Echarts 可视化示例［EB/OL］. https：//echarts. apache. org/examples/zh/index. html，浏览日期：2022 年 2 月 1 日。

果。略熟悉后，研究者就可以通过修改代码样例，更为便利地操作。

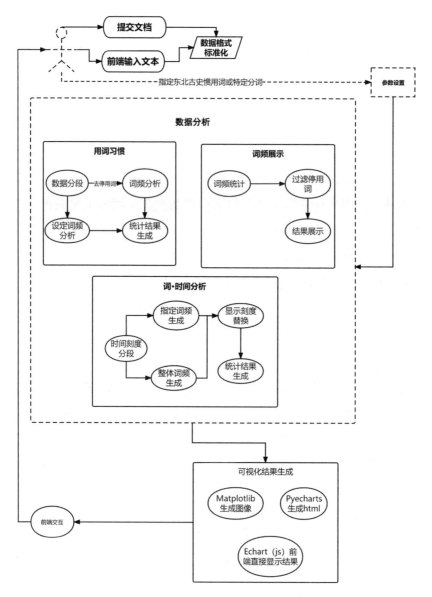

图 3-24　文本处理与可视化流程图

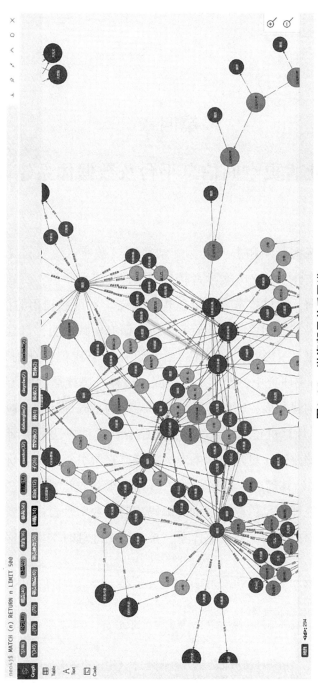

图3-25 渤海朝贡关系图谱

第四章

东北古史空间信息平台及数据体系建设

托德·普雷斯纳和杰弗里·施纳普在《数字人文宣言 2.0》中指出，数字人文并不是把人文学者转变成工程师或程序员，而是以人文研究需求为导向，通过技术方法革新构建人文学者可兹利用的信息系统，协助人文学科完成相关问题的研究。历史研究实践表明，自觉地在历史研究和历史书写中突出"空间"要素，有助于我们深化对历史的理解。① 东北古史研究中，尤其是在边疆、边界及民族居地的历史空间叠加演进体系构建方面，空间体系是不可回避的基础性问题。地理信息系统（GIS）是计算机技术与空间数据的结合，这种方法的更新带来了史学研究形式的改进，更是史学生态的变革，它所引领的史学研究的变化是革命性的。② 其借助于自然科学的研究成果和先进技术③，将文本叙述中的历史地理信息提取出来进行编码，通过数字平台进行展示，进而构建东北边疆史空间的数字化体系，推动历史地理时空大数据建设，构

---

① 张生：《"空间"在历史书写中的重要意义》，《人民日报》2018 年 9 月 3 日，第 22 版。

② 张萍：《地理信息系统（GIS）与中国历史研究》，《史学理论研究》2018 年第 2 期。

③ 刘厚生：《亟待加强东北边疆史的研究》，《中国边疆史地研究》2001 年第 1 期。

建一个以历史学科为主导的历史地理信息平台。[1]

在解决基本的技术框架问题之后，还需要搜集、整理、制作一套基础地理信息数据。历史研究者只需调动这些数据就可以辅助历史地理文献的阅读，只需根据自己的研究结果调整部分历史要素的空间位置就可以完成历史地图的绘制。由此，实现东北边疆史空间数据的有序组织和管理，再通过通讯机制实现与东北古史文献、数据的关联，形成相互解释说明、相互论证支撑的语义网络，促进东北边疆史研究技术手段的更新，推动研究过程的精确化，使研究成果更具说服力。

第一节　东北古史地理信息平台建设

一、数字化研究的空间信息需求分析

地理空间是历史文化的载体和基础[2]，一定时期的历史是特定历史人物在特定地理空间中活动的集合，研究者追寻历史真相的主要任务就是探寻时间、空间、人物与历史事件的契合。无论是追寻特定历史人物的活动空间，还是厘清特定空间中历史人物的关系，对历史空间的探究都是不可或缺的。州府郡县、地方民族政权在东北历史地理空间中的交叠，各民族的生灭兴衰与变革，构成了东北历史的一大特色。[3] 东北边疆历史的形成与变迁、边疆边界、跨界民族、古朝鲜、高句丽、渤海史等东北边疆史的核心议题都与历史空间有着紧密的联系。[4] 历史地理信

---

①　赵耀龙、巢子豪：《历史 GIS 的研究现状和发展趋势》，《地球信息科学学报》2020 年第 5 期。

②　王健：《中国古代文化史论》，济南：齐鲁书社，2010 年，第 28 页。

③　李治亭主编：《东北通史》，第 5 页。

④　李国强：《"东北工程"与中国东北史的研究》，《中国边疆史地研究》2004 年第 4 期。

息系统可以把传统地图的表现手法与计算机制图、数据库管理、信息查询等现代化手段紧密地结合起来①，然后通过矢量历史地图和基于历史地理文献的历史地理信息编码，把东北地区的历史空间以时间轴为基础分段、逐层叠加，再通过计算机制图、语义关联形成研究所需的专题历史地理信息数据体系，更加精确地呈现特定的历史空间状态，辅助研究者拓展研究深度、优化研究结果表达。东北边疆史研究在研究前期的准备、研究过程中的校验和研究结果的表达等方面，都对历史地理信息有一定的需求。

（一）历史地理文献的数字化阅读

东北历史地理文献在古籍中分布相对分散，近代以来的历史地理研究和实地踏查的成果也比较零散，在已经出版的相关资料集中有相当一部分是以原版影印的形式出现的，查阅不便。② 如前文所述，在数字人文技术的支持下，可以最大限度地搜集历史地理文献，而后从这些文献中抽取与东北历史地理有关的内容。历史文献在空间方位的记述上有时不够明确，如《新唐书·渤海传》所云："天宝末，钦茂徙上京，直旧国三百里忽汗河之东。"③ 其"旧国"之所在不甚清晰。现有的东北史地著作一般做一文一地的考证，一文多地或一地多文的考证各自地望又有差异，并且这些文字分散在不同的专著、期刊和论文集中，因此即便是描述清晰的历史地理文献，在具体的方位和周边的历史地理环境上也时常限于篇幅被分割开来，查阅不便。脱离地图的地理信息描述失于直观与精确。因此，对于搜集到的历史地理文献进行数字化处理，打通从

---

① 陈刚：《"数字人文"与历史地理信息化研究》，《南京社会科学》2014 年第 3 期。

② 比如，中央编译出版社出版的《中国边疆研究资料文库》之《边疆史地文献初编·东北边疆》第一、二辑全套 53 册，皆此类。

③ 欧阳修、宋祁：《新唐书》，第 6181 页。

历史地理文献到历史地理信息数据再到历史地图的技术通道，实现历史地理文献的数字化阅读，提高研究者查找、阅读历史地理文献的效率，是东北历史地理研究的基础性需求。

　　从数字人文的视角来看，解决这种问题较为直观的方法是以历史地名为基本索引，将历史地名呈现在基于 Web 的历史地图上，然后通过地名关联组建基于地名的基础地理信息图谱，再通过通讯机制将地名与关联的历史地理文献连接起来，即通过数字地图页面实现历史地理信息的空间化建构，进而实现文献的数字化阅读。以渤海为例，中国、韩国、日本和俄罗斯关于渤海历史地理类的研究成果总计 800 篇（部），其中中国为 351 种，朝鲜半岛 209 种，日本 114 种，俄国 126 种。这些数据分散在四国 19 世纪至 21 世纪的文献之中，查找、阅读、整理不便。①（参见图 4-1）而基于文献的地理空间考证，在缺乏空间数据支持的情况下，仅凭借人的空间预估和想象误差相对较大。历史地图与历史空间关系图谱的结合，能够更好地组织同一空间范围的研究成果，便于综合比较，从而提高研究效率。

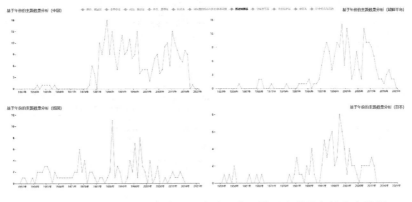

图 4-1　中韩日俄四国在渤海国历史地理方面的研究成果年份分布数据

―――――――――

　　①　统计采用全网爬取信息清洗筛选的方式实现，结果统计的截止时间是 2021 年 11 月 21 日。基于年份的主题及国别情况参见图 4-1。

（二）历史地理空间数据的使用

随着地理信息技术的快速发展，历史地理信息数据在数量和质量上有了很大提升。目前，复旦大学、哈佛大学、格里菲斯大学等高校联合发布了中国历史地理信息系统。其中的数据为开源数据，允许学术研究使用。复旦大学历史地理研究中心提供该数据集 V4 版本部分数据下载，哈佛大学中国历史地理信息系统提供 V2—V6 版本数据的下载（参见图 4-2），并提供在线搜索引擎和 API。台湾"中研院""中华文明之时空基础架构"（CCTS）对谭其骧主编的《中国历史地图集》进行了数字化处理。韩国东北亚历史网提供了高句丽、渤海及东亚其他地区的古代遗迹等的历史地理数据。

图 4-2　CHGIS V2—V6 版本数据

历史地理信息数据将原始数据按时间顺序、空间关系进行数据库化的管理与分析，通过空间分析、专题制图等手段在计算机屏幕上直观再现历史地理现象的时空结构，并借助原始文献的比勘，发掘隐藏在数据之下的宝贵信息，发现传统方法难以表现的地理现象，还可以检验原始数据的正确性与合理性。[①]

历史地理信息数据兼具科学性、思想性和精确性[②]，在东北古史研究中有很大的开发潜力，但这些数据不能直接阅读，需要借助专业软件或者相应的 WebGIS 平台。对于历史研究者而言，专业软件操作门槛相对较高，因此，构建历史研究者便捷使用的历史地理信息数据呈现编辑平台是东北历史地理研究的数据解读需求。

（三）历史地图绘制与地理信息空间可视化

历史地理信息技术可以使东北边疆史研究数据更加精细、要素表达更加准确，真正将历史信息嵌入地理环境与山川形态当中形成基于历史地理信息的历史分析和可视化表达，从而改变过去历史地图的空间示意与基本趋势的状态描述。东北历史研究涉及上述几个核心议题部分时，需要把各种历史地理信息标注到地图上，以辅助论证逻辑体系的形成，部分研究需要绘制历史地图来展示研究成果。但历史地图绘制的技术门槛较高，传统的简单线图往往不够精确，不利于二次研究的深入推进。另外，诸如东北历史遗迹的空间分布特征，东北城市设置与城址遗迹的关系，历史上不同政权之间地域的叠加、交错与更迭，边疆边界的动态变迁等都需要通过地理空间可视化的方式进行表达。[③] 因此，构建研究者便捷实用的历史地理信息平台是东北历史地理研究的技术性操作需求。

---

① 陈刚：《"数字人文"与历史地理信息化研究》，《南京社会科学》2014 年第 3 期。

② 葛剑雄：《天地史谭》，上海：上海辞书出版社，2018 年，第 134 页。

③ 空间信息可视化是以地理环境为依托，强调地理认知与分析，目的在于透过视觉效果探讨空间信息所反映的规律。李建成、闫利：《现代测绘科学技术基础》，武汉：武汉大学出版社，2009 年，第 100 页。

历史地理信息数据是一种编码数据，需要专业软件或者专门的平台进行展示。现有的专业软件如 ArcGIS①、MapInfo②、MapGIS③ 等主要服务于地理信息系统④，技术门槛较高，对于历史研究者使用来说技术阻遏大。再者，与计算机可读取的结构化数据不同，历史数据不仅保存形式多元，而且多是模糊、不规则的非结构化数据，涉及空间、时间和历史叙述三个维度，在信息调用的过程中需要尊重人文阅读者的操作习惯和技术现状，搭建无障碍阅读环境。⑤ 古代东北历史地理文献中，诸如《晋出帝北迁记》《陷辽记》《乘轺录》《上契丹事》《辽中境界》《熙宁使契丹图抄》《契丹风俗》《鸭江行部志》《宣和乙巳奉使金国行程录》《辽东行部志》《开平纪行》《岭北纪行》《扈从诗前后序》及朝鲜半岛的《燕行录》等东北边疆行程录类文献，以文本形式著录行程过程，

---

① ArcGIS 是由美国环境系统研究所公司（Environmental Systems Research Institute，简称 ESRI）研发的地理信息系统专用软件，是世界上应用最广的 GIS 软件之一。秦艺帆、石飞编著：《地图时空大数据爬取与规划分析教程》，南京：东南大学出版社，2019 年，第 29 页。

② MapInfo 是 GIS 界两大软件供应商之一，由美国 MapInfo 公司开发。这款软件提供可视化的数据及地图化的信息，是一个桌面地理信息系统软件。MapInfo 依据的是地图及其应用的概念，融合了办公自动化操作系统、地理数据库、计算机地图、地理信息系统分析等技术和功能，具有很高的实用价值。王衍榛、王虹：《论"互联网+"与全民健身新常态的融合创新》，北京：九州出版社，2016 年，第 185 页。

③ MapGIS 是中国地质大学（武汉）开发的通用工具型地理信息系统软件，它是在 MapCAD 基础上发展起来的，可对空间数据进行采集、存储、检索、分析和图形表示。李红、任金铜主编：《MapGIS 与地质制图》，重庆：重庆大学出版社，2019 年，第 38 页。

④ SuperMap GIS 是北京超图地理信息技术有限公司依托中国科学院的科技优势研制的新一代大型地理信息系统平台。沈力：《地理信息系统技术解析与应用概论》，沈阳：东北大学出版社，2015 年，第 49 页。

⑤ 卜庆华等：《WebGIS 下的中国城市历史地理信息平台的设计与实现》，《测绘通报》2015 年第 12 期。

其中大多数的地望、行程和交通道里需要进一步文献考证，不能直接通过文本计算形成结构化数据。[1] 通过历史地理信息可视化的形式对关键地望信息和行程路线进行绘制，还原历史空间样态，有利于文本阅读者更好地理解文献。

从数字人文技术的角度分析，上述需求主要包含 SQL/NoSQL 数据库、GIS 内核、属性功能、系统间通讯协议、信息实时增量储存算法等一系列技术模块。这些技术模块通过基于网络平台的组织架构形成可供人文学者快速上手操作的历史地理信息平台。

二、空间数据平台的技术框架

对于东北古史研究者而言，先进的技术固然重要，但符合自身专业研究需求和操作便利的技术平台更加实用。为此，笔者根据东北古史研究的实际需求，借鉴海内外成熟技术，开发了一套基于开源内核的东北古史空间信息平台。平台主要在以下几个层面增设了实用功能。

（一）WebGIS 编辑环境

WebGIS 编辑环境主要是指基于 Web 界面的历史地理信息编辑功能的集合，包括地图操作、图层管理、要素标绘等功能。WebGIS 是在互联网信息发布、数据共享、交流协作基础之上实现地理信息的在线查询和 GIS 业务处理等功能。GIS 通过万维网的功能得以扩展，用户可从万维网的任意一个节点浏览 WebGIS 站点中的空间数据、制作专题地图，进行各种空间检索和应用。[2] 对于东北古史而言，WebGIS 编辑环境下

---

① 赵永春辑注：《奉使辽金行程录》（增订本），北京：商务印书馆，2017 年；贾敬颜：《五代宋金元人边疆行记十三种疏证稿》，北京：中华书局，2004 年。

② WebGIS 是指利用万维网向各种类型的用户提供地理空间信息服务的系统，是 Internet 与 GIS 结合的产物，用以存储、处理、分析、显示和应用地理信息。沈彭主编：《土地管理知识大全》，北京：中国大地出版社，2009 年，第 43 页。

对地图的常用操作是对已有东北古史地理信息数据的浏览、观察、筛选与呈现，包括对地图界面的缩放、过滤、平移、定位、动画播放、2D—3D 视图切换、3D 模式下的图层旋转等。例如，通过 WebGIS 界面查看渤海历史地图时，通过逐层放大能够依次看到渤海在东亚地区的空间位置，渤海京府州县的区划、城址位置、具体城市遗址的轮廓线图等信息。东北古代文明的整体变迁可以通过地图操作实现从宏观到微观的呈现。切换功能是指在遗址、遗物、人物、事件、民族分布等不同的专题矢量图层间切换，支持现代地图、卫星图、历史地图等作为底图，方便研究者进行多视角对比。

图层管理主要包括图层的加载、移除，图层的顺序调整、透明度设置等。不同专题的历史地理信息数据在 WebGIS 前端以图层形式呈现。东北边疆史空间体系由一个系列的专题数据组合而成，因此在前端显示为多地图图层的叠加。例如，唐代渤海数据由五层矢量数据构成：第一层为渤海的五京、十五府、六十二州、一百余县的坐标点，第二层为《中国历史地图集》中的渤海历史地图，第三层为渤海遗迹数据，第四层为高句丽遗迹与渤海遗迹的重合部分数据，第五层为辽代东京道与渤海原有疆域重合部分、沿用州县、改迁州县等的数据。在研究应用中，不同选题的数据需求不同，因此需要重点观察某一项或者几项数据，加载所需图层或者移除无用图层，以便做出更加清晰的判断。图层比较的参照视角不同时，需要调整图层的顺序。一般来说，作为研究使用的关键图层置于上方，参考图层置于下方。多图层综合的情况下，为了看清楚时空差异，应该调整图层透明度进行直观比照。

要素标绘主要是根据历史地图的绘制需要，对不同时期、不同类型的点、线、面要素进行区别绘制，以达到在同一显示界面中呈现不同时代的不同内容。东北历史地图标绘体系建设是历史地理信息数据建设的重要工作之一。其主要内容包括：基本图元，即点、线、面及对应的属性字符的标注；区域标绘，即在一般性多边形面的基础上通过风格渲染形成区别性显示；箭头标绘，是通过线性、颜色、粗细等标绘不同的历史发展动态；行政区级别、文物类别及其他象征符号标绘，即在点要素标绘的基础上实现多元化的要素呈现。[①] 标绘库设计的基本原则是综合通用性与地方历史信息的特殊性。通用性方面，参照《中国历史地图集》和《中国文物地图集》相关绘制标准设计统一样式，以便实现数据融合；特殊性方面，主要是针对通用标绘中未曾涉及的历史地理信息需要增添设计，满足更加实际的操作需求。

（二）图层属性管理

历史地图的释读与制作在参考历史文献并进行精准判定的同时，需要参考权威的现代地图和历史地图。[②] 不同的地图在地理信息标注上各有优势，比如腾讯、百度、高德等地图平台对国内信息标注清晰、更新快、检索方便；国家地理信息公共服务平台的天地图信息更具权威性；台湾"中研院"之"中华文明之时空基础架构"（CCTS）对《中国历史地图集》进行了电子化，并提供了标准的瓦片图。不同的历史研究场景对底图的需求不同，研究者在不同平台间来回切换耗时费力，而数据库可集合多个平台的历史底图实现系统内切换，并可通过图层透明度设置实现多层底图叠加呈现，提高研究效率。

平台底图资源集合，是以开源数据为基础，整合各类在线地图平台资源，为东北历史地理数据编辑提供丰富多元的参考数据。底图资源集合的关键技术是通过分层加载、分级显示实现历史时空叠加，即特定区

---

① 商文俊：《基于 Supermap Objects 的地图标绘系统的设计实现》，《电脑知识与技术》2008 年第 1 期。

② 袁三明、朱兰艳：《历史地图的云平台构建与信息挖掘》，《城市勘测》2019 年第 3 期。

域内现代地图、历史地图、自定义底图、矢量数据（地名、遗迹、行政区划、疆域、民族活动区域等）的叠加呈现。以高句丽遗迹地图的编辑为例，其第一层加载现代地形底图；第二层加载不同时期的历史地图，如《中国历史地图集》中的隋代历史地图、《唐代交通图考》中的地图等；第三层加载地名等矢量数据，如魏晋南北朝、隋唐时期东北历史地名等，实现历史区域与现实空间的结合；在此基础上，第四层加载高句丽考古遗迹矢量数据，实现遗迹与历史地名的结合，通过属性设置对地图要素即高句丽遗迹、地名进行注释，构建高句丽遗迹的历史地理空间。

对学术研究而言，传统研究者和学术机构更倾向于使用已出版的权威版地图，如谭其骧《中国历史地图集》等作为参考文献。为此，平台对出版地图进行数字化和图像配准，然后采用地图瓦片技术实现高清显示，最终达到矢量数据与出版地图一一对照。① 出版地图是实际研究过程中常用的引用文献，但出版地图不可编辑，且其所标注的位置、实际空间距离、区域面积等都不便测量，给研读和学术成果绘制带来颇多不便。本框架支持对已出版地图的矢量化，并将矢量化地图和出版地图叠加呈现，为研究提供操作便利。在实际研究中，多图层叠加对比既可以保证数据的准确性，也有利于不同类型文献的解读，具有实际应用价值。② 通过透明度设置，各图层之间可以在位置对应的情况下实现不同图层数据的对比，应用简明、操作方便。

边界的划分和疆域的沿革均与地图标示密不可分。地图凭借地理信

---

① 周磊等：《矢量瓦片技术在地理信息公共服务云平台中的应用》，地理信息与人工智能论坛暨江苏省测绘地理信息学会学术年会论文，江苏南京，2017 年。

② 骆元鹏：《基于 Cesium 框架的 3D WebGIS 空间叠置分析设计与实现》，中国矿业大学硕士学位论文，2021 年。

息图像化的直观展示、文字和符号相结合的注记系统，成为边疆研究中不可替代的重要工具之一。① 东北边疆历史与现状的研究离不开对东北古旧地图的解读。目前，东北古旧地图有一定的存世量，其中《中国边疆图籍录》收录东北边疆地图 333 种②，《东北文献辞典》东北地图分录部分收录各类东北地图 518 种③，《东北地方文献联合目录》第二辑收录东北地区主要图书馆馆藏的各类中文地图 76 种④、外文地图 97 种⑤。另外，全球各类图书收藏机构，如美国国会图书馆、哈佛燕京图书馆等也收藏有一定数量的东北古旧地图。在中国东北古史研究中，各类历史地图在矢量化及图像配准之后，以底图形式与现代地图或其他历史地图贴合对比，可以带来三个方面的便利：一是实现多种地图文献的直观对比，提高地图类文献的阅读效率；二是多重底图为地理信息可视化提供了更多的文献依据和信度保障；三是多重原始数据的直观呈现提高了历史地图绘制的效率。

（三）注释属性管理

属性数据即空间图形要素的特征数据，一般包括名称、等级、数量、代码等多种形式。属性数据的内容有时直接记录在矢量数据或栅格数据文件中；有时则单独输入数据库存储为属性文件，而后通过关键码

---

① 白鸿叶：《图写边疆　图证历史——国家图书馆藏边疆舆图整理研究》，《中国社会科学报国家社科基金专刊》2020 年 10 月 27 日，全国哲学社会科学工作办公室［EB/OL］．http：//www.nopss.gov.cn/n1/2020/1027/c430755 - 31907815.html，浏览日期：2021 年 2 月 20 日。

② 邓衍林编：《中国边疆图籍录》，北京：商务印书馆，1958 年，第 96～147 页。

③ 李澍田主编：《东北文献辞典》，第 913～946 页。

④ 吉林省图书馆社会科学参考部编辑：《东北地方文献联合目录》第二辑《中文图书部分》，吉林省图书馆，1987 年，第 101～103 页。

⑤ 大连市图书馆社会科学参考部、黑龙江省图书馆采编部编辑：《东北地方文献联合目录》第二辑《外文（日、西、俄）图书部分》上册，第 49～53 页。

与图形数据相联系。① 属性管理主要是对图层要素中的点、线、面所包含的历史信息进行标注，主要涉及字段属性设置和样式定制。字段属性设置具有一定的灵活性，图层要素的注释内容不同，其属性的数量和内容有可能不同。字段文本框除支持字符输入外，还支持超链接标签，以实现属性注释的解释拓展。样式主要涉及字符样式和图标样式。字符样式主要是为了实现不同层级的历史地理要素在字体、字号、颜色上的区分；图标样式主要是为了显示历史遗迹和历史地名所具有的历史属性，如行政建制中的府州郡县，遗迹中的山城、平原城、关隘、墓葬等，以此实现数据的多元化呈现。（参见图4-3）

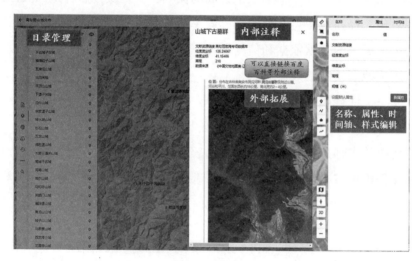

图4-3　属性注释的内外关联效果

在属性管理中，具有时空属性的内容通过时间轴约束直观呈现，即遗迹根据地点及其兴亡时间时空化，遗物根据出土位置和年代时空化，

① 胡文亮、张军海主编：《全数字化地图制图》，西安：西安地图出版社，2002年，第50页。

人物根据出生地和人生轨迹时空化，地名根据地理分布时空化，古籍等根据创作时间和论述范围时空化。各种时空化的知识内容通过通讯机制实现与文献数据库、专题数据库、站内百科的结合，形成专题知识谱系。例如，如果渤海城址拥有确切的空间位置和城址轮廓线图，那么其可组成渤海遗址数据专题，从石器时代到明清时期东北地区所有的遗址数据专题就可以共同构成东北古代遗址数据。

第二节　东北古史自然地理数据基础的构建

在历史地理要素中，"山川等自然地理要素的变化比较缓慢……往往数十年、百余年、甚至数百年而毫无变化。相反，人文、社会地理要素如行政区划、地名、建筑物、民用和军事设施等不仅内容繁多，并且变迁复杂"①。因此，在历史地图中，山川数据是重要的基础数据。山川的位置变化小，但名称在不同的历史时期会产生一定的变化。如松花江流域，汉、魏、晋称弱水，北魏称难河，唐代称那河、粟末河、速末水，辽金时代称混同江、鸭子河，元代称宋瓦江、混同江，明代正式出现松花江之名，清代以满语称之为松阿哩乌拉。② 这就形成了山川的形态作为相对意义上的"常量"、名称作为"变量"的现象。基于静态页面的历史地图绘制很难解决这一问题。另外，在静态地图页面中，山川作为底图要素，无法快速查找。因此，有必要对历史自然地理信息进行矢量化，进而形成独立的数据体系。

栅格数据和矢量数据具有不同的特征与优势。③ 对于东北古史研究

---

① 葛剑雄：《中国历史地图：从传统到数字化》，《历史地理》2002 年第 1 期。

② 李健才：《松花江名称的演变》，《学习与探索》1982 年第 2 期。

③ 关雪峰、曾宇媚：《时空大数据背景下并行数据处理分析挖掘的进展及趋势》，《地理科学进展》2018 年第 10 期。

而言，矢量数据具有四个方面的优势：其一，结构严密、数据关系清晰，便于空间分析；其二，通过属性编辑能够记录山脉、河流的历史沿革信息，便于识别、查找和调用；其三，相对轻量、编辑方便，能够实现图形、数据的更新和多图层数据的组合；其四，矢量图形显示质量好、坐标匹配精度高，可实现数据叠加和数据过滤。这些优势在一定程度上解决了历史研究中自然要素标识不清、查询不便、定位不准、提取或突出显示不便的问题，为地望考证和历史地图的绘制提供便利。

一、数字人文技术下自然地理数据的提取

基础自然地理数据专业化程度高、数据量大、开源资源多，因此，在自主生产数据的同时，可以从合法的免费众源地理数据中提取。[①] 水系方面，东北地区主要有辽河和黑龙江两大水系，这两大水系的核心流域也是东北历史发展的核心地区。两大水系主要河流的矢量化处理，是构建东北历史地理数据的重要基础。水系数据的获取主要有DEM 数据提取、依据底图描绘、从已有矢量数据中抽取等途径。山系中的高程数据可以通过开源数据获取；山脉数据数量较少，可以通过手动标绘的方式完成；山峰数据为点数据，可以从开源数据中批量抽取。[②]

（一）基于 DEM 数据提取

DEM 数据提取，即从数字高程模型（Digital Elevation Model，简称DEM）中提取河流矢量数据。目前，开源 DEM 数据常见的有两种：一

---

① 郑浩等：《众源矢量融合技术在数据生产与更新中的应用》，《地理空间信息》2020 年第 5 期。

② 本节以水系数据的生产为例阐述东北自然地理数据获取的基本过程，山系、水文、气象等各类自然地理数据的获取过程与之多有类似。

种是美国国家航空航天局（NASA）和美国国家地理空间情报局
（NGA）联合发布的 NASA SRTM 数据①；还有一种是日本 METI 和美国
NASA 联合发布的 ASTER GDEM 数据，该数据还提供全球水体数据
（The ASTER Global Water Bodies Database，ASTWBD）②。以上两种数据
都属于开源数据。中国科学院资源环境科学与数据中心基于 NASA
SRTM 数据制作了中国分省数据。③ 对于利用 GIS 空间分析的方法从
DEM 数据中提取河网信息，国内外开展过大量的工作，技术相对成
熟。④（流程参见图 4-4）

　　为保证东北地区水系提取的完整性，笔者采用了辽宁、吉林、黑龙
江和内蒙古四个省级行政单位的 DEM 数据。DEM 数据中存在一些凹陷
区域（汇点），影响水文分析，给水系提取造成干扰，需要使用填注工
具将不具有河流意义的凹陷处填平。⑤ 地形数据准备完成后可进行河网
提取。基于 ArcGIS 的河网提取工作主要有以下六个步骤：第一步，使

---

　　① SRTM（Shuttle Radar Topography Mission），由美国国家航空航天局（NASA）、
美国国家地理空间情报局（NGA）联合测量，德国和意大利的航天局也参与了部分工
作。该数据于 2003 年公开发布，形式为开源数据，可以在 MEASURES 网页上搜索
SRTM 数据集并下载相关数据。

　　② ASTER GDEM 数据由日本 METI 和美国 NASA 联合研制，并免费面向公众分
发。ASTER GDEM 数据产品基于 "先进星载热发射和反射辐射仪（ASTER）" 数据计
算生成，于 2009 年发布 V1 版本。目前，最高版本是 2019 年发布的 V3 版本。

　　③ 中国科学院资源环境科学与数据中心 ［EB/OL］. http：//www. resdc. cn/Data-
Search. aspx，浏览日期：2021 年 12 月 30 日。

　　④ 徐新良等：《GIS 环境下基于 DEM 的中国流域自动提取方法》，《长江流域资
源与环境》2004 年第 4 期；曾红伟等：《Arc Hydro Tools 及多源 DEM 提取河网与精度
分析——以洮儿河流域为例》，《地球信息科学学报》2011 年第 1 期；马兰艳等：《基
于 SRTM DEM 和 ASTER GDEM 的辽河流域河网提取研究》，《安徽农业科学》2011 年
第 5 期。

　　⑤ 在精确的水文分析中，填注需要不断调整 Z 限制的值，进行反复多次操作，
本数据实验只是提取主要河流，因此直接使用填注工具处理。

用流向工具分析河网流向；第二步，使用流量计算工具计算流量；第三步，使用条件函数生成栅格河网；第四步，使用河流连接工具实现河流连接；第五步，使用河网分级工具完成河网分级；第六步，使用河网矢量化工具生成矢量化河网。河网矢量化数据获取完成后，可叠加到历史地理信息平台上，验证数据与底图河流的契合程度，对数据进行校准，同时参照底图添加现代河流名称，依据历史文献添加历史名称，并拓展属性注释。

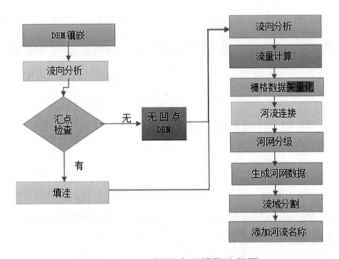

图4-4　DEM 数据水系提取流程图

在东北古代历史中，黑龙江和辽河两个流域内的古代民族、政权存在一定的差异性，因此，历史研究通常会依据历史文献将辽河流域和黑龙江流域分开探讨，或者只探讨曾经在某一支流中活跃的民族。矢量数据也需要根据各自流域的范围拆分，形成黑龙江和辽河两个流域的数据集，以满足不同的研究需求。作为矢量图形，任何一个单独的河网体系都是支持拆分的，拆分之后再根据历史文本对其历史上的重要河流进行属性注释即可赋予相应的历史性内涵。

（二）基于开源数据的提取

从开源的矢量数据中提取东北水系数据。① 自然地理方面，目前国家基础地理信息数据库提供的全国水系数据精确、权威，是水系数据的重要参考资料。② 数据库内的五级数据是分开的，实现了不同级别河流数据的分类管理，在数据查询、数据编辑和数据可视化方面都相对便利。但从历史研究的需要来看，基础地理数据中的水系数据也存在一些局限，比如其所标绘的是现代的河流数据，不能显示河道变迁数据和历史名称。另外，与东北边疆史相关的目前中国国境以外的河流数据也没有采集。

在历史研究领域，中国历史地理信息系统（CHGIS）提供的中国历史河流和湖泊数据质量相对较高。该系统支持 MapInfo 的 TAB 格式、ArcGIS 的 Shipfile 格式和 Google Earth 的 KML、KMZ 格式（V4），并可通过相关地理信息工具进行解析。在 ArcGIS 中提取 CHGIS 数据主要有两种方法：一种是对整体数据进行裁剪。具体做法是：新建一个面文件，将河流的 SHP 文件导入至 ArcGIS 同一数据目录下，并调整位置，使面文件与东北区域范围重合，然后使用分析工具中的裁剪工具进行裁剪即可获得相应的数据。另一种方法是批量删除不需要的数据。将原有数据做好备份后导入至 ArcGIS 中，在数据编辑模式下运用选择工具，选中不需要的数据并删除。为保证删除精确，可以导入底图作为参考。

CHIGIS 数据具有以下几个特点：一是数据全面，包含了中国境内

① 基于现代地理信息的河流开源数据较多，有全球数据和国别数据，国内还有分省河流数据，但单独而完整的流域数据相对少见。东北地区的黑龙江、鸭绿江、图们江都属于跨境河流，我国疆域外的河流数据通常缺失。

② 国家基础地理信息中心（NGCC）［EB/OL］. http：//www.ngcc.cn/ngcc/html/1/391/392/16114.html，浏览日期：2021 年 12 月 6 日。

的主要河流数据；二是名称标注规范，绝大多数河流标注了名称，部分标注了历史名称；三是对河流进行了分级，并对干流与支流进行了区分；四是对于俄罗斯一侧的黑龙江数据也进行了标注。

其河流标注数据为 1820 年数据，因此存在一些局限。部分流域的河道与现代地图对比有一定的偏差，部分支流缺失。将从国家基础地理信息数据库中提取的数据与其比较可以发现，1958 年改道后的现辽河下游河段、东沙河、西沙河、绕阳河、双台子河等未见标绘。[①]

（三）基于信息平台的数据标绘

在东北古史空间数据平台中，水系数据主要由点、线、多线矢量数据及对应的文本属性数据共同组成。一些在历史上消失的地表河流、地下河，或者需要特别进行可视化数据处理的流域，可以通过东北古史空间数据平台进行手动标绘。在历史地图中，河流要素为曲线，线条细长，可以通过点要素辅助标注名称，并在点要素属性注释中加入文献注释。

另外，河流属于相对稳定的地图要素。但部分河流的名称在历史上经历多次变更，在绘图时就需要添加不同时期所称之名。为避免同一条河流不同时期的名称出现在同一个图层，需要通过时间轴属性约束其名称出现至结束的时间，实现河流名称随时间推移而变化。因此，点要素的单独标注可以凸显一条河流不同时期多个名称的历史特性，并可通过属性注释丰富河流的历史内涵。

线要素主要用于标注河流径流方向。在水系矢量化过程中，线要素是基础要素，也是工程量最大的要素。一般河流用单线要素（Line String）就可以表达，而拥有多条支流的河流则需要使用多线要素表达。多线要素（MultiLineString），就是把多个线要素集合成一个统一的多线

---

① 《辞海》编辑委员会编：《辞海·地理分册·中国地理》（修订稿），上海：上海人民出版社，1977 年，第 343 页。

要素。① 考虑到人文学科的技术现状，本平台开发的多线标注功能非常简便易用。首先，选择编辑界面的线型编辑工具，创建一条河流的干流，然后选择编辑器中的"多线"工具，在对应的支流线条位置点击，以此为起点创建新的线头即可形成支流，如果已有相应的河流，则只需要从已有河流选择，开始创建即可。创建后的多线要素成为统一的线条体系，便于整体显示和编辑。

面的图像为矢量多边形，主要用于标注湖泊、局部较宽的河流等。多面主要用于标注内有岛屿或周边有多个小水域的湖泊，具体操作与线要素类似。

注释功能是地理信息功能连接历史功能的重要节点。河流的名称变迁和流域相关历史信息都可以添加在注释中，注释文本框可以针对重要的关键词添加超链接，以便于进行标准参考文献的链接，进一步拓展解释。

历史地理信息系统类似于图书馆，旨在为不同的研究问题提供服务。它不是分析特定数据的专用工具，而是为众多研究人员提供数据进行空间分析的公共平台。对于东北古史空间体系的建构而言，这种通用的历史地理空间数据是相对静态的、客观的，可以作为历史研究所需历史自然地理信息的重要参照。这一数据体系的存在可以使研究者精简数据准备的规模，节省出更多的精力去准备其研究所必备的专业数据，并在自然地理数据的配合下矫正、分析这些数据，使研究结果更加精准。

历史地理信息数据的抽取，与古籍文献数据的挖掘在技术路径上不同，但整体思路相似，都是基于现存的数据资料再根据东北历史研究的需求抽取出有效数据，并将其处理成历史研究可用的数据格式。

---

① 在 ArcGIS 中，线要素用 Polyline 类型表示时并不予以区分是 LineString 还是 MultiLineString，但 WebGIS 中通常使用 GeoJSON 数据，此类数据中 LineString 类要素的 coordinates 属性用二维数组表示，而 MultiLineString 类要素的用三维数组表示。

二、东北历史自然地理数据的组织与管理

历史自然地理的内容广泛而复杂，主要包括与人类密切相关的自然要素，如气候、植被、水系等。历史自然地理的某些方面留存了大量的文字记载和考古发掘资料①，为数据提取提供可能。目前的自然地理数据大多来源于历史文献和自然遗迹的相关数据，但这些数据并非为历史研究者所掌握，一般保存在自然科学或者历史地理相关的专业研究机构中。因此，当前开源的自然地理信息数据一般需要专业的地理信息软件才能阅读、编辑，除非研究者能够使用 GIS 软件，否则将无法使用 CHGIS 数据。东北古史研究者多数没有相关的技术背景，需要借助数据可视化平台实现数据的读取。依据人文研究者需求开发的东北古史空间数据平台具备基本的数据编辑功能，使用者可以通过 Web 前端要素标绘，完成东北古史研究所需的历史空间数据的制作。基本操作是：通过数据平台实现现代地图、历史地图的叠加，调用点、线、面、多线、多面工具参照底图进行描绘，并结合相关历史文献及数据库添加文字注释、参考文献链接，构成完整的历史地理信息数据。但手动操作费时费力，在缺乏必要的参考资料时信度不高，因此需要通过批量数据处理和文本管理来完成基础历史自然地理数据体系的建构，使研究者摆脱大量的文献准备和手动编辑工作，得以便捷、高效且准确地调用数据。

（一）东北地区水系数据概况

东北地区的水系，主要包括黑龙江流域和辽河流域。黑龙江位于黑龙江省北部，上中游为中俄界河，古称"黑水""弱水""完水"，唐称"望建河"，《辽史》称"黑龙江"（辽金称松花江入黑龙江后至海一般为"混同江"），清初称"萨哈连乌拉"。在满语中，"萨哈连"意为"黑"，"乌拉"意为"江"，因此，黑龙江又称"乌江""乌龙江"，俄

---

① 侯丕勋：《中国古代历史地理概论》，兰州：甘肃人民出版社，2018 年，第 28 页。

语称"阿穆尔河"。① 黑龙江有南北二源，南源为额尔古纳河，上源为海拉尔河，发端于大兴安岭；北源为石勒喀河，上源为鄂嫩河，发端于蒙古人民共和国北部的肯特山东麓。二源汇于漠河洛古河，形成黑龙江干流。黑龙江干流分为上、中、下游三段，上游左侧（俄罗斯一侧）汇入的最大支流为结雅河（精奇里江），由此进入中游；中游右侧汇入的最大支流为北流松花江；乌苏里江于哈巴罗夫斯克（伯力）汇入后进入下游，下游现属俄罗斯境，最终在尼古拉耶夫斯克（庙街）入海。② 松花江分南、北二源，南源为正源，即第二松花江，发端于长白山天池；北源为嫩江，发源于大兴安岭③；其他重要支流有牡丹江、洮儿河、拉林河、呼兰河等。牡丹江，唐称忽汗河，《金史》《元史》称胡里改江。④ 乌苏里江是黑龙江下游支流，有东、西二源，东源发端于俄罗斯锡霍特山脉，西源发端于老爷岭，主要支流有穆棱河、挠力河等。⑤

　　辽河流域在东北地区西南部，是东北历史发展的核心区域之一。辽河流域主要由辽河、浑河、太子河、大辽河四大干流和140余条支流组成，涵盖今辽宁省、吉林省和内蒙古自治区。辽河的两大源头西辽河与东辽河二者在昌图县汇合，称辽河。辽河向南，沿途于左侧汇

---

　　① 黑龙江省地方志编纂委员会：《黑龙江省志》第78卷《地名录》，哈尔滨：黑龙江人民出版社，1998年，第578页。

　　② 黑龙江省地方志编纂委员会：《黑龙江省志》第9卷《水利志》，哈尔滨：黑龙江人民出版社，1993年，第16页。

　　③ 《黑龙江农业百科全书》编辑委员会：《黑龙江农业百科全书》，北京：中国大百科全书出版社，1993年，第291页。

　　④ 黑龙江省志编审委员会办公室、黑龙江省森林工业总局史志办公室：《史志编辑参考》，1984年，第279页。

　　⑤ 朱道清编纂：《中国水系辞典》（修订版），青岛：青岛出版社，2007年，第1页。

入了招苏台河、清河、柴河、汎河等支流，于右侧汇入了秀水河、养息牧河、柳河等支流。至辽中地区，再分为两股：一股流向西南，称双台子河，在盘山纳绕阳河后入渤海；另一股南行，称外辽河，在三岔河水文站与浑河、太子河汇合后称大辽河，于营口入渤海。[①] 自1958年外辽河于六间房处截断后，浑、太两河汇成大辽河成为独立水系。(参见表4-1)

表4-1　辽河流域分区表

流域	支流	二级支流	三级支流	历史名称
辽河	西辽河	西拉木伦河	百岔河、碧流河、莎冷河、苇塘河、查干木伦河、少冷河（少郎河）	饶乐水、潢水、吐护真水、辽水、大潦水、巨流河等
		老哈河	萨岭河、嘎斯汰河、古力古台河、巴尔汰河、响水河、西路嘎河、昭苏河、黑里河、坤兑河、英金河、羊肠子河	秦至西晋称乌候秦水，南北朝称土河，隋朝时称"托纥臣水"，唐朝时称"土护真水"，辽金时始称"土"（即"土护真河"的简称）。金后期及元朝时又称"涂河""深河"。明称老哈母林，清代始称老哈河（简称老河、哈河）
		教来河	孟克河、小清河	
		乌力吉木仁河	乌尔吉木伦河、敖木伦河、哈黑尔河、黑木伦河、广兴堡河、乌鲁格齐河、新开河	
		西辽河		
	东辽河	东辽河	北大河、小辽河、卡伦河、兴开河	

---

① 李云生主编：《松辽流域"十一五"水污染防治规划研究报告》，北京：中国环境科学出版社，2007年，第30页。

（续表）

流域	支流	二级支流	三级支流	历史名称
辽河	辽河干流	辽河		八家子河、东马莲河、西马莲河、李家河、公河、亮子河、清河、叶赫河、寇河、汪河、中固河、柴河、汎河、拉马河、双台子河
		招苏台河		二道河、红山河
		秀水河		尖山子河、拉马章河、獾子洞河、三合成河
		养息牧河		头道河、二道河、三道河、地河
		柳河		新开河、养畜牧河
		绕阳河		东沙河、西沙河、八宝海河
	浑太河区	浑河		蒲河、古城河、社河、苏子河、红河
		太子河		北沙河、南太子河、小汤河、小夹河、细河、汤河、海城河、八里河
		大辽河		
辽宁沿海诸河	辽西沿海诸河区	大凌河		渗津河、大凌河西支、第二忙牛河、老虎山河、顾洞河、忙牛河、稍户营河、细河
		小凌河		女儿河
		六股河		黑水河、王宝河
		其他河流		长滩河、猫眼河、石河、狗河、烟台河
	辽东沿海诸河区	辽东半岛渤海沿岸		大清河、熊岳河、浮渡河、永宁河、复州河、岚崮河、三十里堡河、兴城河
		黄海沿岸		柳林河、土牛子河、东洋河、哨子河、小洋河、双岔河、湖里河、英那河、庄河、碧流河、吊桥河、赞子河、清水河、大沙河、登沙河

辽河流域是中原与东北诸民族交融会聚的重要场所。很早以来，辽河流域的文化就与幽燕文化、海岱文化、朝鲜半岛文化有着极为深刻的

交融和不断的往来。① 很多河流都有着重要的历史内涵，如辽河在汉以前被称为句骊河，自燕有辽东，秦汉因之为辽东郡，汉末三国时代辽东为公孙氏所占据。高句丽兴起后发起对辽东的争夺，唐灭高句丽，并于平壤设安东都护府，后又将安东都护府迁至辽东。西拉木伦河与老哈河是契丹族的发源地。② 养息牧河流域为清"三陵"（永陵、福陵、昭陵）的牧养地。③ 自史前至明清，东北地区众多的城址、墓葬等历史遗迹散布于辽河流域。④ 河流数据的标绘为历史叙述提供了更为清晰的参照体系。东北地区的水系数据是以现代水系为基础的对其历史地名及出现时间进行注释形成的完整的水系体系数据，对于个别改道、消失和新出现的河流以特殊颜色和注释进行标注。

（二）东北地区山系数据体系的构建

东北属于多山地区，该地区很多古代民族、政权活跃在山区峡谷之中，有建筑山城的习惯，其很多墓葬也在山区，因此山系数据对东北历史研究具有重要的参考意义。东北地区山系主要包括大、小兴安岭和长白山。其余与东北历史密切相关的山脉有大兴安岭支脉额木尔山、雉鸡场山、雅克山、苏克斜鲁山等，长白山支脉完达山、张广才岭、老爷岭、威虎岭、吉林哈达岭、哈尔巴岭、牡丹岭、英额岭、老岭、千山等，燕山支脉七老图山、努鲁尔虎山、松岭，阴山余脉医巫闾山；俄罗斯一侧的外兴安岭、锡霍特山脉、萨哈林山脉；朝鲜半岛上的狼林山脉、阿虎飞岭、咸镜山脉、太白山脉等。东北地区较著名的山峰有长白山白云峰、大锅盔山、五女山、摩天岭、临江四方顶子山、平顶山等。

---

① 王禹浪：《神秘的东北历史与文化》，哈尔滨：黑龙江人民出版社，2011 年，第 211 页。

② 田广林等：《契丹时代的辽东与辽西》，大连：辽宁师范大学出版社，2007 年，第 2 页。

③ 佟冬主编：《中国东北史》（修订版）第 4 卷，第 1649 页。

④ 孙进己等主编：《中国考古集成·东北卷》，北京：北京出版社，1997 年。

目前，该地区山系数据开源资源相对较多，其中大多为点坐标数据，线数据则需要通过高程数据标绘得到。数据库共收录东北地区山脉数据48条，其中中国境内的山脉数据30条，俄罗斯境内和朝鲜半岛各9条；国内山峰数据571条。① 山系的稳定性高于水系，是历史坐标定位的重要参照。一些山峰本身就有历史活动遗迹，如大、小兴安岭与东胡族系关系密切，长白山脉是肃慎、濊貊族系的兴起之地。②

山脉、山峰数据与流域数据的叠示，可以为研究者定位历史空间、研究历史活动的空间环境提供较好的参考。在实际应用中，研究者借助历史地理信息平台，通过矢量数据的逐层叠加，可以更加便利地查找、对比、编辑地图文献中的各种信息，例如快速完成在历史疆域的定点，测量交通距离、疆域面积，实现不同地图文献定点位置的对比等。这些都需要自然地理环境的参照，尤其是历史记录中比较常见的河流数据和山脉、山峰数据。在详细的水系数据和山系数据的支撑下，研究者不仅可以了解历史实体与山川的位置关系，还可以通过矢量图形的放大和缩小从微观、宏观等不同视角考察历史实体周边的自然地理环境。

第三节 东北古史人文空间的数据基础构建

地理信息系统有助于准确理解历史、整合史料及将其中具有空间意义的成分转化为空间信息数据，通过可视化呈现更加精确地厘清历史时空变迁过程中各种复杂的因果关联。③ 东北历史空间数据按内容可以分

---

① 相关数据目前已完成地理信息坐标、名称、历史注解等基本整理，并进行了分类。

② 佟冬主编：《中国东北史》（修订版）第1卷，第170页。

③ 范毅军等：《空间信息技术应用于汉学研究的价值与作用》，《汉学研究通讯》2001年第2期。

为四种：第一种为自然地理数据，主要包括矢量化的江河、湖泊等水系数据，山系、山峰等的高程数据；第二种为历史地名数据，包括京、府、州、县，部、族的活动地，交通驿站、战争战场等可以确定空间坐标点的数据；第三种为历史遗迹数据，包括城址、居住址、墓葬、边墙、散布遗迹等具有考古调查依据的历史遗存；第四种为专题历史地理数据，主要包括古代交通数据和疆域、行政区划数据。

古代交通数据主要是依据古代行程录和现代研究成果划定的历史交通路线；疆域、行政区划数据是指历代中央王朝在东北地区的建制及东北边疆少数民族政权的疆域数据。前三种数据可以从相关历史文献和数据集中抽取，第四种数据通常是在前三种数据基础上通过学术研究和空间数据研判绘制的。因此，相对于前三种数据在数字人文技术支持下的快速构建，第四种基础数据的构建需要更长的研究周期和东北古史研究者的深度参与。东北古史空间数据与东北古旧地图的结合，可以为东北历史地理架构较为丰富的空间数据体系。在数据开源之后，研究者只需在这些数据的基础上选择调用、适量增添数据即可建构有效的专题历史空间。

一、基于历史文献的空间数据抽取与地理编码

东北边疆史地理数据基础相对薄弱，目前开源的历史地理信息数据并不像自然地理数据那样丰富，尚难以满足东北古史研究的需求，更多的专题数据还需要通过对古籍、古旧地图等资料的信息处理获得。东北边疆史地名数据以历史文献中抽取的地名实体为主体建立历史地名词表，再以地名实体词表为核心构建地名数据，其中核心信息包括地名名称、地址、空间位置、时间和文献依据等，以支持基于地名的地理信息检索，为空间概念标注和查询提供共享词汇表。[①] 地名信息的获取主要

---

　① 李宏伟等编著：《地名本体理论方法与应用》，第 42 页。

有两个途径：一是对历史文献的解析，二是从开源数据中抽取。从历史
文献中解析，按资料来源又可以分为从古籍文献中解析、从研究文献中
解析和从古旧地图中解析三种途径，这三种途径都涉及信息提取技术。
信息提取（Information Extraction，IE），是指提取文本集中预定义事件
或任务信息的过程，其目的在于发现文本中的结构模式。[1] 从东北古史
文献中抽取的数据可以用于空间数据分析和构建可视化的历史地理信息
数据。数据抽取的基本过程包括文献准备、地名信息标记、地址转换、
坐标生成、数据验证、历史注释等几个关键步骤。（基本模型参见图4-5）。
谭其骧主编的《中国历史地图集》为中国近百年来最完善的中国历史
政区地图，也是近百年来中国现代历史地图编绘的最高水平成果。[2] 本
节以《〈中国历史地图集〉释文汇编·东北卷》（以下简称《释文汇
编》）中的历史地名数据抽取为例阐述这一过程。

（一）东北边疆历史地理文献的数据准备

　　《中国历史地图集》东北部分的注释文献有两种版本，即《〈中国
历史地图集〉东北地区资料汇篇》[3] 和《释文汇编》[4]，前者未公开出
版，后者为公开出版图书。两种文献地名基本一致，注解均较为翔实，
地图上的点、线、面有对应的考证。就文献版面信息特征来看，两套文
献的地名、地望、历史沿革标注清晰，考证部分与基本信息有明显的段
落区分，部分地名及地望直接通过列表呈现，提取信息的难度相对较

---

　　[1]　温有奎、焦玉英：《基于知识元的知识发现》，西安：西安电子科技大学出版
社，2011年，第31页。

　　[2]　蓝勇：《中国历史地图集编绘的历史轨迹和理论思考》，《史学史研究》2013
年第2期。

　　[3]　《中国历史地图集》中央民族学院编辑组：《〈中国历史地图集〉东北地区资
料汇篇》，1979年。

　　[4]　谭其骧主编：《〈中国历史地图集〉释文汇编·东北卷》，北京：中央民族学
院出版社，1988年。

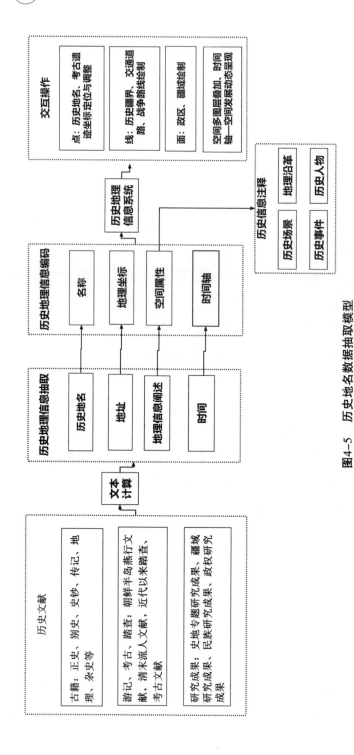

图4-5 历史地名数据抽取模型

小。（参见图 4-6）

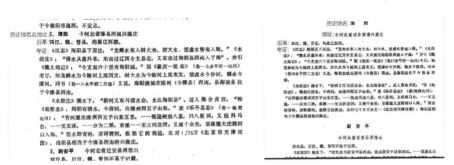

图 4-6　《中国历史地图集》注解文献的内容结构及排版特点

这类内容结构规律的非结构化文本的空间数据提取分为三步：第一步，对文献进行光学字符识别（Optical Character Recognition，OCR）获得文本，并进行识别结果矫正①；第二步，对文本进行数据整理，除去识别过程中出现的乱码，对未能识别的或识别错误的生僻字进行补订，修正部分标题级别错误；第三步，文本信息抽取与结构化。数据整理环节在第二章已做相关叙述，本节仅就空间数据整理实践过程中的实践细节和特殊部分进行进一步阐述。

《释文汇编》版面结构相对统一，可以通过正则表达式完成基本数据结构的解析。但对于人文学者而言，一个完整、准确、版面整洁的文本格式（DOCX）在日常的科研中也具有一定的利用价值。为了保留书本内容风格，便于传统的阅读和文本对照阅读数据库的数据上传，此步骤没有采取文本计算常用的特征符号标注，而是通过段落分级的方式完

---

① 光学字符识别（Optical Character Recognition，OCR）是指基于电子设备（如扫描仪或数码相机）扫描件的文字，通过 OCR 技术检测扫描件上暗、亮的模式以确定文字的形状，然后用字符识别方法将形状翻译成文字的过程。整个过程首先需要对纸质文本资料进行扫描，然后对图像文件进行分析处理，最后获取文字及版面信息。王言：《RPA：流程自动化引领数字劳动力革命》，北京：机械工业出版社，2020 年，第 114 页。

成标注。根据图书内容排版的特点，将一级标题定义为时代属性，二级标题定义为一级地名属性，三级标题定义为二级地名属性，四级标题定义为空间位置属性，五级标题定义为时间轴属性，文本部分定义为地名文献考证属性。（参见表4-2）

表4-2 文本数据特征分析表

文本特征	内容示例	数据属性	特征标注	特征代码
章	第一章　两汉魏晋时期	时代	一级标题	Heading 1
节	第一节　辽西郡	一级地名/族	二级标题	Heading 2
地名	且虑	二级地名/部	三级标题	Heading 3
地址	今辽宁省朝阳市迤西，不定点	空间位置	四级标题	Heading 4
沿革	前汉县，后汉废	时间轴	五级标题	Heading 5
论证部分	《汉志》辽西郡领有十四县，且虑为首县，一般说来，应即郡治所在……	地名文献考证	文本	Normal

文本标注清晰之后，可以根据文本特征将文本批量转换为结构化数据。数据第一列为时代属性，第二列为一级地名，第三列为二级地名，第四列为空间位置的文字信息即地址信息，第五列为时间轴信息即历史沿革信息，第六列为地名文献考证的论述文本，第七列为参考文献（参考文献的具体来源为论述部分书名号内所包含的数据）。数据结构化处理可以在DOCX格式下一次性批量完成。（算法参见图4-7）

在写入效果方面，其与传统手工录入的表格数据完全一致，写入格式可以根据需要设置为CSV格式或者Excel格式，这对于地名信息提取并无明显影响。① 之所以采用传统数据格式，主要是考虑到历史研究者

---

① 高炽扬等：《基于Python的Excel文档批量转换生成自定义形式Word文档工具的实现和应用》，《数字通信世界》2021年第11期。

的计算机办公软件使用习惯和计算机系统的软件环境，确保历史研究者拿得到、看得懂，可以简单上手操作。在实践中，不同的计算机内部字库不同，写入时会出现生僻词不能识别或遭遗漏的情况，需要在实际使用过程中进行检查与校验，但数据质量整体良好。（效果参见图 4-8）

Algorithm 1 docx 文本数据结构化

输入: $docx$: 非结构化 docx 文本数据; T: 需要提取出的非结构化文本样式列表; T_i: 文本结构化过程中特定的结构化文本样式列表;

输出: $result$: 符合需求的结构化数据;

1: **function** STRUCTUREDDATA($docx, T, T_i$)
2: 　　$result \leftarrow []$
3: 　　$doc \leftarrow ReadDocx(docx)$
4: 　　**for** $para$ in $doc(para_0, para_1, \cdots, para_N)$ **do**
5: 　　　　$temp \leftarrow []$
6: 　　　　$para_{style} \leftarrow GetStyle(para)$
7: 　　　　**if** $para_{style}$ **in** T **then**
8: 　　　　　　**if** $para_{style}$ **in** $T_i(style_1, style_2, \cdots, style_N)$ **then**
9: 　　　　　　　　$temp \leftarrow temp + GetText(para)$
10: 　　　　　　**else**
11: 　　　　　　　　$temp \leftarrow []$
12: 　　　　　　**end if**
13: 　　　　**end if**
14: 　　　　$result \leftarrow temp$
15: 　　**end for**
16: 　　**return** $result$
17: **end function**

图 4-7　基于 Word 格式的文本数据结构化算法

数据写入完成之后，需要核验写入情况。主要核验以下几个方面的内容：一是程序编写是否满足数据表达情况，数据写入格式是否合理，若有不合理之处则需要修改程序代码，进一步完善数据书写；二是数据写入是否准确，是否存在转写错、漏等情况；三是文本中是否存在需要调整为标准格式的合并到数据表的固有表格数据。数据核验无误后，还要对以下内容进行整理完善：一是要完善一级地名与二级地名之间的关系；二是要完善时间数据，即赋予时代起止时间，根据地理沿革的文字描述，赋予具体地名时间区间；三是要完善地名、部族、自然环境的类别，如郡、县、州、府、族、部、山、河等类别要素；四是根据文献考证中的内容抽取参考文献的书名信息。（参见图 4-9）

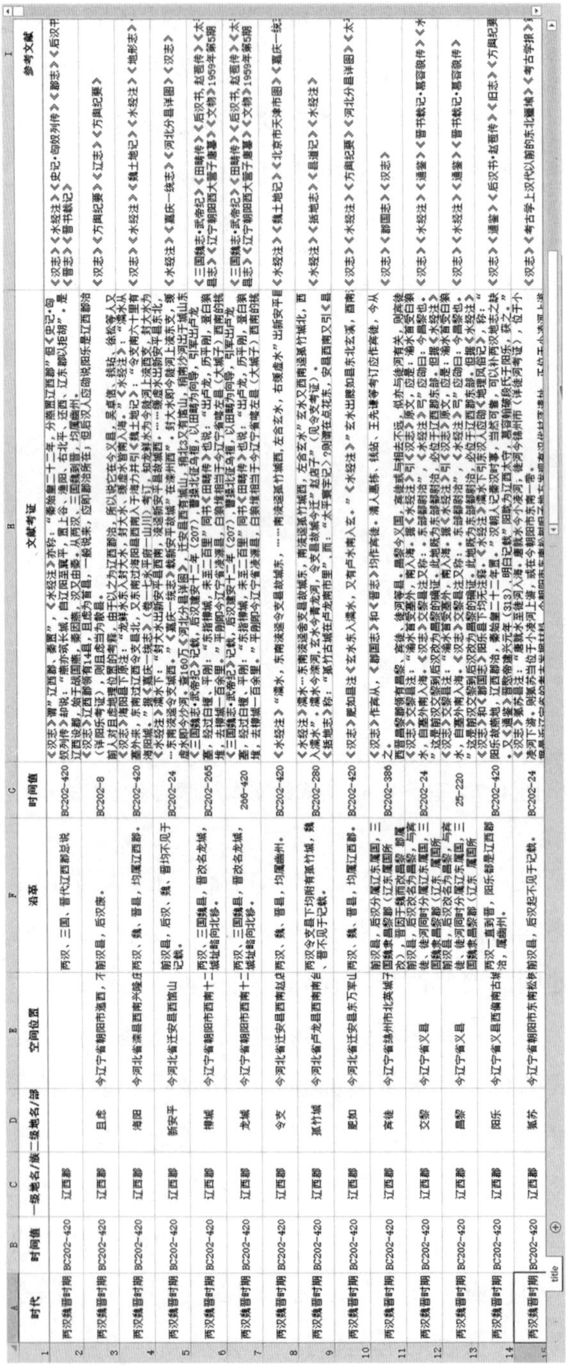

图4-8　基于Word格式的文本数据结构化写入效果

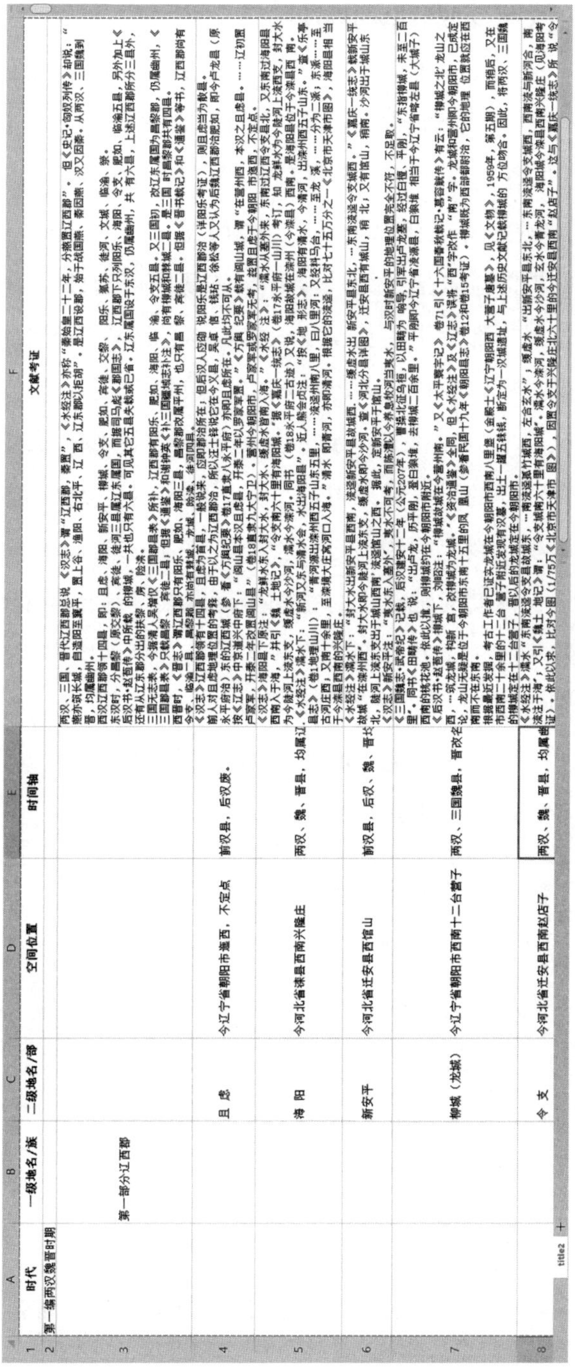

A 时代	B 一级地名/族	C 二级地名/部	D 空间位置	E 时间轴	F 文献考证
第一编两汉魏晋时期	第一部分辽西郡				
		且虑	今辽宁省朝阳市盖西、不定点	前汉县、后汉废。	
		海阳	今河北省滦县西南兴隆庄	两汉、魏、晋县、后汉废。	
		新安平	今河北省迁安县西南四馆山	两汉、三国魏、晋改名。	
		柳城（龙城）	今辽宁省朝阳市西南十二台营子	两汉、魏、三国魏县、晋改名。	
		令支	今河北省迁安县西南赵店子	两汉、魏、晋县、均属幽	

图4-9　校验后的数据

（二）基于文献抽取数据的地理编码

地理编码（Geocoding）又称地址匹配（address-matching），是根据地址信息要素（如古代州府郡县所对应的空间方位等）得到的空间坐标信息。[①] 地理信息编码之前，需要对空间位置信息进行校准。《释文汇编》的地址描述主要存在以下几个方面的问题：一是部分地址描述不完整，如辽西郡的位置描述为"今辽宁省朝阳市迤西，不定点"；二是随着时代的发展，部分市、县、乡、村名称已调整，最常见的为县改市、乡改镇或街道，以及村庄名称的调整，如此，《释文汇编》所述地名与当前的行政建制并不完全一致；三是《释文汇编》发布时部分未定点的位置如今有新的研究成果可以定点，部分已定点的位置有新的权威研究成果的出现，以上问题需进行验证、整理。

整理完成后，需要对地址进行空间坐标匹配。地址匹配通过目前公开的坐标拾取器完成，于此目前较为成熟的有百度地图、高德地图、腾讯地图、天地图等平台，批量的坐标拾取也可以通过调用这些平台的 API 接口完成。为了实现衔接，可以直接通过批量写入数据表的形式完成坐标拾取。（算法参见图 4-10）

图 4-10　基于 API 的地址经纬度坐标提取

①　谭徽霖等编著：《地理空间信息技术应用高级实验教程》，北京：北京交通大学出版社，2014 年，第 81 页。

在坐标拾取过程中，会出现少量坐标不能有效拾取的情况，主要原因有二：一是部分地址不规范或使用的是旧地名；二是 API 数据收录不全面，但这种情况较少，可以手动处理，处理完成后再将坐标投放到地图上校验，确保数据准确。

完整的历史地理信息应包含空间数据、属性数据和样式参数。[①] 空间数据主要包括历史地理名称及其点、线、面属性和对应的经纬度坐标。空间数据是基础数据，必须完整。属性数据主要包括地名的行政隶属关系、地理位置的文字表述、时间、建制沿革、文献考证、参考文献等信息。属性数据属于注解数据，不具有唯一性，不同历史地理信息的属性数据有一定的差异。样式参数主要涉及点、线、面的空间可视化样式和属性字体格式。空间可视化样式主要包括图标、颜色、线条粗细与样式、透明度、倾斜度等。属性字体格式包括字体、字形、颜色、大小、透明度等。自研平台选择 GeoJSON 格式的地理信息编码作为通用格式。GeoJSON 是由因特网工程任务组（Internet Engineering Task Force，IETF）制定的、表达简单要素的数据标准。其支持的几何类型包括点、线、面，以及多点、多线、多面。[②] GeoJSON 是一种简单、轻便、明了的数据格式，正在成为一种流行的数据格式，并逐渐应用在许多地理信息技术和服务中。[③] 它能对各种地理数据结构进行编码，GeoJSON 对象可以表示为 Point、LineString、Polygon、MultiPoint、MultiLine-

---

[①]　呼雪梅等：《基于 GIS 的历史文化资源挖掘机制与可视化探索——以陕西历史文化地理信息平台为例》，《测绘与空间地理信息》2021 年第 10 期。

[②]　杨德麟等编著：《测绘地理信息原理、方法及应用》上册，北京：测绘出版社，2019 年，第 223 页。

[③]　艾明耀、胡庆武编著：《高级 GIS 开发教程》，武汉：武汉大学出版社，2017 年，第 138 页。

String、MultiPolygon 和 GeometryCollection。① 由二维表数据到 GeoJSON 数据，可以通过编程批量实现，也可以通过格式转换工具、网络格式转换平台及代码实现。

《释文汇编》共记录东北历史地名 1996 个。按时代划分：两汉魏晋时期 92 个，南北朝隋唐时期 183 个，辽金元时期 459 个，明代 536 个，清代 726 个。总体来看，东北地名数据呈现时代越久远古代地名数据量越少的特点。《释文汇编》所录地名并不全面，通过专题历史文献和相关研究成果可以提取更加详细的历史地名数据。如辽代地名数据以《辽史·地理志》所列州县为基础②，结合《〈辽史·地理志〉汇释》和《释文汇编》等相关研究成果进行综合辑录。通过统计，共获得辽代州县地名数据 395 条，其中州 178 条，县 217 条。辽代府下设州，部分州下再辖州，州下之州亦有辖县。在 178 个州中，府辖州 128 个，州辖州 50 个。在 217 个县中，府辖州领县 177 个，州下州辖县 40 个。③渤海方面，学界对《新唐书·渤海传》所载五京、十五府、六十州的认识基本相同，但对于缺略的二州和诸州辖县的判定存在一定的差异。④ 金毓黻根据《辽史·地理志》增补集州和麓州，以填补《新唐书》缺略。⑤ 金氏《东北通史》认为，渤海应有 130 县，但州县表中只列了 112 县。⑥《释文汇编》参考日本文献，增木底、若忽、玄菟三州，列出 100 余县，对部分州的辖县仅做探讨未做确切判定，另将龙州长平

---

① 叶凯等：《基于 WebGIS 技术的塔里木河流域河湖信息系统》，《计算机系统应用》2018 年第 2 期。

② 脱脱等：《辽史》，北京：中华书局，1974 年，第 437~517 页。

③ 张修桂、赖青寿编著：《〈辽史·地理志〉汇释》，合肥：安徽教育出版社，2001 年。

④ 欧阳修、宋祁：《新唐书》，第 6181 页。

⑤ 金毓黻：《渤海国志长编》，第 36 页。

⑥ 金毓黻：《东北通史》，第 290~293 页。

县改属扶余府，认为回跋城或为河州辖县。① 魏国忠在《渤海国史》中认为渤海辖县或超过 200 个，书中列出了 115 个，相对于《东北通史》增添了湖州长庆县和郢州延庆、白岩二县。②

以上多为行政建制和著名山川等大地名。《元史》《辽史》《金史》《明史》等正史，元明清《一统志》、《盛京通志》、《吉林通志》等地方志，踏查笔记及边防报告等，记录了部分东北地区的小地名。文本数据抽取后，共获得各类小地名 1000 多个。其中，从《金史》《鸭江行部志》等文献中辑录金代小地名 112 个；从《元史》《高丽史》《明实录》等文献中辑录元代辽阳、开元、女真水达达等辽东诸路小地名 14 个，与卡伦相关地名 37 个；从《明史》《全辽志》《万历武功录》等文献中辑录明代辽东都司卫、所、堡、关、铺等小地名 248 个；从《大清一统志》《盛京通志》及诸地方志中获得清代奉天小地名 228 个；从《大清一统志》《吉林外纪》《中俄交界全图》《西伯利东偏纪要》《东三省韩俄交界道里表》等辑录各类小地名 209 个；从《经世大典》《析津志》中辑录元代辽东诸路驿站 121 个。另有山川别称 247 个。通过辽代州县与渤海州县史料关系的文本比照，可以获得新的专题数据，即辽代迁并渤海州县的数据。该数据共有州县 165 个，其中州 79 个（府辖州 57 个，州辖州 22 个），府州辖县 77 个，州下州辖县 9 个。在地理位置上，州与其附郭县重叠、合并后共有 117 个行政实体。

二、基于开源数据的历史空间数据抽取

在大数据背景下，众多的开源数据不断被发布，学界一般称之为众源数据（Crowdsourced Data）。与传统的地理数据相比，众源地理数据不仅具有数据规模上的优势，还可以弥补传统地理数据的不足，其中许

---

① 谭其骧主编：《〈中国历史地图集〉释文汇编·东北卷》，第 92~125 页。

② 魏国忠等：《渤海国史》，第 182~189 页。

多数据是历史文化信息等传统地理数据难以表达的信息。① 但这些数据往往存在精度、信度的问题，需要进行必要的数据验证才能审慎使用，权威发布的开源历史地理信息数据具有数据集中、精度高、提取操作便捷、格式转换便利等优势，经过数据提取之后可以直接使用。

（一）从 CHGIS 中抽取东北历史空间数据

中国历史地理信息系统（CHGIS）的数据抽取与基础历史地理中的流域数据抽取方法类似。其历史地名数据主要为 1820 年和 1910 年的两组数据。1820 年数据中，从行政级别来看，一级行政区域为黑龙江、吉林、奉天（盛京）3 个将军辖区，二级行政区为 12 个，三级行政区 56 个，四级行政区为 610 个村镇。1910 年数据中，一级行政区为 3 个行省，二级行政区 41 个，三级行政区 97 个，四级行政区 1160 个村镇。两组总计为1982 个地名。从空间分布特征来看，1820 年数据的空间分布范围比 1910年数据广，主要是包含了现俄罗斯境内的原中国疆域。从密度来看，1910年数据在现今中国境内的分布密度要高于 1820 年数据，这主要是因为1910 年时间相对晚近，有更多的文献保留了东北大小地名数据，加之近代以来民族危机加深，中国在边疆经略上逐步加强了对东北地区的统治。

（二）从 CBDB 中抽取东北历史空间数据

由哈佛大学费正清中国研究中心、北京大学中国古代史研究中心和台湾"中研院"历史语言研究所三方合作开发维护的中国历代人物传记资料库（CBDB），旨在系统整理中国历史人物传记数据，并在全球范围内开源共享，目前最新版本为 2020 年 11 月版。该版共收录 7—19世纪约 471000 人的传记资料，同时记录了这些人物活动的历史空间数据，可用于统计分析与空间分析。该数据库提供 Microsoft Access、SQLite 和 MAC 三种格式的数据。Access 数据可以直接导出为 Excel 数

---

① 孙晓剑、樊军：《众源地理数据及在城市规划中的应用探讨》，中国城市规划信息化年会，湖南长沙，2014 年。

据。从数据的总体情况来看，其共收录地名数据 51004 条，其中有空间坐标的数据 27504 条。其空间数据带有时间区间、上级地名等多重数据，可以由此筛选出东北地区地名数据和对应的空间坐标信息，初步筛选结果为 1189 条东北地名数据，但由于该数据是以历史人物为中心的，存在部分重复信息，通过数据去重处理共得到东北地区地名数据 816 条。与 CHGIS 不同，这些数据涵盖了 7—19 世纪与东北地区历史人物活动有关的空间数据，是东北地区历史研究从历史文本到历史地理空间的重要参考数据。

（三）从开源数据中抽取朝鲜半岛历史空间数据

朝鲜半岛尤其是朝鲜半岛北部的历史与东北历史有较多的关联，其历史地名对于朝鲜半岛古代文献的解读、现代历史遗迹的定位及相关历史文献的研读有着很高的参考价值。韩国国史编纂委员会建设了朝鲜历史地理数据库，对相关行政区划和历史地名沿革文献都进行了数字化整理，通过 WebGIS 提供可视化呈现。该数据库提供了 1910 年、1914 年、1970 年的历史地理信息数据，其中既包括历史地名的点坐标数据，也包括历史区域的矢量数据，可以进行多图层对比研究。2020 年 9 月，韩国公共数据门户公布了该数据库中的 1914 年数据。该开源数据为 CSV 格式的半结构化数据，总数据量为 8443 条，方便坐标展点和数据查询。

在保留汉字地名后，该数据在一定程度上跨越语言障碍，提供了较为准确的朝鲜半岛历史地理参考信息，尤其是在阅读古代和近代文献时，朝鲜半岛的传统地名具有很高的参考价值。通过数据可视化效果来看，其数据密度较高，基本涵盖了朝鲜半岛绝大多数地名。

三、东北古史遗迹数据的生产

（一）从考古文献中获取东北遗迹数据

东北古代遗迹的数据需要从东北地区的考古报告、地方文物志、文物地图集中抽取。与历史地名信息不同，文物遗迹的空间位置信息通常融合在遗迹状态的描述之中。以地域为专题的文物遗迹的地望表述通常会缺损对应的地域行政单位，如《中国文物地图集·辽宁分册》的文物遗迹地址表述会省略"辽宁省"，具体到某市时则对应省略相关的市一级表述。另外，遗迹描述村一级行政单位时，往往还会继续描述其所在村庄的具体方位，如"正南""正东""西北""东南"等。若涉及与村庄的距离，有时也会加重对遗迹周边环境的描述。如吉林省集安市霸王朝山城被描述为"财源乡霸王村东北 4 千米山上"①，黑龙江省牡丹江市宁安市镜泊湖城墙砬子城址的地址描述为"镜泊湖西岸高山之间"②。这样的空间位置表述给精确地址的提取造成一定困难，需要通过自然语言处理技术及有监督的模型训练进行批量识别。③

根据考古报告的习惯，单一遗址的遗迹名称会出现在报告的标题上，位置信息一般出现在第一次出现遗址名称的对应段落，区域性遗址综述所涉及的遗址名称会在正文第一段中列出。因此，首先通过考古文献名称、关键词和摘要信息对文献进行分类，然后在分类基础上截取相应段落。（参见表 4-3）

---

① 国家文物局主编：《中国文物地图集·吉林分册》，第 117 页。

② 国家文物局主编：《中国文物地图集·黑龙江分册》，第 541 页。

③ 信息抽取技术分为基于规则的信息抽取和基于统计的信息抽取。前者主要运用在类似于《释文汇编》这类地址描述相对规律的文献中，可通过定义信息抽取规则直接完成地址信息抽取。这种方法在特定的文献数据处理中精度相对较高。后者则需要根据数据特征标注一定数量的训练集，通过样本训练学习抽取规格。这种方法对含有噪点的文本处理能力较强、信息抽取率高，能在相当程度上避免数据丢失。

表 4-3　东北考古文献中空间位置信息抽取样例

标题	类型	关键信息
辽宁朝阳十二台营子青铜短剑墓①	单一	在朝阳县城西南约 12.5 公里处，有一较大的山村名叫十二台营子，营子的后面有一条大凌河由西南向东北流过
黑龙江省肇东县哈土岗子遗址试掘简报②	单一	哈土岗子村位于肇东县城南 40 公里，属四站镇管辖，东南距第一松花江约 1.5 公里，西距小窑村约 1.5 公里。遗址位于哈土岗子村和后屯之间的两条长条形土岗上
沈阳地区辽金城址刍议③	综合	根据《沈阳市文物志》、《法库县文物志》和《康平文史资料》（第三辑）所提供资料，沈阳市辖境内共发现辽、金城址 49 座。其中康平县 6 座：泡子沿城址、城子沟城址、三家子城址、小塔子城址、岔海挠城址、北小城子城址。法库县 22 座：小古城子山城址、大古城子山城址、北城子山山城址、南城子山山城址、八虎山山城址、平顶山城址、马鞍山城址、西二台子城址、南土城子城址、三合城址、石垃子古城子城址、北土城子城址、五城店城址、古城子城址、朱千堡城址、拉马桥子城址、祝家堡子城址、冯贝堡城址、古城堡城址、四家子城址、徐三家子城址、和平城址。新民市 9 座：辽滨塔城址、巨流河山城址、西梁山城址、东高台山城址、庄家屯城址、流泉地城址、穿心堡城址、三家子城址、半拉古城址。辽中县 1 座：石碑岗子古城址。新城子区 4 座：道义城址、董楼子山城址、长岭山城址、石佛寺城址。苏家屯区 1 座：奉集堡城址。东陵区 2 座：大夫古城址、殷家子古城址。于洪区 3 座：静安城址、高花城址、彰驿城址。沈河区 1 座：老城区地下城址

---

①　朱贵：《辽宁朝阳十二台营子青铜短剑墓》，《考古学报》1960 年第 1 期。

②　陈国庆、关强：《黑龙江省肇东县哈土岗子遗址试掘简报》，《北方文物》1988 年第 3 期。

③　赵晓刚：《沈阳地区辽金城址刍议》，《辽金历史与考古》第六辑，沈阳：辽宁教育出版社，2015 年，第 3~15 页。

以截取的有效段落为基础，使用分词器对句子进行分词确定遗迹相关的核心词，再以核心词为基础对遗迹地址信息的描述句进行定位；在此基础上，对地址句进行清洗，去除冗杂的表述，获得相对简洁准确的地址内容；通过命名实体识别（NER，Named Entity Recognition）抽取省、市、县、乡、村等具有明显地址特征的实体名称①，进而确定具有地址关系的句子及句子中地址实体之间的关系，生成地址信息。如果生成的信息不完整、不规则，可以通过调用中国省、市、区地址匹配模块（Chinese Province City Area，CPCA）完成地址信息的完善。② 该模块数据来源是中华人民共和国民政部全国行政区划信息查询平台③中的行政区划数据，可通过已知的具体地址补充完善省、市、县/区地址。（具体算法效果参见图 4-11）

根据地址描述内容调用 API 完成地址坐标数据匹配，并通过坐标投放验证匹配坐标的准确性，对部分未能准确匹配的遗址进行调整。根据遗址的地域、时期和性质进行分类，地域分为辽宁、吉林、黑龙江、内蒙古四个区域，时期则分为旧石器、新石器、青铜、铁器、秦汉、魏晋南北朝隋唐、辽金、元明清八个时期。

通过对考古文献文本的初步计算，共抽取出有考古报告依据的与东北古代民族相关的遗迹数据 1212 条。其中，旧石器时代数据 35 条，新

---

① 命名实体识别是指从文本中识别出人名、地名和机构名等专有名词，是自然语言处理的关键技术之一，也是信息抽取、问答系统、句法分析、机器翻译等应用的重要基础工作。王蕾等：《基于神经网络的片段级中文命名实体识别》，《中文信息学报》2018 年第 3 期。

② CPCA 是用于提取简体中文字符串中省、市和区信息，并能够进行映射、检验和简单绘图的工具包，Github 地址［EB/OL］. https://github.com/DQinYuan/chinese_province_city_area_mapper，浏览日期：2020 年 2 月 13 日。

③ 中华人民共和国民政部全国行政区划信息查询平台［DB/OL］. http://xzqh.mca.gov.cn/map，浏览日期：2020 年 2 月 13 日。

```
import cpca
location_str = ["和龙市龙水乡龙湖村龙头山山坡上，和龙龙湖渤海墓","海林县新安乡海浪河左岸山嘴子东的黄土岗上，海林山嘴子渤海墓葬", "抚松县仙人桥镇大营村西侧,大营渤海遗址"]
df = cpca.transform(location_str)
df
print(df)
```

```
      省            市       区                      地址       adcode
0   吉林省  延边朝鲜族自治州    和龙市         龙水乡龙湖村龙头山山坡上，和龙龙湖渤海墓  222406
1  黑龙江省      牡丹江市   海林市  县新安乡海浪河左岸山嘴子东的黄土岗上，海林山嘴子渤海墓葬  231083
2   吉林省      白山市    抚松县            仙人桥镇大营村西侧,大营渤海遗址  220621

Process finished with exit code 0
```

图 4-11　地址匹配算法及其输出效果

石器时代 97 条，青铜时代 153 条，秦汉时期 106 条，魏晋南北朝隋唐时期 151 条，辽金时期 555 条，元明清时期 115 条。[①]（总体分部情况参见表 4-4）

表 4-4　东北古代遗迹数据分省统计表

时期	计数	省	分省计数
旧石器时代	35	辽宁省	10
		吉林省	10
		黑龙江省	11
		内蒙古自治区	4

① 本次计算的数据集主要参考已公开发表的考古报告和部分研究成果，一个遗迹只采点一次，内部细部分区尚未进行进一步的抽取。由于当前文本数据储备不足，尤其是明清数据尚未整理完成，模型抽取能力还有待提升，计算结果不够全面，但基本技术路径已经确立，后期通过原始考古文献的积累和专题研究的跟进可以不断增强。

（续表）

时期	计数	省	分省计数
新石器时代	97	辽宁省	24
		吉林省	38
		黑龙江省	23
		内蒙古自治区	12
青铜时代	153	辽宁省	45
		吉林省	49
		黑龙江省	43
		内蒙古自治区	16
秦汉时期	106	辽宁省	57
		吉林省	20
		黑龙江省	11
		内蒙古自治区	18
魏晋南北朝隋唐时期	151	辽宁省	63
		吉林省	59
		黑龙江省	21
		内蒙古自治区	8
辽金时期	555	辽宁省	163
		吉林省	83
		黑龙江省	186
		内蒙古自治区	123
元明清时期	115	辽宁省	57
		吉林省	17
		黑龙江省	18
		内蒙古自治区	23
总计			1212

这些遗迹在空间分布上遍及东北全境，呈现出不均衡的状态。总体来看，东北地区的中西部遗迹分布密度高于北部和东部。从局部来看，越靠近中原分布越密集，辽西走廊、沿辽河干流流域和辽东半岛分布最为密集，黑龙江流域则以松花江流域和乌苏里江流域分布较为密集，延边地区图们江流域分布相对集中。通过图层的叠加分析可以看出，自石器时代开始，东北地区人类的活动空间与后来的历史发展空间具有明显的一致性。东北地区的历史文化发展在区域空间上的叠加、演进及向外延伸的过程，可以通过空间数据进行更深入、客观的考察。

（二）从开源数据中获取东北遗迹数据

海内外积极利用数字人文技术优化历史数据表达。在历史遗迹方面，韩国国史编纂委员会通过韩国公共数据门户公布的 10142 条遗物、遗迹数据中，高句丽数据约有 7874 条，其中遗迹、遗物数据 7348 条，古墓壁画数据 526 条。从空间分析和国内相关专题数据的对比情况来看，这些数据相当完整地收集了相关领域的考古信息和研究成果。通过空间分析可以看到，这些地理信息数据有相当一部分在中国境内或与中国边疆有关，这些成果对于中国边疆历史研究和历史通识教育的数字化传播都具有参考价值。

东北边疆史研究对于空间数据的需求是多元综合的，即在文献、文本、数据、历史地理信息上皆有需求，以各类数据之间能够相互关联为最佳。四者之间，从基于数字人文的历史研究实践来看，文献是基础，是可资引证的权威信息，是文本、数据和历史地理信息的基础来源和核心参照；文本是中介，即文本来源于文献，同时可以通过数据的形式形成文献、数据和历史地理信息的融合；数据和历史地理信息则是研究资源和技术承载，二者可以提升文献阅读的效率、精度和深度，可以改善历史书写，优化历史表达。在东北古史研究实践中，专题历史地理数据的建构正是基于上述需求，对高句丽、渤海、古朝鲜等历史研究专题制作了数据集。与基于文本抽取地名、遗迹等数据不同，专题历史空间数据通常是在服务于特定历史研究项目过程中根据研究者的实际需求制作的带有准确数据分类的数据集。因此，专题数据具有指向性强、分类细致、数据精度高、与研究成果结合紧密等特点。

四、东北古史空间数据谱系的构建

历史地理信息系统是以带有历史时间属性的地理空间数据为基础，利用地理模型的分析方法提供时空和动态的历史地理信息，为历史研究提供地理信息数据支持。[①] 在技术架构和数据准备的基础上，从东北历史空间特点和研究需求出发，以空间数据、历史地图、文本解释等为基础构建东北边疆历史的空间体系，能够更好地发挥空间数据在东北边疆历史体系建构中的作用。建构基础历史地理信息数据体系，是东北边疆史空间体系建构的前提和基础，在此基础之上，才能够使技术背景不足的人文学者有条件参与专题历史地图的绘制和以历史空间数据分析为基础的历史研究之中。鉴于这种思想，东北基础历史数据体系可划分为系统底图基础数据集、历史地理基础数据集、专题历史空间数据集、历史空间解释体系四个部分。

（一）系统底图基础数据集

系统底图基础数据集是历史空间中最基础的数据集，其设计构想来源于王国维先生的二重证据法。他在《古史新证》中说："吾辈生于今日，幸于纸上之材料外，更得地下之新材料。"[②] 在地图文献和历史空间数据的多重互证过程中，底图的切换具有重要作用。运用现代平面街区村镇地名图查看历史空间数据，可以看到历史地名在当前历史空间中

① 杨申茂等：《明长城军事聚落历史地理信息系统体系结构研究》，《建筑学报》2012年第2期。

② 王国维：《古史新证——王国维最后的讲义》，北京：清华大学出版社，1994年，第2页。

的位置；利用地形图、卫星图可以考察历史空间信息的基本地理环境；利用高程图则可以更加清晰地观察到带有高程的历史遗迹的准确位置，并为三维建模提供必要的承载环境。学术论文中经常会用到地图插图，而地图涉及国界、行政区划、地名注记等方面，有很强的政治性和科学性。对地图专业性掌握不够，易导致地图类插图使用不规范、不合理，甚至不合法的问题。① 疆域及行政区划轮廓图、空白底图、自定义底图的使用，则为学术论文、学术著作配图提供了便利。依据上述应用需求和当前地图平台的共享现状，系统提供天地图、高德地图、腾讯地图、高程图、《中国历史地图集》配准图、瓦片图与矢量数据、CCTS 瓦片图、空白底图与自定义底图八组数据，每组数据各含若干子类。（参见图 4-12）

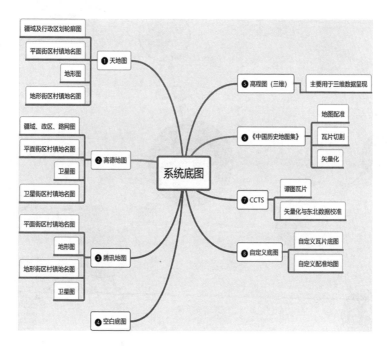

图 4-12　系统底图基础数据集

① 邓国臣、褚雪梅：《学术论文中避免出现"问题地图"的建议》，《科技与出版》2018 年第 1 期。

（二）历史地理基础数据集

历史地理基础数据集包括历史自然地理基础数据和历史人文地理基础数据两个部分。历史自然地理基础数据主要为山川数据，关于数据的生产及其作用，前文已做详细叙述。（参见图 4-13）这里需要指出的是，随着历史研究数字化的深入，历史自然地理数据所涵盖的范围将逐步扩大到历史降水量、河流变迁、地形地貌变迁、气候、环境变化相关

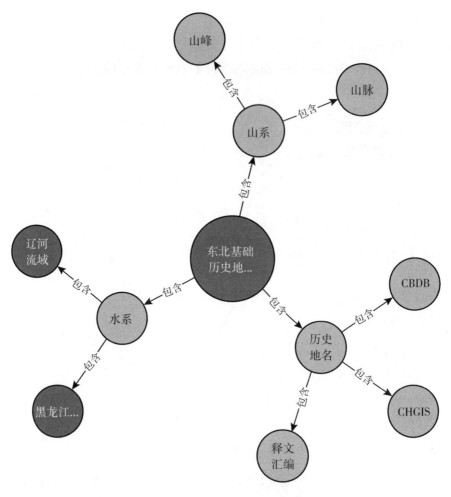

图 4-13　历史自然地理基础数据

的灾异数据等。^① 尽管这些数据多是历史地理研究的范畴，但对于历史研究而言也具有相当的参考价值。未来，数据平台会持续关注相关动态，搜集、生产研究所需的数据。

随着数字人文技术的发展，GIS 技术在历史领域的应用越来越广泛，但这些研究多是技术主导应用，对历史、历史地理信息的组织多是面向特定专题或应用，且通用性差，亟需遵循历史、历史地理学科的知识体系，发展基于历史研究需求的基础数据体系。^② 历史人文地理基础数据主要包括东北地区历史地名、历史遗迹、古代民族空间谱系、中央军政机构在东北的统治空间与疆域变迁、地方政权的空间叠加、古代民族的空间分布等数据。（参见图 4-14）关于历史地名，历史遗迹数据的来源、抽取过程和基本形态，前文已经做了叙述。行政区划、疆域变迁及古代民族的空间分布，一方面通过对《中国历史地图集》的矢量化获取，另一方面根据现有的开源数据获取。其基本原则是以权威历史文献、研究成果为基础，以高信度数据和权威文献来源作为依据，确保基础数据在历史研究过程中的参考价值。

（三）专题历史空间数据集

历史空间的数字化构建可以突破现实的空间割裂，还原不同时期的东北历史空间状态。在宏观上，这为东北史提供空间变动的可视化矢量数据；在微观上，可以为历史空间位置提供精确的数据参考，进而增强历史研究的精确性。东北历史发展在时间和空间上存在较多的断点，因此，东北历史空间以专题空间叠加的形式构建更为合理。专题历史空间的构建旨在通过数据呈现特定时空中历史实体之间的互动体系，并以此

① 葛全胜、朱会义：《两千年来中国自然与人文地理环境变迁及启示》，《地理学报》2021 年第 1 期。

② 胡迪等：《地理与历史双重视角下的历史 GIS 数据模型》，《地球信息科学学报》2018 年第 6 期。

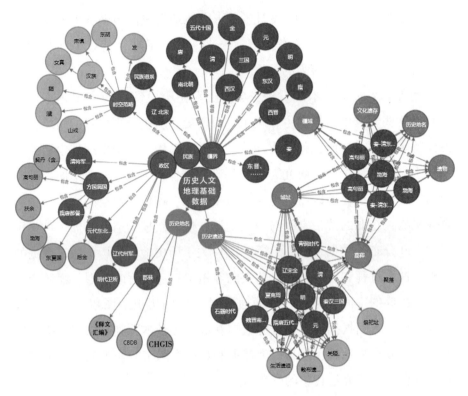

图 4-14　历史人文地理基础数据

完成空间样态的复建。东北专题历史空间主要是以历史文献、考古成果和历史地图为基础，获取东北古史中点、线、面的位置和各历史主体之间的空间关系。专题历史空间信息数据是服务于历史研究需求的，其来源主要有两个方面：一方面是基于应用需求的历史地理基础信息数据的再组织，另一方面是基于历史研究需求的数据原创生产。实际上，在数字空间体系建构过程中，专题历史地理信息数据既是东北古史空间数据应用范例的拓展，又是基础空间数据增量的重要来源，是更加常态的存在。目前，平台已经根据前期的研究需求建构了由秦到清的东北历史地理数据专题，古朝鲜（箕氏朝鲜、卫氏朝鲜）、高句丽、渤海、扶余专题数据集，东北古代交通数据集（唐、宋辽金部分）。随着后续研究的

推进，东北古史专题空间数据集会不断累积。（参见图4-15）

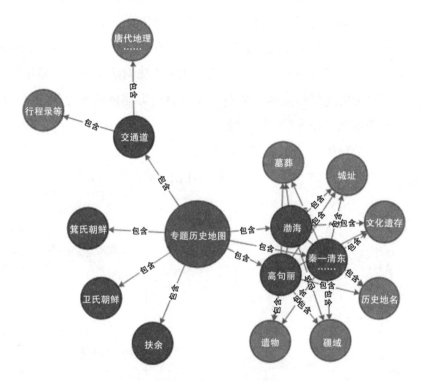

图 4-15　专题历史地理数据的初期谱系

（四）历史空间解释体系

　　从历史研究的视角来看，单纯的历史空间数据仅界定了历史部分要素的空间位置，无法多角度地表达历史发展的全貌。对历史研究而言，则必须以历史、历史地理的学科知识体系为基础，强化历史文献在历史空间数据中的地位，实现时间、地点、人物、事件（始末）历史四要素的系统融合。① 这就需要历史空间解释体系的构建。与历史专题数据集

---

　　① 胡迪等：《地理与历史双重视角下的历史 GIS 数据模型》，《地球信息科学学报》2018 年第 6 期。

的生产情况相同，历史解释体系的建构也是一个长期的基于需求的累积过程。根据当前东北古史文本数据化的进程，将建构东亚诸国关系史料历史地理信息解释体系、二十四史（《东夷列传》等相关部分）历史地理信息解释体系、《燕行录》史料历史地理信息解释体系、朝贡册封体系史料历史地理信息解释体系、东亚古代民族史料历史地理信息解释体系、古朝鲜历史地理信息解释体系、高句丽历史地理信息解释体系、渤海历史地理信息解释体系八个专题。（参见图 4-17）随着数字人文技术，尤其是历史地理信息技术在东北古史研究中的应用，历史空间的解释体系将会在内容上更加丰富、技术上更为优化，数据也会逐步实现标准化。

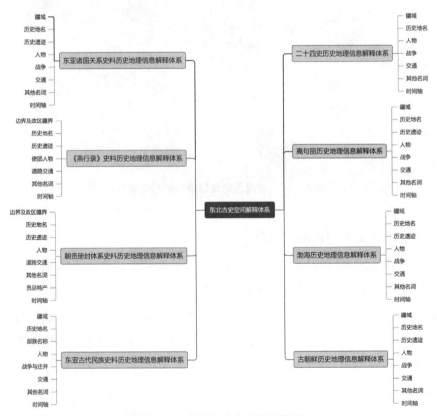

图 4-16 东北古史空间解释体系

第五章

基于数据融合的东北古史空间变动个案考察

时空关系是历史产生的客观基础，马克思指出："历史不外是各个世代的依次交替。"① 一切客观历史存在都有其确定的空间位置和随时间变动的空间轨迹。不能深入理解空间生产的历史，既无法真正合理把握和理解空间生产的现状，也不能合理指明空间生产的未来发展趋势，由此也就不能真正破解当代空间问题的谜题。② 因而，无论是追寻特定历史主体的活动空间，还是厘清特定空间中不同历史主体之间的关系，其间对历史空间的探究都是不可或缺的。历史研究者在多学科视角下的历史空间分析方面有着悠久的传统。在历史研究领域，空间转向（Spatial Turn）与数字人文技术联系日益紧密，学者们尝试通过空间分析和文本计算将从文献中搜集到的数据关联到地理位置之中以复建空间历史（Spatial History），探寻历史产生、发展和转变的基本脉络。东北古史数字空间的构建可以借鉴海内外数字人文研究范例。本章尝试利用"文献—文本—数据—空间"融合建构的东北古史专题数字空间体系，探讨"渤海→东丹→辽"的历史空间变动问题，对东北古史数字人文体

---

① 《马克思恩格斯选集》第 1 卷，北京：人民出版社，1995 年，第 88 页。
② 庄友刚：《空间生产的历史唯物主义阐释》，苏州：苏州大学出版社，2017年，第 56 页。

系在历史研究中的应用加以实践与探索。

第一节　东北古史专题数据体系的基础框架

时间与空间的观察视角与分析方法是认知世界最基本的方法之
一①，它的主要目的是探究空间关系如何创建历史而历史又如何生成并
呈现在空间关系之中。关于"渤海→东丹→辽"历史空间变动的研究，
从数字人文的视角来看，首先要构建一个动态空间的数据集合，然后通
过文献分析、文本分析和空间可视化来解析、呈现这一历史过程。对于
东北古史数字人文体系建构而言，初期阶段的任何研究都应该立足于
"东北古史数字人文体系"这一宏观命题，即任何一个微观选题的研
究，都是丰富东北古史专题数据的契机。因此，可以"渤海→东丹→
辽"历史空间变动研究为契机，建立渤海动态空间数据集。渤海动态
空间数据集主要有三个方面的内涵：基于互联网的专题文献资源的高效
集约，基于数字人文技术的文本数据集的建构，历史地理信息技术的历
史空间多样化动态展示。②

一、基础文献数据集建设

渤海史事虽"散见群籍"③，但由于在传世过程中遭遇书厄，在
文献搜集方面存在四个难题：一是分布过于离散。现有的文献搜集
大体着力于中国正史、杂史、金石文等，检索不便。除两唐书《渤

---

① 鲁西奇：《中国历史的空间结构》，桂林：广西师范大学出版社，2014 年，第
1 页。

② 梁晨：《量化数据库："数字人文"推动历史研究之关键》，《江海学刊》2017
年第 2 期。

③ 金毓黻：《渤海国志长编·叙例》，第 3 页。

海传》外，其余渤海史料多散布于文献之中，以传统的查询、摘录方法搜集耗时费力，尤其是朝鲜半岛和日本文献中的渤海史料分布零散，珍本古籍借阅难度大。另外，相关文献都是繁体竖排版，大多无句读，检索困难，且尚没有专题数据库，导致文献使用乏力。二是文献缺乏整体性和系统性。各类渤海史料具有不同的特点，俱是从各自角度各有侧重地叙述渤海历史。如《旧唐书·渤海传》重在叙述渤海史始末；《新唐书·渤海传》在对渤海历史始末有所增益的基础上，又补充了王位、谥号、京府舆地、职官制度、经济物产等方面的内容；《册府元龟》对渤海遣使朝贡及中央王朝对渤海使团的回赐、封赏情况进行了分别梳理①。日本史书重点记录渤海对日交往情况，文集侧重以日本视角记录与渤海使团的文化交流情况②；朝鲜半岛史书长于对渤海遗民史事的记录，文集则更多的是通过对中原史料的引用考证渤海相关史事③。辽金文献对渤海历史地理、遗民、风俗等有所涉及。以上所涉文献跨度大，不成体系。三是文献彼此多有抵牾之处。金毓黻曾言："夫作史……病出众手。……出众手则抵牾不免。"④ 渤海文献语出于众，使得这一问题更突出，矛盾之处既不容易发现，也不容易辨析。如日本史书中所记录渤海出使日本的时间与使者姓名等，需要与日本文集诗文唱和题记中所记之信息相互印证才能对相关的人物和历史事件进行确认，部分记录偏差也需要通

---

① 王钦若等编：《册府元龟》，北京：中华书局，1960年，第11237~11737页。

② 日本史书《日本史记》《续日本纪》《日本后纪》《续日本后纪》《日本三代实录》《类聚国史》等均记日本与渤海通交史，文集《经国集》《都氏文集》《文华秀丽集》《菅家文草》《江谈抄》《田氏家集》等记录了日本文人与渤海使者的唱和诗词。

③ 朝鲜半岛史书如《高丽史》卷一、二、四、五、七、八、九、十四等均记录有渤海遗民来投史事；文集如《大东地志》《渤海考》《新增东国舆地胜览》等，通过大量引用中原史书，对渤海历史地理进行了相关的考证。

④ 金毓黻：《渤海国志长编·前言》，第3页。

过多则文献对比辨析才能做出较为合理的推断。四是现有文献整理成果存在一定的局限性。自近代以来，唐晏、黄维翰、金毓黻等在编撰渤海史志的过程中对相关文献进行了梳理，但这些梳理并不是对原始文献的誊录，而是根据体例需要对文献进行了裁剪组合，并加入了各自的认识和评价。于此，研究者在阅读时，只能将其作为资料索引，写作引用时还须再次回归原著进行查证。① 20 世纪 90 年代，孙玉良对渤海史料进行了新一轮的整理，以简体标点本刊印，为研究者提供了便利，但是仍然未能解决"全"和"准"的问题。②

随着中、韩、日古籍数字化的推进，各类史书、文集、笔记、金石文献、档案陆续上线，据主要学术论著引文统计，含有渤海文献的汉籍有 130 多种。③ 文本挖掘技术可以对这些文献进行高效的搜集与整理。笔者共获取渤海文献 1662 条，以文献段落计算，共计 40 万字。这些资料散布于 133 种文献之中，分布情况为：中国文献 24 种、朝鲜半岛文献 46 种、日本文献 24 种，另有各国金石文献 39 种。具体条目分布情况为：中国 328 条、朝鲜 442 条、日本 892 条。日本方面条目较多，但一般为简单记事和诗文，实际上文字总量不多，仅不到 10 万字；朝鲜方面史书记述内容较少，以文集为主，字数最多，接近 15 万字；中国方面，以史书记述为主，文献价值较高，约 14 万字。金石文献由于本身书写材质限制篇幅，字数不多，不到 1 万字。（参见图 5-1）

---

① 唐晏等撰，张中澍、王承礼点校：《渤海国志三种》，天津：天津古籍出版社，1992 年。

② 孙玉良编著：《渤海史料全编》，长春：吉林文史出版社，1992 年。

③ 引文统计是指对已公开发表的论文、著作中所引同一专业的文献资料进行的统计，是文献计量学的基本方法。通过引文统计可得到引文的文献类型、出处、主题特点、时间分布等信息。在历史文献名称未知的情况下，引文文献统计是确定渤海国历史文献种类和分布的便捷手段之一。

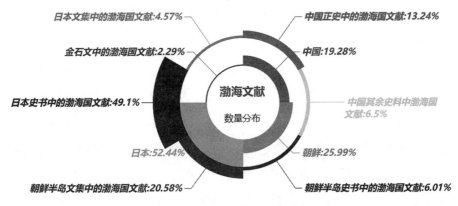

图5-1　渤海文献条目分布情况

二、数据化注解体系的建构

在专题空间数据体系中，仅提供原本浏览或下载的静态文献并不能满足研究需求，而是需要通过系统化的数据组织和管理实现数据之间的匹配关联，形成数据化的注解体系，核心内容主要包含命名实体注解匹配、注解内容管理两个方面。

注解内容的匹配主要有三种路径。一是通过自建的东北古史重要专题著作数据集进行匹配。通用专著，如《释文汇编》《中国东北与东北亚古代交通史》① 中涉及了大部分的东北历史地名，可以用于东北历史地名的匹配。《中国文物地图集·吉林分册》、《中国文物地图集·辽宁分册》、《中国文物地图集·黑龙江分册》、《考古·黑龙江》② 及东北各地方文物志录入了东北地区大部分的历史遗迹信息，可用于东北地区

① 王绵厚、朴文英：《中国东北与东北亚古代交通史》，沈阳：辽宁人民出版社，2016年。

② 黑龙江省文物考古研究所编著：《考古·黑龙江》，北京：文物出版社，2011年。

历史遗迹的匹配和历史地名的拓展注释。东北通史著作①和各类民族专史系列可用于具体历史事件和时间实体的注释。民族政权专题专著，如金毓黻的《渤海国志长编》②就有对渤海 75 种文献、346 组人物、100余种历史地名，以及职官、部族、风俗、物产等多种实体的考证和记述，并与文献内容密切相关，可以作为渤海专题解释的重要参考内容。这些专著内容需要进行数据标注才能构建成解释可调用的数据，具体做法是，先对各类专著进行文本化处理，以命名实体为中心将其整理为半结构化数据，然后通过计算机处理将其加工为百科页面，从而实现解释信息的储备。

二是基于学术成果数据集进行匹配。这主要是将命名实体处理为检索关键词库，通过遍历算法对自建东北边疆史学术文献数据库进行匹配，构建论文题录和原文相关的百科主页。其中，对于站内数据库不能

---

① 东北通史著作主要有：傅斯年《东北史纲》，金毓黻《东北通史》，张博泉等《东北历代疆域史》《东北地方志稿》，程妮娜等《东北史》《古代中国东北民族地区建置史》，董万仑《东北史纲要》，孙进己、冯永谦总纂《东北历史地理》，薛虹、李澍田主编《中国东北通史》，佟冬主编《中国东北史》，李治亭主编《东北通史》，王禹浪《神秘的东北历史与文化》。王禹浪、寇博文：《我国十种东北通史研究评述（上）》，《满族研究》2014 年第 2 期。

② 《渤海国志长编》共 20 卷，其中《总略》2 卷。卷一为元以前中国文献所见渤海史料辑录；卷二为朝鲜和日本古籍中所见渤海记事辑录；卷三《世纪》；卷四《后纪》，即《东丹国纪》；卷五《年表》；卷六《世系表》；卷七《大事表》；卷八《属部表》，列黑水、拂涅、虞娄、越喜、铁利等部大事记；卷九《宗臣列传》；卷十《诸臣列传》；卷十一《士庶列传》；卷十二《属部列传》，为黑水、拂涅、虞娄、越喜、铁利等部之记事；卷十三《遗裔列传》，为遗民史事；卷十四《地理考》；卷十五《职官考》；卷十六《族俗考》，内分种族、姓氏、礼俗等部分；卷十七《食货考》，是对渤海物产、唐赐物品和日本赠物比勘今物名的考证和释义；卷十八《文征》，辑录中、日古籍中的唐敕命、贺正表、渤海与日本来往书牒、两国文人唱和诗文及渤海遗裔诗文；卷十九《丛考》，为作者对 50 条渤海史事的考证；卷二十《余录》，包括余录、补遗、附录三部分，另附渤海疆域总图和东京城图各一。

成功匹配的，通过遍历中外主要学术论文网站和数字人文数据平台进行匹配；对于不能实现智能匹配的实体则属于研究的生僻点、空白点，需要通过专家系统在深入研究的基础上手动构建。论文匹配是解释系统匹配的核心和关键，也是学术发现和学术谱系整理的关键。论文数据搜集和更新是一个系统而长期的工程，除前期积累外，还需要建立系统的数据搜集技术平台，保证多方位、全面搜集，并根据需要实现实时更新。目前，笔者已对不同类型的专题数据进行系统搜集和整理，以渤海研究文献为例，共搜集到中、俄、日、朝鲜半岛的各类文献 6652 种，并按照主题分为 12 类，建立了题录数据，目前已经完成中国部分半结构化的全文数据制作。（关于渤海研究的成果统计分类参见表 5-1）

表 5-1　渤海研究成果分类统计表

国家/主题	中国	俄国	日本	朝鲜半岛	分类汇总
通史、概论类	75	28	57	78	238
史学史类	97	19	23	112	251
政治、制度类	92	5	27	79	203
外交、军事类	183	12	246	204	645
经济类	145	39	35	54	273
渤海的性质与历史继承问题	242	25	48	121	436
历史地理类	351	126	114	209	800
文献金石类	280	22	110	157	569
考古遗迹类	719	250	170	423	1562
遗民类	142	14	31	137	324
社会文化与民俗	400	102	120	285	907
翻译类	312	0	54	79	445
国别汇总	3038	642	1035	1938	6653

三是基于全网的内容检索和开源数据的匹配。学术研究尚未涉及的相关内容，需要通过全文检索查找相关资源。目前，诸如维基文库、百度百科、国学大师网、台湾"中研院"数字人文平台①、中国历代人物传记资料库（CBDB）、中国历史地理信息系统（CHGIS）② 等内容涉及面广，可以作为备用的信息匹配来源。当然，通过上述途径所获数据有的涉及内容不够准确的问题，有的则属于结构化数据，都需要经过专家审核环节进一步完善后才能形成格式相对统一的解释内容模块。

文献注解内容的需求随着辑录文献数量的增加而增长，因此，需要建立长效的解释内容增量响应机制。实现上述解释内容抓取功能的平台化，需要通过平台控制实现定时更新，尤其是论文数据和基于互联网的开源数据，应该通过数据抓取机制和抓取范围的扩容，实现不断更新，并配备查重机制和内容更新审核机制，以确保数据更新的有效性。在内容管理方面，逐步推动解释内容数据的标准化和解释内容呈现语义网的构建。解释内容通过 XML 格式数据实行标准化处理，实现研究领域和数字人文领域的合理流通。解释内容的呈现主要有两种形式：一种是通过自建的平台内部百科进行网页化呈现，并通过富文本编辑器和跨模块的通讯机制，实现文献文本内容中的命名实体与百科名称的自动匹配；另一种则是将解释内容统一制作为 XML 格式数据，实现站内计算平台基础上的智能匹配。而在智能匹配方面既要达成命名实体与百科内容的匹配，又要达成百科内部命名实体之间的智能识别，从而构建渤海专题知识增量进化更新的语义网，服务于常规历史文献的查询与阅读，并可通过标准数据服务于文本计算。

---

① 台湾"中研院"数字人文平台［DB/OL］. http：//sinica. edu. tw/，浏览日期：2021 年 3 月 26 日。

② 中国历史地理信息系统［EB/OL］. https：//www. people. fas. harvard. edu/~chgis/，浏览日期：2021 年 4 月 10 日。

三、基本空间体系架构

东北边疆史空间基础框架主要包括东北民族的活动空间及其演变、中央王朝在东北地区所置郡县及其沿革、东北少数民族地方政权的兴废三个层面。东北民族历史渊源悠长，《史记·五帝本纪》云："唯禹之功为大，披九山，通九泽，决九河，定九州，各以其职来贡，不失厥宜。方五千里，至于荒服。南抚交阯、北发，西戎、析枝、渠廋、氐、羌，北山戎、发、息慎，东长、鸟夷，四海之内咸戴帝舜之功。"① 可见，早在尧舜时期，东北地区已有多个民族在活动，并与中原建立了联系。在相对稳定的东北地理空间中，肃慎、濊貊、东胡等族系不断衍生发展，如同多元汇聚的长流。诸流间亦互相沟通，结成一个交织的网络。② 从空间的视角来看，这一网络是通过不同时期、不同空间范围的族群活动轨迹逐层叠加交织而成。通过数字化文献解析不同时期不同族群活动的空间范围，进而叠加到东北历史区域之中，可以构建东北古代民族空间谱系。中央政权对东北地区的统治意愿一以贯之，实际控制则整体呈现不断加强的趋势。自周设分封，到燕有辽东③，秦汉以降皆设军政机构加以统治。秦汉魏晋之郡县、唐代都督府④、辽金州军县、元代行省及所辖路府州县、明代卫所、清代将军辖区等是中央政权对东北地区统治的重要凭仗⑤，其设置地点、辖区范围、历史沿革具有明显的时间节点和

---

① 司马迁：《史记》，北京：中华书局，2013 年，第 43 页。

② 张博泉、魏存成主编：《东北古代民族·考古与疆域》，长春：吉林大学出版社，1998 年，第 22 页。

③ 陈慧：《战国之燕对辽东的经营开发》，《辽宁大学学报（哲学社会科学版）》2007 年第 5 期。

④ 程妮娜：《古代中国东北民族地区建置史》，北京：中华书局，2011 年，106～126 页。

⑤ 赵云田：《清代东北的军府建置》，《清史研究》1992 年第 2 期。

空间界线。通过图层数据管理,可以实现历代军政机构在东北地区的空间叠加。除了中央政权在东北地区的直接统辖,东北地区部分时期也建立了一些地方政权。这些政权的兴衰时间、疆域范围及彼此之间的时空关系等,都可以通过历史空间的构建加以呈现。在上述空间体系的基础上,通过空间外部边界的勾勒,可以构建不同时期东北历史疆域的基本轮廓,形成东北边疆历史框架,为东北边疆研究提供更加客观的数据支撑。

渤海历史研究的范式通常是通过历史文献与考古遗迹相结合,推定渤海历史发展的时空演变,诸如渤海京府州县与城址遗迹的匹配问题、渤海的内外交通与疆域四至问题等。这些问题的解决既需要文献的挖掘,即从文献关系中解析出更多有价值的信息,又需要考古信息提供更多遗迹和遗物上的支持。渤海历史文献中包含了较为丰富的历史地理信息,如《新唐书·渤海传》就以较多的笔墨系统介绍了渤海的京府州县及交通道里,《辽史·地理志》中记录了大量渤海侨置地名。一些重要的历史地理信息在文献中被反复提及,例如,定理府在辑录到的渤海文献中被提及 72 次,率宾府被提及 99 次,其余关键地理信息亦被多次提及。随着渤海考古不断取得进展,中国境内的大型遗址、中小城址等考古成果陆续公布,朝鲜境内渤海遗址的调查与发掘也取得了相应进展,今俄罗斯境内沿海州一带的渤海遗址成果也相继公布。这既为渤海历史地理空间信息的提取、描述与注解提供了客观条件,也为渤海历史空间的创建提供了数据基础。

地理信息系统在整个社会科学的"空间转向"中发挥了重要作用,其影响力也随着地理信息系统软件的日益普及而持续提升。随着数字基础架构在数字领域的拓展及"Google Earth 时代"的到来,历史地理信息系统领域将获得更加专业的发展。渤海自 698 年建政到 926 年被辽所灭,存在 229 年,区域跨越今中、朝、俄三国疆界,但并未占有东北全境,在东北历史中无论是时间上还是空间上都是片段化的存在。基本空间体系架构的基础层面是空间建构，对于渤海来说，即将其境内的自然地理环境、历史遗存、政区规划等空间实体叠加构成数字化的渤海历史空间；应用层面是基于 WebGIS 的空间释读，即历史空间所反映的渤海历史问题及其内涵。这两个层面的实现不仅需要标准化的基础历史地理信息数据和 WebGIS 技术平台的支持，还需要历史研究者在历史空间理解的基础上通过空间数据组织实现专题的构建。其基本技术路线为：通过文本计算从历史文献、研究成果中抽取与渤海的州县建制沿革有关的数据，以方便查证和引用；从地名数据库中调取渤海历史地名数据，进行空间布点；通过多层地图叠加框架对现代地图、历史地图、东北地区河流矢量数据进行叠加，构建基础历史地理信息框架；把辽代与渤海有关的州县的位置数据投放到基础历史地理信息框架中，并通过属性设置加以区分；最后，在此基础上综合研究成果对定点地址进行校正。（流程框架和叠加效果参见图 5-2）

图 5-2　基于多图层叠加的历史地理信息数据辅助研究模型

渤海起于营州之乱，立于"旧国"，仿照中原制度设立京府州县，全盛时期地广二千里，设五京十五府以统之，胜兵十万。① 在系统梳理诸州县考订成果的基础上，组织历史空间数据呈现渤海京府州县及辽迁置渤海州县的整体分布状态，可以在宏观上通过疆域矢量可视化明确渤海在历史空间上起源于营州、兴起于"旧国"、发展于五京、融合于辽境的基本状态，从而直观呈现出中国东北边疆地方政权的属性。

在空间数据构建方面，渤海历史空间数据的叠加结构为：底图、基础地理信息、地名、遗迹和行政区划五层数据。数据通过 WebGIS 技术平台调用基础历史地理信息数据体系中的标准化数据集实现，以图层过滤实现按需显示，以时间轴实现时空变动的动态显示。另外，数据还提供二十四史渤海文献对照阅读体系、渤海历史研究文献可视化体系、遗迹解释体系、地名解释体系等多个拓展数据集，以支撑专题空间体系构建。这些数据可以根据研究和阅读需求进行组合、交叉和可视化，由此辅助历史问题的研究及研究结果的呈现。这种基于平台的图层数据交互，从根本上改变了传统的静态页面固定地呈现历史时空的局限，实现了基于历史时间轴、空间、主题等多元素的空间动态呈现。另外，标准化数据处理可以实现数据格式的转换，如此，专业的 GIS 分析工具可以快速处理组合后的专题数据，以确定具有统计意义的热点、异常点和空间差异，实现历史空间研究的进一步拓展。

与地理空间数据的分析研究不同，历史空间研究需要在数据积累的基础上结合历史文献和学界研究成果进行文献梳证。以渤海为例，笔者利用文本计算方法从各类文献中获取渤海文献 1662 条。这些资料散布于 133 种文献之中，此时便需要在辑录渤海历史文献的基础上对渤海空间数据进行抽取，并通过文献与空间数据的关联建立起历史空间的文献支撑体系。

渤海行政区划的矢量化通过已出版的历史地图绘制完成。尽管现有

① 欧阳修、宋祁：《新唐书》，第 6181 页。

的研究成果对渤海京府州县的具体位置有所修正，但目前权威的研究成果仍是《中国历史地图集》所提供的渤海地图数据。[①] 在东北基础历史地理信息数据体系中调取配准后的渤海历史地图数据，然后利用平台地图绘制功能按照 1∶1 比例绘制渤海历史行政区划地图，通过属性设置完成不同区域边界线条、图层颜色的设置，以图层透明度的设置实现相对清晰的叠加显示。作为矢量数据的行政区划地图的底图，在平台底图数据的支持下，可以根据研究需要切换为历史地图叠加模式、现代地图叠加模式、全唐矢量地图叠加模式等多种显示效果。

　　一般而言，基于印刷历史地图的矢量图层叠加，主要用于基于文献考证的学术论文引文数据。底图数据采用高清图像和瓦片图层的显示模式，可以实现高清放大，底图中的点、线、面的信息都非常清晰。在矢量疆域轮廓下，各种信息比对得到直观呈现，历史地名、现代地名、现代水系信息、行政疆界等图像细节都可以更加清晰地显示出来，使得地图阅读性能在一定程度上超越纸质版地图。而地理信息编辑功能可以实现点、线、面的矢量标注和多图层切换对比，也可以根据该地图的具体页面进行文献引用。

　　矢量数据与台湾"中研院"CCTS 瓦片底图的结合，可以使用者从宏观上看到不同时期渤海与唐朝的关系，以及与周边民族、政权比如黑水靺鞨、契丹的关系，也可以通过跨越时代进行历史切换，审视渤海建立前和灭亡后东北地区历史空间的变动情况。微观上，CCTS 瓦片底图对历史地名和历史自然地理信息进行了清晰标注，可以用来验证矢量数据的准确性。

　　矢量数据与现代地图的叠加结果则更加丰富。不同类型的现代数字地图包含着丰富的信息。可以通过现代街道交通地图的叠加探讨渤海境内的人文环境，通过高程图和水文图的叠加了解渤海境内的自然地理环

---

　　① 谭其骧主编：《中国历史地图集》第五册，第 78~79 页。

境，通过高清卫星图和三维地图的叠加看清渤海重要历史遗迹的当前轮廓，也可以通过三维虚拟技术还原重要建筑、墓葬、交通的历史环境。渤海疆域轮廓及行政区划的矢量数据主要由多边形矢量面、路径文字和疆域描边线条构成。多边形面状矢量数据通过颜色和透明度的设置可实现不同行政区域的区分。且矢量面的图层可以多层叠加，因此，在一级行政区下，可以继续叠加二、三级行政区等不同级别的图层，然后通过设置图层分级放大范围，确保在不同视图中显示不同的空间细节内容。路径文字属于标绘内容，它可以更加清晰地显示各级行政区划的名称，并通过分级放大功能确保其视图的稳定性，同时避免不同图层间的相互遮挡。疆域描边线条，主要用以区分渤海与周边历史空间的关系。

基于上述要素的矢量编辑，可以多维度地复建渤海疆域的历史空间，在实现清晰显示的同时可以实现多底图的叠加与切换，便于空间对比。同时，矢量数据可以通过平台实现便捷化编辑。研究者可以根据自己的需求调整渤海疆界范围、京府州县的空间位置，甚至可以在原有地图基础上重新编辑、绘制渤海疆域地图，如此，再结合文献、数据形成一套通用于渤海历史研究的专题数据集。

第二节　历史空间变动个案的可视化呈现

理查德·怀特（Richard White）在他的代表作《什么是空间历史》一文中指出："地图和文本对于空间的表达至关重要，但地图和文本是静态的，而发展是动态的，不能简单地将空间表达限制在地图上。"实际上就像怀特所说的那样，"如果空间是问题，那么运动就是答案"。空间视角下的历史研究主要是在空间变动中寻求历史问题的解决方案，而空间变动研究的技术方案通常是空间可视化。在这个过程中，历史空间的可视化并不是单纯地通过绘制插图或地图进行研究的一种手段，而是要在研究中通过空间可视化发现隐藏在文本背后的历史关系，发现一些运用传统方法不易察觉的历史问题。

本节以辽对渤海府州的迁置为例，探讨辽灭渤海之后对其历史空间的腾挪，以及由此引发的东北历史空间的整体融合。辽灭渤海，将原渤海辖境内的州县和人口迁往上京临潢府和东京辽阳府等地，在腾空的西南部地区重置部分州县，迁徙和重置的州县有一部分后被再次改迁。由于文献记载简略，原渤海州县在辽境内的迁转及分布情况争议较多。本节在系统梳理诸州县考订成果的基础上，通过历史空间变动的可视化呈现辽迁置原渤海州县的整体分布状态，从而明确辽灭渤海之后东北历史空间的整体化融合态势，曾为地方政权的渤海已为辽所吸收，其疆域空间融为一体。

一、研究中所存在的问题与解决方案

渤海起于营州，立于"旧国"，及辽并渤海，领有其疆域，统属其人口，对其州县进行数次迁置，最终将其内化融合。因此，从历史空间关系上来看，渤海完全是中国东北边疆民族政权。对于渤海灭亡之后其州县迁置沿革的梳理存在一定难度，文本计算和历史地理信息可视化等数字人文技术在专题文献辑录和历史空间信息描述方面具有一定的优势，以此为依托梳理辽代原渤海州县的迁置、沿革是一种新的尝试。

《辽史·地理志》作为研究渤海灭亡之后州县迁置沿革的第一手资料，所记州县沿革纷乱，正如金毓黻所言："自来考渤海五京十五府者，颇多异说，其误悉出于《辽史》。"[1] 元人修《辽史》仓促、潦草，"事前准备不足，对于修史素材，未能广事征集，下笔之时，又未暇比较观察，定其取舍，草草成编，出于众手，时间紧促，无人集稿汇参，详加检正，于是重复、抵触、疏漏、纰谬、残缺、讹误之处，所在多

---

① 金毓黻：《东北通史》，第 285 页。

有。"①《辽史·地理志》有关渤海迁置州县的记录之纷乱主要体现为三个方面：一是时序紊乱，建制沿革不清。如怀州、乾州为辽世宗所置奉陵邑，世宗之前的建制沿革不见叙述。又如"开州"条云："本濊貊地，高丽为庆州，渤海为东京龙原府。"高丽的东京庆州本新罗金城，位于朝鲜半岛南部，与渤海东京龙原府相去甚远。又云："太祖平渤海，徙其民于大部落，城遂废。圣宗伐高丽还，周览城基，复加完葺。"② 辽太祖徙民废置的是渤海东京龙原府故址，即今珲春八连城所在。辽圣宗修葺的是东京道开州旧城，此城系迁东丹国于辽东时所建，何时废止，沿革不清。凡此种种，不胜枚举。二是空间错位，迁改记录含混。如《辽史·地理志》所记本渤海某州（县）或渤海为某州（县），除渤海鸭渌府、扶余府部分沿用州县，其余所指多是原渤海州县徙置到当前所言之州县，其地理位置已与原渤海境内州县不同。因而，本渤海某州（县）应首先考虑理解为本渤海某州（县）之渤海户，具体地理位置须结合史料分析再做判定。三是记述过于简略，部分州县只列名称，建制沿革记述简略，对原渤海境内的州县、迁置州县和大延琳叛乱之后再迁州县不加区分。

　　上述问题，学界在文献考证基础上，结合考古成果进行了一系列研究。金毓黻的《渤海国志长编》卷十四《地理考》对渤海的州县沿革进行了系统梳理③；《中国历史地图集》对部分州县进行了定点④；《释文汇编》对黑龙江、吉林、辽宁地区的辽代地方建制进行了考释；《〈辽史·地理志〉汇释》从辽代州县沿革的角度，收录多家研究成果，通过"编者按"对州县进行了定点，相较于《释文汇编》增

---

① 赵铁寒：《辽史地理志州军方位考实》，《食货月刊》1979 年第 9 卷第 3 期。

② 脱脱等：《辽史》，第 458 页。

③ 金毓黻：《渤海国志长编》，辽阳金氏千华山馆铅印本，1934 年。

④ 谭其骧主编：《中国历史地图集》第六册，北京：中国地图出版社，1982 年。

加了对内蒙古地区辽代州县的考订①。专题考证方面，杨保隆②和金渭显③分别从不同角度梳理了渤海州县在辽代的迁置情况；冯永谦结合考古成果对辽宁地区部分州县进行了定点④；近年来，辽代城址考古也取得了较多成果，赵晓刚⑤和王晓琨⑥分别对沈阳地区和内蒙古东南部的辽金城址进行了梳理。

从时空视角来看，《辽史·地理志》时序紊乱是辽代州县建制沿革不清的重要原因。辽并渤海后，对渤海州县的迁徙与对渤海遗民的安置并非一次性完成的。天显元年（926）正月，辽太祖耶律阿保机攻破渤海扶余城，乘势突袭忽汗城（即渤海上京龙泉府），大諲譔"率僚属三百余人出降"⑦，渤海亡国。辽征服渤海之后对其京府州县及境内人口进行了数次迁置，大规模的有两次：第一次是征服渤海之初，阿保机把以大諲譔为首的渤海贵族和早期征服的州县迁至辽上京临潢府左近地区；第二次是耶律德光即位后，为了进一步控制渤海和削弱人皇王耶律倍的势力，把东丹国主要府州迁往辽东。其后，在镇压渤海遗民叛乱、征讨高丽及增建奉陵邑的过程中，辽对渤海部分迁置州县和俘获人口进行了改迁。

---

① 张修桂、赖青寿编著：《〈辽史·地理志〉汇释》，合肥：安徽教育出版社，2001 年。

② 杨保隆：《辽代渤海人的逃亡与迁徙》，《民族研究》1990 年第 4 期。

③ ［韩］金渭显：《东丹国变迁考》，《宋史研究论丛》第五辑，石家庄：河北大学出版社，2003 年，第 1~22 页。

④ 冯永谦：《辽宁地区辽代建置考述（上）》，《东北地方史研究》1986 年第 2期。

⑤ 赵晓刚：《沈阳地区辽金城址刍议》，《辽金历史与考古》第六辑，第 3~15页。

⑥ 王晓琨：《内蒙古东南部辽代城址的分类及研究初识》，《北方民族考古》第一辑，北京：科学出版社，2014 年，第 287~313 页。

⑦ 脱脱等：《辽史》，第 22 页。

　　在数字人文技术辅助下，调用融合历史文献、研究成果、城址遗迹、历史地图的历史空间数据，通过时间切片和空间分布分析进行可视化呈现，可以在一定程度上理清这一空间的历史变动过程，并较为客观地呈现空间融合后的成果。在技术路径上，需要通过多图层和多数据的调用构建辽代东北地区历史空间的数据体系。

　　首先，调取辽代矢量地图。该地图在对谭图《辽、北宋时期全图》配准以后，以图像识别和人工校正完成矢量化处理，已出版地图数据与现代标志性地名、经纬度保持一致，矢量化数据与配准地图保持一致。①

　　其次，从数据库中调取辽金遗迹数据，为方便历史研究及参照，再从遗迹数据中筛选城址数据。从空间分布来看，辽金遗迹遍布东北三省和内蒙古南部地区。目前平台搜集到有空间坐标的城址、墓葬、建筑址、生活遗迹等数据 2087 条，其中，城址数据 767 条。本数据以辽代数据为主，对于不能清晰分离的金代数据也进行了搜集，故统称为辽金遗迹空间数据。

　　再次，构建辽—渤海京府州县关系数据。从辽代基础历史地理信息数据和渤海基础历史地理信息数据中抽取地名数据，通过文献解析构建出辽和渤海各自的京府州县所属关系。数据采集以《辽史·地理志》为基础，结合《〈辽史·地理志〉汇释》和《释文汇编》等研究成果对辽州县地望进行统计，共获得辽代州县计 395 个，其中州 178 个、县 217 个。辽代府下设州，部分州下再辖州，州下之州亦有辖县。178 个州中，府辖州 128 个，州辖州 50 个。217 个县中，府辖州领县 177 个，州下州辖县 40 个。上述辽代相关数据和渤海数据通过空间展点确定各自以地名为中心的位置关系，可作为二者空间变动关系研究的前期数据准备。

　　最后，在完成数据准备之后，通过对历史文献分析，理清空间变动

---

　　①　比如，1111 年（辽天庆元年、北宋政和元年）的地图。谭其骧主编：《中国历史地图集》第六册，第 3~4 页。

的基本线索和空间位置之间的关系。从这一意义来看，正如怀特所说的那样，空间分析本身只是历史研究的一种新的方法，并不意味着文本和叙述的消亡。实际上，历史研究的基本方法仍然需要，且并不会减弱，尤其是在东北古代史研究中，由于历史文献本身存在着各种各样的问题，需要检索、考证、对比，并与文献以外的信息相印证，才能增强文献的可信度。辽对渤海州县的占领、迁徙及融合过程本身缺乏系统的一手文献，很多信息潜藏在文本片段之中，更需要大量的文献分析工作。

二、辽对渤海历史空间的初步调整

辽对渤海人口的安置早在其灭亡渤海之前便已经开始。919 年，辽增修辽阳故城时曾 "以汉民、渤海户实之"①。924 年，渤海出兵攻略辽州，"杀其刺史张秀实而掠其民"②。可见，二者在辽东地区的人口迁移是相互的。这在战争中零星发生，仅涉及人口迁置，未以州县为单位形成规模。天显元年（926）正月，上京龙泉府城破以后，辽太祖 "诏以兵卫諲譔及族属以出"，三月 "以大諲譔举族行"，七月 "卫送大諲譔于皇都西，筑城以居之。赐諲譔名曰乌鲁古，妻曰阿里只"③。辽大规模迁置渤海州县由此展开。需要说明的是，长平县是辽对渤海灭国之战所攻陷的首县。《辽史·地理志》载："长泰县。本渤海国长平县民，太祖伐大諲譔，先得是邑。"④ 在攻下扶余府后，阿保机本欲 "括户口"，掳掠人口及财物，太子耶律倍建议 "乘破竹之势，径造忽汗城"⑤，其遂暂缓掳掠迁置，因而此时并不能作为迁置的起点。

---

① 脱脱等：《辽史》，第 15 页。
② 脱脱等：《辽史》，第 19 页。
③ 脱脱等：《辽史》，第 22~23 页。
④ 脱脱等：《辽史》，第 439 页。
⑤ 脱脱等：《辽史》，第 1210 页。

第一次迁置过程是与平叛过程基本一致的。"渤海既平，改东丹国。顷之，已降郡县复叛。"① 天显元年（926）三月到七月，先后有长岭、安边、鄚颉、定理、南海诸府及显德府铁州反叛，其中定理、南海二府平而再叛，长岭府到当年八月才被攻下。按照辽的战争规则，平叛过程中攻破的州县和俘虏的人口一般会作为战利品处置。《辽史》中有多处关于斩敌、献俘和赐俘的记载，如"会贼游骑七千自鸭渌府来援，势张甚。阿古只帅麾下精锐，直犯其锋，一战克之，斩馘三千余"②、"安端献俘，诛安边府叛帅二人"③、"（耶律德光）以先所俘渤海户赐李胡"④、"永兴宫，初名孤稳斡鲁朵。以太祖平渤海俘户"⑤。可见，第一次迁徙的主要对象是反叛州县。七月，耶律阿保机死于渤海扶余府，辽政权发生震荡，次子耶律德光登基，从东丹国赶来奔丧的原太子、人皇王耶律倍被软禁在临潢府王邸。因此，第一批渤海州县的迁置由太后述律平和太宗耶律德光陆续完成。其迁置的对象主要是扶余、龙泉、显德、南海、鸭渌、铁利、怀远、东平诸府，主要迁往上京临潢府一带。从现代地理位置来看，安置点集中在老哈河和西拉木伦河流域。

辽对渤海及其他俘获州县人员的安置主要采取小聚居、大杂居、分而治之、宫卫州县交叉管理的原则，"镇压和分散、削弱渤海人的力量"，加强统治。⑥ 一般以县为单位，一府被分散迁置于数地，一地又安置数个不同地域的州县。以大諲譔为首的大氏王族及部分龙泉府渤海

----

① 脱脱等：《辽史》，第 1224 页。

② 脱脱等：《辽史》，第 1224 页。

③ 脱脱等：《辽史》，第 22 页。

④ 脱脱等：《辽史》，第 31 页。

⑤ 脱脱等：《辽史》，第 363 页。

⑥ 冯永谦、姜念思：《辽代饶州调查记》，《东北考古与历史》第一辑，北京：文物出版社，1982 年，第 211~219 页。

户迁置于辽太宗耶律德光早年"行帐放牧"及陵寝所在之地。此地的建制时序应是先有扶余、显理二县，怀州系因怀陵而建，在二县之后。显理县，按《辽史·地理志》所载："本显理府人，太祖伐渤海，俘其王大諲譔，迁民于此。"① 渤海并无显理府，李慎儒认为"此显理府或是显德府之讹"②。实际上，此显理府是龙泉府的可能性更大，原因有三：其一，《辽史·地理志》"怀州"条云"太宗行帐放牧于此。天赞中，从太祖破扶余城，下龙泉府，俘其人，筑寨居之"，只言扶余、龙泉二府，并未提及显德府或其他州府。"扶余县"条亦云："扶余县。本龙泉府。"③ 这里的龙泉府应理解为安置大諲譔为首的龙泉府渤海户。其二，辽太祖将大諲譔举族迁置京西，"存其族帐，亚于遥辇"④，其后，北面官设渤海帐司等服务和监视机构。可见，大氏系聚族而居，在辽具有一定的地位。其三，显德府州县及民众多迁置辽东。因此，显理县所居之民应是跟随大諲譔一同迁来的渤海上京龙泉府贵族。其中，扶余县为侨置渤海扶余府扶州所辖扶余县。

按照分散安置的原则，同属龙泉府的富利县被迁置于临潢府之南，置保和县。扶余府则被分置于三处，除扶余县置怀州外，另迁强师县于都城之西，置定霸县；迁长平县于祖州，置长霸县。辽又迁显州长宁县于永州，又徙义州于此地；迁显州永丰县于饶州；置鸭渌府俘户于宣化县；徙庆州永安县于降圣州。除了单一迁置渤海民众，辽朝统治者也会采取渤海人与其他民族杂居的形式，"掠潞县民，布于京东，与渤海人杂处"⑤。另有一部分渤海俘户充作辽贵族头下州私属。如遂州，"本渤

---

① 脱脱等：《辽史》，第443页。

② 李慎儒：《辽史地理志考》卷一，清光绪二十八年（1902）丹徒李氏刻本，第13页。

③ 脱脱等：《辽史》，第443页。

④ 脱脱等：《辽史》，第711页。

⑤ 脱脱等：《辽史》，第439页。

海美州地",其下辖山河县"本渤海县,并黑川、麓川二县置",为采访使耶律颇德私属。但头下州的性质也会发生改变,"穆宗时,颇德嗣绝",该州遂改属辽穆宗斡鲁朵延昌宫。①

关于迁置州县的位置,《中国历史地图集》给出了一部分标注,《释文汇编》限于地域并未对临潢府左近的州县进行梳证,《〈辽史·地理志〉汇释》结合前人研究成果对大部分州县的地理位置进行了比定。在数字人文技术的支持下,通过历史地图编辑平台对辽代历史地图进行矢量化复建州县位置坐标,以现代地图、辽代历史地图、内蒙古南部城址位置矢量坐标多层叠加的方式对辽迁渤海所建置州县位置进行比对校正,吸收现有考古成果,最终对这些州县的位置进行探讨、比定。比定的基本原则有三:一是尊重辩证成果;二是尊重考古踏查及考证成果;三是以州为单位,参照交通道里,采取就近原则。关于辽对渤海州县的迁置情况,学界普遍认同的有:波罗城是辽上京临潢府,岗岗庙古城为怀州,石房子为祖州。其余州县可以借助这些已经认同的位置结合史料与周边城址的地理信息资料进行推测。

《中国历史地图集》定怀州附郭扶余县在岗岗庙古城,这已经得到考古发现的证实。② 其左近有小城子城址,周长1160米,平面呈方形,夯筑城墙,基宽约6米,城外有护城壕。该城址按南北中轴线布局,规模与"户一千"基本相符,方位上也与"皇都西"相一致,很有可能是大諲譔所居的显理县。③ 显理县左近或为长泰县。"长泰县。本渤海国长平县民,太祖伐大諲譔,先得是邑,迁其人于京西北,与汉民杂居。"杨保隆根据薛映《行程录》有关长泰馆的记录,改其地望为内蒙

---

① 脱脱等:《辽史》,第467页。

② 谭其骧主编:《中国历史地图集》第六册,第6~7页。

③ 王晓琨:《内蒙古东南部辽代城址的分类及研究初识》,《北方民族考古》第一辑,第287~313页。

古巴林左旗东南波罗城南 20 公里。① 《〈辽史·地理志〉汇释》亦采其说，然此明显与《辽史》不符，且波罗城南 20 公里内并没有发现相当规模的城址，最近的下双井城址在 40 公里之外。《辽史·地理志》载："宣化县，本辽东神化县民，太祖破鸭渌府，尽徙其民居京之南。"可见，该城址与宣化县地望相符。辽上京临潢府西北 16 公里左右有宝泉城址，在地望上较为符合，或为长泰县。② 《辽史·地理志》言其与汉民杂居，左近很可能是潞县。"潞县。本幽州潞县民，天赞元年（922），太祖破蓟州，掠潞县民，布于京东，与渤海人杂处。隶崇德宫。户三千。"③ 波罗城东有玛尼图城址，该城址周长 2000 米，左近还有陶海和北山两座规模相对较小的城址，基本符合安置三千户并与渤海人杂居的情况。④ 玛尼图或为潞县所在。

饶州所在地为樱桃沟村城址⑤，其左近城址有二：一在东北，为井沟子城址；一在东南，为土城子北城址。《中国历史地图集》确定土城子北城址为仪坤州，但冯永谦认为仪坤州另有其地，即临河县。⑥ 不过，需要关注的是，该城址所临之河是苇塘河而非西拉木伦河，与临河县"潢水之曲"的地望不符。临河县当在西拉木伦河沿岸。《中国历史地图集》以此原则定点，即略靠近饶州城的西拉木伦河上游，但樱桃沟村城址左近的西拉木伦河上下游临岸并未发现规模

---

① 杨保隆：《辽代渤海人的逃亡与迁徙》，《民族研究》1990 年第 4 期。

② 高雅辉、葛华廷：《辽长泰县考》，《辽金历史与考古》第六辑，第 32~40 页。

③ 脱脱等：《辽史》，第 439 页。

④ 王晓琨：《内蒙古东南部辽代城址的分类及研究初识》，《北方民族考古》第一辑，第 295 页。

⑤ 冯永谦、姜念思：《辽代饶州调查记》，《东北考古与历史》第一辑，第 211~219 页。

⑥ 冯永谦：《辽代部分州县今地考》，《北方文物》1994 年第 4 期。

相当的城址①。如此，或可反推临河县地望在樱桃沟村城址。《辽史·地理志》载，饶州附郭县为长乐县，又云"长乐县。本辽城县名。太祖伐渤海，迁其民，建县居之"。查辽、渤海均无辽城县，此句当理解为辽阳一带长乐县渤海人迁到饶州，因其旧名建县，即为侨置者。②《辽史·地理志》又云："奉先县。……世宗析辽东长乐县民以为陵户，隶长宁宫。"③ 可见，辽东确有长乐县。迁辽东渤海户至上京道在辽圣宗平定大延琳叛乱之后。如此，重新梳理时序关系：辽太宗初置饶州，附郭为临河县；圣宗时，迁辽阳长乐县反叛渤海户置于饶州。又《辽史》载，"饶州渤海古欲等反，自称大王"，"结构头下城以叛"，说明其左近有含渤海户的头下州存在。史载："仪坤州……应天皇后建州。……太祖开拓四方，平渤海，后有力焉。俘掠有伎艺者多归帐下，谓之属珊。"④ 仪坤州属长宁宫，应天皇后死后或私属于后族，《中国历史地图集》以土城子北城址为仪坤州是有依据的。如此，饶州初附郭为临河县，圣宗迁置长乐县，井沟子城址为安民县，土城子北城址为仪坤州。

关于降圣州附郭永安县的位置，《辽史》记载的地望并不明确，学界一般依据龙化州的位置推定，争议较大。《中国历史地图集》定点在通辽市奈曼旗西南一带⑤；冯永谦认为通辽市库伦旗水泉乡昆都岭村北的西城子古城为降圣州所在⑥；张柏忠认为赤峰市翁牛特旗白音他拉古

---

① 王晓琨：《内蒙古东南部辽代城址的分类及研究初识》，《北方民族考古》第一辑，第287~313页。

② 张修桂、赖青寿编著：《〈辽史·地理志〉汇释》，第99页。

③ 脱脱等：《辽史》，第464页。

④ 脱脱等：《辽史》，第446页。

⑤ 谭其骧主编：《中国历史地图集》第六册，第6~7页。

⑥ 冯永谦：《辽代部分州县今地考》，《北方文物》1994年第4期。

城是降圣州所在①；杨妹把降圣州位置定点在敖汉旗玛尼罕乡的五十家子城址②。最近，李鹏、张宪功以田野调查、遥感考古技术为基础，结合文献记载，考订今通辽市科尔沁区腰伯吐城址为辽代的降圣州，腰伯吐东南城址为辽代降圣州所辖永安县。③

其余诸州县所定地望与考古发现城址基本一致。如定霸县，"本扶余府强师县民，太祖下扶余，迁其人于京西，与汉人杂处，分地耕种"④。辽上京"皇城西墙外有一小城附于皇城，周长约 1000 米"，与之相符。⑤《中国历史地图集》所定永州与巴颜塔诺城址地望一致。义州，《辽史·地理志》云："义丰县。本铁利府义州。辽兵破之，迁其民于南楼之西北，仍名义州。重熙元年（1032），废州，改今县。在州西北一百里。"⑥ 巴颜塔诺城址东北有巴彦塔拉东城址，与《中国历史地图集》所定义丰县地望基本一致。（参见表 5-2）

表 5-2　天显年间辽太祖伐渤海迁置州县对照表

渤海府州县	辽州县	城址	地理位置	备注
扶余府扶州扶余县	怀州附郭扶余县	岗岗庙古城	赤峰市巴林右旗岗根苏木⑦	

① 张柏忠：《辽代的西辽河水道与木叶山、永、龙化、降圣州考》，《历史地理》第十二辑，上海：上海人民出版社，1995 年，第 41 页。

② 杨妹：《敖汉旗区域契丹族族源论——契丹遥辇氏的发祥地、世里氏的重要历史活动舞台》，《前沿》2013 年第 23 期。

③ 李鹏、张宪功：《辽代降圣州、永安县及龙化县考》，《中国历史地理论丛》2018 年第 1 期。

④ 脱脱等：《辽史》，第 439 页。

⑤ 高雅辉、葛华廷：《辽长泰县考》，《辽金历史与考古》第六辑，第 37 页。

⑥ 脱脱等：《辽史》，第 446 页。

⑦ 张松柏：《辽怀州怀陵调查记》，《内蒙古文物考古》1984 年第 3 期。

（续表）

渤海府州县	辽州县	城址	地理位置	备注
龙泉府渤海王族	显理县	小城子城址	赤峰市巴林左旗哈拉哈达镇小城子村	安置大諲譔及其家属
龙泉府龙州富利县	保和县	前进村东城址	赤峰市巴林右旗巴彦汉镇前进村一队东500米①	
扶余府扶州长平县	长泰县	宝泉城址	赤峰市巴林左旗十三敖包镇宝泉村	平渤海首县
扶余府扶州长平县	祖州附郭长霸县	石房子村城址	赤峰市巴林左旗哈达英格乡驻地北200米乡西北	
龙原府庆州永安县	降圣州附郭永安县	腰伯吐城址	赤峰市通辽市科尔沁区辽河镇腰伯吐村	
扶余府仙州强师县	定霸县	城西小城址	赤峰市巴林左旗波罗城西小城址	
显德府显州长宁县	永州附郭长宁县	巴颜塔诺城址	赤峰市翁牛特旗新苏莫苏木巴颜塔诺嘎查东南5000米	
显德府显州永丰县	饶州附郭临河县	樱桃沟村城址	赤峰市林西县双井店乡西樱桃沟村东南1000米	
鸭渌府	宣化县	下双井城址	赤峰市阿鲁科尔沁旗双胜镇龙头山村西南4500米	

---

① 国家文物局主编：《中国文物地图集·内蒙古自治区分册》下，西安：西安地图出版社，2003年，第134～135页。

（续表）

渤海府州县	辽州县	城址	地理位置	备注
怀远府美州	遂州山河县		赤峰市元宝山区风水沟镇哈拉木头村①	头下州
义州	义州	巴彦塔拉东城址	赤峰市巴林右旗巴彦塔拉苏木东 3000 米	1032 年改义丰县，又曾隶庆州，名富义县
渤海户	饶州安民县	土城子北城址	赤峰市克什克腾旗土城子镇驻地北约1000 米	928—930 年
渤海户	饶州长乐县	樱桃沟村城址	赤峰市林西县双井店乡西樱桃沟村东南1000 米	
渤海户	仪坤州广义县	下双井城址	赤峰市阿鲁科尔沁旗双胜镇龙头山村西南4500 米	渤海有伎艺者
汉户杂居渤海	潞县	玛尼图城址	赤峰市阿鲁科尔沁旗巴彦温都尔苏木玛尼图嘎查东南1000 米	

　　实际上，辽对渤海历史空间的初期调整重点在于对渤海势力的消化吸收与融合方面，即对反叛州县的镇压和归顺贵族的安抚，这也是辽灭渤海初期的既定国策。926 年，辽灭渤海之后仅改渤海为东丹国，忽汗城为天福城，命太子耶律倍镇守，"凡渤海左右平章事、大内相已下百官，皆其国自除授"②。可见这一时期，渤海原有建制尚未做出重大调

---

　　① 谭其骧主编：《中国历史地图集》第六册，第 6~7 页。
　　② 叶隆礼撰，贾敬颜、林荣贵点校：《契丹国志》，北京：中华书局，2014 年，第 171 页。

整，而从所记录的各州反叛情况来看，其原有的地方行政体制也尚未调整，基本历史空间的轮廓仍在。

第三节　历史空间的重组与叠加

专题历史空间数据是东北古史体系建构的基础之一。从历史空间的视角来看，东北古史在区域范围内呈现出复杂重叠的网络关系，民族与政权、中央行政区域与地方政权、疆域内外等各种关系并不是一成不变的，在特定区域内通常呈现出多主体多维度交叉重叠、交替演进的关系。以渤海历史空间的演进为例，辽灭渤海，改置东丹国，西迁王族于临潢府，置黄龙、鸭渌等府镇其故地。其后东丹主体势力又南迁辽阳府。这种多层次的历史空间变动，需要在逐层分析的基础上通过历史空间的叠加构建出立体多维的谱系逻辑，才能更加清晰地反映出区域专题历史的综合样貌，建立起逻辑清晰、论证扎实的学术体系，以支撑言之有据的话语体系。

一、东丹南迁与东北历史空间的变动

耶律阿保机死后，皇后述律氏废长立幼，次子耶律德光登基为帝。为巩固皇位，耶律德光和述律氏把此时已是东丹国主、人皇王的耶律倍留在临潢府。"太宗既立，见疑，以东平为南京，徙倍居之，尽迁其民。"① 928 年，耶律德光诏遣东丹国左大相耶律羽之"迁东丹民以实东平"②。同年，升东平郡为南京。930 年，"人皇王归国"③，标志着东丹国迁徙完成。整个东丹国南迁耗时近一年半。此次迁徙之后，原渤海

---

① 脱脱等：《辽史》，第 1210 页。
② 脱脱等：《辽史》，第 30 页。
③ 脱脱等：《辽史》，第 31 页。

境内州县建制基本迁空，形成了一个东北至黄龙府、东南至鸭绿江上游、南至辽东半岛北部的新统治区域。938 年，辽改南京为东京，置辽阳府。东京辽阳府是渤海建制迁置的核心区域。《辽史·地理志》及相关文献所记的 117 个与渤海有关的建制中，东京道集中了 91 个，明确为第二次迁置的有 56 个。不同于第一次迁置中以县为基本单位的分散安置，辽阳一带在第二次迁置时出现了以府、州为单位整体安置的情况。南海府沃、晴、椒三州集中安置于海州，龙原府迁置开州，显德府卢、铁、兴、汤、荣五州都是以州为单位进行安置。从空间分布来看，其基本分布在辽东京道西南部地区，具体为：原渤海扶余府为辽黄龙府以南以东，原渤海鸭渌府为辽渌州以西以南地区。迁置密度相对集中的地区，北部为北女直兵马司辖区，即今铁岭、开原、昌图一线；南部为辽东京辽阳府，以今辽阳市为中心。其余散点分布，中间夹杂着非渤海迁置州县及头下州。

东丹国之所以集中安置，原因有三：其一，迁东丹国至辽阳府是出于剪除人皇王耶律倍所依仗的原渤海势力的政治需要。因此，其需要在短时间内快速完成，集中迁徙、统一安置，效率更高。其二，渤海遗民在迁徙过程中出现了"或亡入新罗、女直"的逃亡问题。耶律德光对此"诏困乏不能迁者，许上国富民给赡而隶属之"①。逃亡的渤海人大多沦为辽贵族和富户的部曲，进一步激化了矛盾。集中迁置，可以保持建制，便于控制。其三，渤海势力是耶律倍一系在辽争夺政治权力的重要筹码，集中安置有利于凝聚力量。人皇王投奔后唐之后，其王妃萧氏在辽仍有特殊地位，倍子耶律阮在耶律德光死后能够登基并快速稳定皇位，与其掌握辽东渤海人势力不无关系。集中安置使得渤海亡而不灭，形成渤海族。② 当然，这也为后来大延琳叛乱埋下了隐患。

---

① 脱脱等：《辽史》，第 30 页。

② 苗威：《渤海族的凝聚及其消亡》，《延边大学学报（社会科学版）》2017 年第 5 期。

　　对于第二次迁置州县的位置，《释文汇编》大多进行了定点，但由于其成书时间较早，书中的部分行政区划如今已经发生了变化，部分县改为市或撤并到某市辖区，部分乡改为镇或社区，一些村庄的名称也发生了变化，依据原有文献的地址已经不能实现精确定位。对此，笔者通过多图层叠加的方式，结合坐标地址验证，对《释文汇编》定点的遗迹地址进行修订。另外，近年来一些城址的考古和研究成果陆续公布，笔者现以《释文汇编》为基础，对辽东地区未定点的部分州县位置进行定位。（参见表5-3）

表5-3　东丹国南迁州县对照表

府	州	州下州	县	渤海州县	位置	参考文献
辽阳府	直辖		辽阳县	显德府显州金德县、常乐县	辽宁省辽阳市太子河区、白塔区、文圣区	《中国历史地图集》第六册，第6页
辽阳府	直辖		仙乡县	显德府显州永丰县	辽宁省鞍山市海城市高坨镇高坨村	《释文汇编》，第131~132页
辽阳府	直辖		鹤野县	显德府显州鸡山县	辽宁省辽阳市辽阳县唐马寨镇唐马寨村	《释文汇编》，第132页
辽阳府	直辖		析木县	铜州花山县	辽宁省鞍山市海城市析木镇析木村古城址	《释文汇编》，第132页
辽阳府	直辖		紫蒙县	东平府蒙州紫蒙县	辽宁省辽阳市境内，未定点	《〈辽史·地理志〉汇释》（下表皆省称《地理志汇释》），第78~79页

（续表）

府	州	州下州	县	渤海州县	位置	参考文献
辽阳府	直辖		兴辽县	显德府显州长宁县	辽宁省辽阳市境内，未定点	《地理志汇释》，第79~80页
辽阳府	直辖		肃慎县	龙泉府龙州肃慎县	辽宁省辽阳市境内，未定点	《地理志汇释》，第80~81页
辽阳府	开州	附郭	开远县	龙原府庆州	辽宁省凤城市市区	《释文汇编》，第132~133页
辽阳府	开州	盐州		龙原府盐州	辽宁省丹东市东港市孤山镇西土城村古城址	《辽宁地区辽代建置考述（上）》①
辽阳府	开州	穆州	会农县	龙原府穆州	辽宁省鞍山市岫岩满族自治县洋河镇	《释文汇编》，第133页
辽阳府	开州	贺州		龙原府贺州	辽宁省凤城市大堡蒙古族乡大堡村北山村民组古城址	《辽宁地区辽代建置考述（上）》
辽阳府	卢州	附郭	熊岳县	显德府卢州	辽宁省营口市鲅鱼圈区熊岳镇熊岳城	《释文汇编》，第135页
辽阳府	铁州	附郭	汤池县	显德府铁州	辽宁省营口市大石桥市汤池镇北汤池村古城	《释文汇编》，第136页
辽阳府	兴州	附郭	常安县	显德府兴州	辽宁省沈阳市沈北新区清水台街道懿路村古城址	《释文汇编》，第137页

---

①　冯永谦：《辽宁地区辽代建置考述（上）》，《东北地方史研究》1986年第2期。

（续表）

府	州	州下州	县	渤海州县	位置	参考文献
辽阳府	汤州			显德府汤州	辽宁省沈阳市辽中区满都户镇古城子村古城址	《辽东京道失考州县新探——〈辽代失考州县辨证〉之一》①
辽阳府	崇州	附郭	崇信县	显德府荣州	辽宁省沈阳市浑南区汪家街道上伯官城址	《沈阳地区辽金城址刍议》②
辽阳府	海州	附郭	临溟县	南海府沃州	辽宁省鞍山市海城市	《释文汇编》，第137页
辽阳府	海州	耀州	岩渊县	南海府椒州	辽宁省营口市大石桥市石北大街岳州村	《辽宁地区辽代建置考述（上）》
辽阳府	海州	嫔州		南海府晴州	辽宁省鞍山市千山区甘泉镇向阳寨	《释文汇编》，第138页
辽阳府	宗州	附郭	熊山县	龙原府庆州	辽宁省沈阳市法库县四家子蒙古族乡四家子村村北四家子城址	《辽东京道失考州县新探——〈辽代失考州县辨证〉之一》
辽阳府	贵德州	附郭	贵德县	显德府崇州崇山县	辽宁省抚顺市高尔山前	《释文汇编》，第142页
辽阳府	贵德州		奉德县	显德府崇州缘城县	辽宁省抚顺市望花区古城子	《地理志汇释》，第103页

① 冯永谦：《辽东京道失考州县新探——〈辽代失考州县辨证〉之一》，《辽金历史与考古》第一辑，第211~212页。

② 赵晓刚：《沈阳地区辽金城址刍议》，《辽金历史与考古》第六辑，第3~15页。

（续表）

府	州	州下州	县	渤海州县	位置	参考文献
辽阳府	沈州	附郭	乐郊县	定理府潘州	辽宁省沈阳市沈河区沈州城址	《释文汇编》，第142~143页
辽阳府	沈州	岩州	白岩县	白岩县	辽宁省辽阳市灯塔市燕州城遗址	《释文汇编》，第143页
辽阳府	集州	附郭	奉集县	集州	辽宁省沈阳市苏家屯区奉集堡	《释文汇编》，第143页
辽阳府	广州	附郭	昌义县	铁利府广州	辽宁省沈阳市铁西区彰驿城址	《辽宁地区辽代建置考述（上）》
辽阳府	辽州	附郭	辽滨县	东平府	辽宁省沈阳市新民市公主屯镇东塔满族村	《释文汇编》，第144页
辽阳府	辽州		安定县	安边府	辽宁省沈阳市法库县登仕堡子镇石碰子村古城子屯	《辽宁地区辽代建置考述（上）》
辽阳府	遂州	附郭	山河县	鄚颉府高州	辽宁省铁岭市昌图县境，未定点	《地理志汇释》，第110页
辽阳府	祺州			东平府蒙州	辽宁省沈阳市康平县郝官屯镇齐家屯村	《释文汇编》，第144~145页
辽阳府	韩州	附郭	柳河县	鄚颉府鄚州奥喜县	辽宁省铁岭市昌图县八面城镇东南古城址	《释文汇编》，第146~147页
辽阳府	双州	附郭	双城县	定理府定州安夷县	辽宁省沈阳市北石佛寺村畔古城	《辽双州遗址遗物考》①

---

　　①　李仲元：《辽双州遗址遗物考》，孙进己等主编：《中国考古集成·东北卷·辽（三）》，第2180~2184页。

（续表）

府	州	州下州	县	渤海州县	位置	参考文献
辽阳府	银州	附郭	延津县	怀远府富州富寿县	辽宁省铁岭市区	《释文汇编》，第147页
辽阳府	银州		新兴县	怀远府银州新兴县	辽宁省铁岭市迤东一带，未定点	《释文汇编》，第147~148页
辽阳府	银州		永平县	怀远府富州优富县	辽宁省铁岭市境内，未定点	《地理志汇释》，第112~113页
辽阳府	同州	附郭	东平县	东平府	辽宁省铁岭市开原市中固镇	《地理志汇释》，第113~114页
辽阳府	咸州	附郭	咸平县	铜州	辽宁省铁岭市开原市老城镇	《释文汇编》，第148~149页
辽阳府	信州	附郭	武昌县	怀远府	吉林省长春市公主岭市秦家屯古城	《释文汇编》，第149页
辽阳府	信州		定武县	怀远府豹山县	辽宁省铁岭市东北一带	《地理志汇释》，第115页
辽阳府	信州	宾州		渤海	吉林省长春市农安县广元店古城	《地理志汇释》，第115~116页
辽阳府	郢州	附郭	延庆县	郢州	辽宁省开原市、昌图县和新民市一带	《地理志汇释》，第120页
辽阳府	铜州	附郭	析木县	铜州花山县	辽宁省鞍山市海城市析木镇	《地理志汇释》，第120~121页
辽阳府	宁州	附郭	新安县	渤海户	辽宁省大连市瓦房店市永宁镇	《地理志汇释》，第125页

（续表）

府	州	州下州	县	渤海州县	位置	参考文献
辽阳府	归州	附郭	归胜县	渤海户	辽宁省营口市盖州市归州镇归胜城	《地理志汇释》，第 126 页
兴中府		黔州	盛吉县	显德府兴州盛吉县	辽宁省朝阳市北票市东南	《地理志汇释》，第 152 页
辽阳府		尚州		渤海户	辽宁省境内，不定点	《地理志汇释》，第 124 页
辽阳府	铁利府			铁利府	辽宁省沈阳市浑南区高坎街道大夫社区大夫屯古城址	《辽东京道失考州县新探——〈辽代失考州县辨证〉之一》
辽阳府	长岭府			长岭府	吉林省辽源市东丰县横道河镇良善村	《辽东京道失考州县新探——〈辽代失考州县辨证〉之一》
辽阳府	定理府			定理府	辽宁市沈阳市沈北新区清水台街道懿路村古城址	《〈辽史·地理志〉东京道建置厘正》①

二、渤海历史空间的变迁

在第二次迁徙时，东丹国已经控制了原渤海的大部分地区，耶律德光在将东丹国州县建制和人口迁至辽东的同时，对原渤海辖境的统治政策进行了调整。扶余府因辽太祖死后现"黄龙"，改置龙州黄龙府，辖

---

① 冯永谦：《〈辽史·地理志〉东京道建置厘正》，《辽金历史与考古国际学术研讨会论文集》上，2011 年，第 231~256 页。

境设威、清、雍、安远、益州，隶属东京道。临近辽东的渤海鸭渌府改置渌州，神州之地置渌州省并，原桓、丰、正三州基本沿用。韩、信二州与郓颉、怀远二府大部分重合。以上府州虽与原渤海州县地望重叠，但原有建制已遭毁坏，《辽史·地理志》载："太祖破龙州，尽徙富利县人散居京南。"[①] "太祖破鸭渌府，尽徙其民居京之南。"[②]《辽史·耶律倍传》亦云："太宗既立，见疑，以东平为南京，徙倍居之，尽迁其民。"[③] 可见，辽在原渤海境内的州县建制是在迁置腾空的基础上建立起来的。

关于湖州、渤州是否为原地设置的问题，《辽史》记述疏略，学界历来说法不一。《释文汇编》未予探讨。《〈辽史·地理志〉汇释》认为其在原址设置。[④] 杨保隆认为，"湖州居民，大部被迁居今辽宁义县附近，仍以原州名置州"[⑤]。辽东京道的渤海迁置州县基本分布在原渤海扶余、鸭渌二府以东以南。从地理空间上来看，湖、渤二州距离集中分布区域相对较远，处于游离状态，单独置于原渤海腹地的可能性较小，应已南迁。冯永谦以"兵事属东京统军司"，推定此二州当在今辽宁省丹东市、大连市境内。[⑥]

定理府、率宾府、铁利府、长岭府诸府，《辽史》记录缺略，从空间分布的视角来看，应该都已经南迁。因此，表5-3采纳冯永谦观点，在辽东范围内对以上诸府进行位置比定。辽在渤海旧疆所置州县统计结果参见表5-4。

---

① 脱脱等：《辽史》，第439页。

② 脱脱等：《辽史》，第440页。

③ 脱脱等：《辽史》，第1210页。

④ 张修桂、赖青寿编著：《〈辽史·地理志〉汇释》，第119~120页。

⑤ 杨保隆：《辽代渤海人的逃亡与迁徙》，《民族研究》1990年第4期。

⑥ 冯永谦：《〈辽史·地理志〉东京道建置厘正》，《辽金历史与考古国际学术研讨会论文集》上，第235页。

表 5-4　辽在渤海国旧疆所置州县

府	州	州下州	州县	渤海州县	位置	参考文献
辽阳府	渌州		弘闻县	鸭渌府	吉林省白山市临江市大湖街道办事处葫芦套村对岸长城门	《地理志汇释》，第96页
辽阳府	渌州		神乡县	桓州神乡县	吉林省白山市临江市附近	《地理志汇释》，第96页
					辽宁省营口市西市区二道沟村	《〈辽史·地理志〉东京道建置厘正》
辽阳府	渌州	桓州		桓州	吉林省通化市集安市丸都山城	《地理志汇释》，第96~97页
辽阳府	渌州	丰州		丰州	吉林省白山市抚松县东北方	《释文汇编》，第139页
辽阳府	渌州	正州	东那县	正州	正州：通化市，不定点。东那县：通化市西南高丽城一带，不定点	《释文汇编》，第139页
					辽宁省抚顺市新宾满族自治县旺清门镇转水湖山城	《东北历史地理》第二卷，第387页①
辽阳府	渌州	慕州		慕州	吉林省通化市柳河县附近	《东北历代疆域史》②

---

① 孙进己、冯永谦总纂：《东北历史地理》第二卷，第387页。

② 张博泉等：《东北历代疆域史》，第160页。

（续表）

府	州	州下州	州县	渤海州县	位置	参考文献
辽阳府	韩州		柳河县	鄚州奥喜县	辽宁省铁岭市昌图县八面城镇东南古城址	《释文汇编》，第146~147页
辽阳府	黄龙府		黄龙县	扶余府长平县，并富利、佐慕、肃慎置	吉林省长春市农安县城	《释文汇编》，第150页
辽阳府	黄龙府		迁民县	扶余府合永宁、丰水、扶罗置	吉林省长春市农安县境	《地理志汇释》，第118页
辽阳府	黄龙府	益州	静远县	益州	吉林省长春市农安县北八十里小城子	《辽代宾、祥、益、威四州考》①
辽阳府	黄龙府	安远州		安远府	吉林省长春市农安县以西、辽宁省铁岭市昌图县八面城镇以北、吉林省松原市长岭县附近	《地理志汇释》，第119页
辽阳府	黄龙府	威州		扶余府	吉林省长春市农安县城西（稍偏南）四十里的小城子	《辽代宾、祥、益、威四州考》
辽阳府	黄龙府	清州		扶余府	吉林省境内，未定点	《地理志汇释》，第119页
辽阳府	黄龙府	雍州		扶余府	吉林省境内，未定点	《地理志汇释》，第119页
辽阳府	通州		通远县	扶州扶余县	吉林省四平市铁东区城东乡一面城村	《释文汇编》，第145~146页

---

① 李健才、陈相伟：《辽代宾、祥、益、威四州考》，《史学集刊》1984年第3期。

（续表）

府	州	州下州	州县	渤海州县	位置	参考文献
辽阳府	通州		安远县	扶州显义县	辽宁省开原市境内	《地理志汇释》，第111页
辽阳府	通州		归仁县	仙州强师县	辽宁省铁岭市昌图县北四面城镇	《地理志汇释》，第111页
辽阳府	通州		渔谷县	仙州渔谷县	辽宁省开原市境内	《地理志汇释》，第111页

东丹国南迁打破了原有的渤海疆域空间，形成了以辽阳府为中心的新的历史空间，东北历史空间整体上也被辽东京道所取代。从辽迁置渤海州县的空间分布来看，其大部分州县建制已经偏离了原有的历史空间，呈现向南、向西两个方向的迁移，但其整体范围完全在辽的统治疆域之内，且与辽的非渤海来源州县之间呈现空间交叉分布。由此可见，迁置的渤海州县已经融入辽的统治疆域之内，呈现局部聚集和整体融合的状态。原渤海扶余、鸭渌二府被辽改置为黄龙府和渌州，辖境空间基本保持，由此，辽阳府的统治区域也存在与渤海行政区划直接叠加的情况。

从渤海的角度来看，亡国之后，其历史空间被一分为二：名义上隶属于耶律倍一系的东丹势力聚集在今中国东北地区东南部，以北控南，掌握渤海旧疆；以渤海末代王大諲譔为首的渤海贵族则被迁至上京临潢府左近地区。渤海疆域的北部及原黑水靺鞨所属区域成为女真各部的活动区域，这些区域都属于辽的统辖范围。因此，从这一层意义上来看，渤海亡国及辽对其的迁徙是一个将地方政权内化为辽的内部统辖势力的过程。这一过程中，除了部分人口逃散，并不存在疆域和行政建制的流失。

三、州县再迁与东北历史空间的融合

辽代行政建置变动频繁，原渤海部分州县在迁置后经历了再迁，出现了同一地望的地名前后不同、同名州县的地望前后不同的情况。集中改迁的主要是扶余府和辽阳府两地。

扶余府经历了三次迁置。扶余府初属渤海，下辖扶、仙二州；辽平渤海之后，因耶律阿保机死于此地，时见黄龙，故更名为龙州黄龙府。其州县和原有渤海户在第一次迁置时大部分已经被迁出，安置于临潢府左近地区，因此，黄龙府的建制属于占扶余府辖境再置州县，这是其第一次迁置。975 年，黄龙府卫将燕颇杀其都监张琚，起兵反叛。燕颇叛乱历时两月，平叛之后，黄龙府被废，旧境以燕颇余党"千余户"改置通州，下辖通远、安远、归仁、渔谷四县。这是其第二次迁置。1020 年，辽圣宗以"宗州、檀州汉户一千"复置黄龙府，统益、威、清、雍、湖五州和黄龙、迁民、永平三县，是为第三次迁置。由此可见，尽管扶余府在辽朝前后期皆称黄龙府，但其间已经历废而复置，与原有州府建制和人口结构已经有很大的不同。

东京辽阳府迁置渤海州县也经历了一次较大规模的改迁。1029 年，因不满辽东苛政，"东京舍利军详稳大延琳囚留守、驸马都尉萧孝先及南阳公主，杀户部使韩绍勋、副使王嘉、四捷军都指挥使萧颇得"，起兵反辽。① 大延琳反叛持续一年，次年八月才被平息。平叛之后，辽将辽阳府的部分渤海叛军、家属改迁。"东京城内"即辽阳府渤海遗民的一部分改迁至临潢府，置迁辽县、渤海县、易俗县②，一部分迁置祖州咸宁县③和中京道润州，并迁置海州的南海府遗民于临潢府，置迁辽

---

① 脱脱等：《辽史》，第 203 页。
② 脱脱等：《辽史》，第 440 页。
③ 脱脱等：《辽史》，第 442 页。

县；辽阳府原有建制并未废除，空置州县往往又迁他处人口进行填充，如海州"移泽州民来实之"①。归州最初为辽太祖安置渤海降户所置，后废。1011 年，辽圣宗伐高丽，又"以所俘渤海户复置"归州，但该州又于 1029 年参与大延琳叛乱，遂改置迁州②。宁州亦为 1011 年辽圣宗伐高丽时以渤海降户所置，大延琳叛乱后改置润州。如前文所述，润州也迁置了部分"东京城内"的渤海民户。③

另外，辽在医巫闾山建王陵，因陵设奉陵邑时，对辽东渤海州县和人口进行了迁置。辽世宗建显陵以葬其父人皇王耶律倍时，就近置显州。对于其附郭奉先县，《辽史·地理志》云"世宗析辽东长乐县民以为陵户"④，为迁置渤海显州长乐县后再次徙置。山东县为"穆宗割渤海永丰县民为陵户"。归义县系初置显州时，"渤海民自来助役，世宗嘉悯，因籍其人户置县"。康州为"世宗迁渤海率宾府人户置"⑤，这里的率宾府应是已迁置辽东的建置，此时再次改置。辽圣宗时置乾陵以葬景宗耶律贤，并置乾州以奉乾陵，即延昌县，《辽史·地理志》云"析延昌宫户置"。延昌宫为辽穆宗宫帐（斡鲁朵），在东京道有"咸、信、韩等州户"⑥。其中，信州为怀远府故地，韩州为郑颉府故地，咸州为铜州，三地所辖皆以渤海户为主，因此，延昌县当为析置渤海户。乾州灵山县为渤海灵峰县，司农县为渤海麓州。

辽上京道与渤海有关诸州县的位置，可通过已定点州县结合地理信息系统投影城址遗迹进行初步推定。易俗县，临潢府直辖诸县中秩序在潞县之后。《辽史·地理志》云："本辽东渤海之民，太平九年，大延

---

① 脱脱等：《辽史》，第 462 页。
② 脱脱等：《辽史》，第 475 页。
③ 脱脱等：《辽史》，第 489 页。
④ 脱脱等：《辽史》，第 464 页。
⑤ 脱脱等：《辽史》，第 464 页。
⑥ 脱脱等：《辽史》，第 465 页。

琳结构辽东夷叛，围守经年，乃降，尽迁于京北，置县居之。是年，又徙渤海叛人家属置焉。户一千。"① 临潢府左近之北，与潞县相邻的城址为浩尔吐城址。该城址南北开门，周长 1160 米，规模、形制适中，或是该县遗址。② 迁辽县，《辽史·地理志》云："本辽东诸县渤海人，大延琳叛，择其谋勇者置之左右。后以城降，戮之，徙其家属于京东北，故名。户一千。"③ 京东北，与浩尔吐城址相邻的有包日浩特城址，可略做比定。渤海县，《辽史·地理志》只云"本东京人，因叛，徙置"④，不言方位，临潢府周边尤其是北部有多个城址，不便比定。其余州县，依据研究成果，结合地信数据更正地址后如下。（参见表 5-5）

表 5-5　辽改迁、再置渤海州县表

再迁州县	初迁州县	渤海州县	位置	备注
易俗县	辽阳府渤海户	迁置渤海户	内蒙古赤峰市巴林左旗乌兰达坝苏木浩尔吐嘎查南侧	大延琳叛
迁辽县	辽阳府渤海户	迁置渤海户	内蒙古赤峰市阿鲁科尔沁旗巴彦温都尔苏木包日浩特嘎查	大延琳叛
渤海县	辽阳府	显州金德县、常乐县	内蒙古赤峰市巴林左旗波罗城附近	大延琳叛
兴辽县		显州长宁县	辽宁省辽阳市境内，不定点⑤	大延琳叛

---

① 脱脱等：《辽史》，第 440 页。

② 王晓琨：《内蒙古东南部辽代城址的分类及研究初识》，《北方民族考古》第一辑，第 299 页。

③ 脱脱等：《辽史》，第 440 页。

④ 脱脱等：《辽史》，第 440 页。

⑤ 张修桂、赖青寿编著：《〈辽史·地理志〉汇释》，第 80 页。

（续表）

再迁州县	初迁州县	渤海州县	位置	备注
祖州咸宁县	辽阳府长宁县	显州长宁县	内蒙古赤峰市巴林左旗查干哈达苏木石房子村	
归州附郭归胜县	高丽渤海户	逃亡渤海户	辽宁省营口市盖州市归州镇归胜城①	大延琳叛，改迁州，圣宗伐高丽，以所俘渤海户复置
迁州附郭迁民县	归州	渤海户	河北省秦皇岛市东北山海关②	大延琳叛
润州附郭海阳县		安远府宁州	河北省秦皇岛市海港区海阳镇③	大延琳叛
通州附郭通远县	扶余府扶州扶余县，并布多县	扶余府扶余县	吉林省四平市铁东区城东乡一面城村④	燕颇叛
通州归仁县		扶余府仙州强师县	辽宁省铁岭市昌图县北四面城镇⑤	燕颇叛
通州安远县	黄龙府	扶余府扶州显义县	辽宁省开原市境⑥	
通州渔谷县	渤海县	扶余府渤海户	辽宁省开原市境⑦	燕颇叛

① 谭其骧主编：《〈中国历史地图集〉释文汇编·东北卷》，第154页。

② 张修桂、赖青寿编著：《〈辽史·地理志〉汇释》，第159页。

③ 张修桂、赖青寿编著：《〈辽史·地理志〉汇释》，第159页。

④ 郭毅生：《辽代东京道的通州与安州城址的考察》，《社会科学战线》1978年第3期。

⑤ 郭毅生：《辽代东京道的通州与安州城址的考察》，《社会科学战线》1978年第3期。

⑥ 谭其骧主编：《〈中国历史地图集〉释文汇编·东北卷》，第110页。

⑦ 谭其骧主编：《〈中国历史地图集〉释文汇编·东北卷》，第110页。

（续表）

再迁州县	初迁州县	渤海州县	位置	备注
祥州附郭怀德县	黄龙府	扶余府渤海户	吉林省长春市农安县东北六十里万金塔古城①	燕颇叛
宁州附郭新安县	高丽渤海降户	渤海逃亡高丽户	辽宁省大连市瓦房店市永宁镇②	辽圣宗统和二十九年（1011）
恩州附郭恩化县	恩州	逃亡女真渤海户	内蒙古赤峰市东南昆都河下游北岸③	蒲卢毛朵部渤海户
义丰县	义州	铁利府义州	内蒙古赤峰市翁牛特旗东北西拉木伦河南岸④	太宗置，重熙元年废州改县
显州附郭奉先县	奉陵邑	显德府显州常乐县	辽宁省锦州市北镇市北镇庙⑤	
			辽宁省锦州市北镇市广宁镇古城⑥	
显州山东县	奉陵邑	显德府显州永丰县	辽宁省锦州市北镇市市区⑦	
			辽宁省锦州市北镇市廖屯镇大亮甲村⑧	

① 李健才、陈相伟：《辽代宾、祥、益、威四州考》，《史学集刊》1984年第3期。

② 张修桂、赖青寿编著：《〈辽史·地理志〉汇释》，第125页。

③ 张修桂、赖青寿编著：《〈辽史·地理志〉汇释》，第135页。

④ 张修桂、赖青寿编著：《〈辽史·地理志〉汇释》，第42~43页。

⑤ 谭其骧主编：《〈中国历史地图集〉释文汇编·东北卷》，第99页。

⑥ 冯永谦：《辽宁地区辽代建置考述（上）》，《东北地方史研究》1986年第2期。

⑦ 张修桂、赖青寿编著：《〈辽史·地理志〉汇释》，第99~100页。

⑧ 冯永谦：《辽宁地区辽代建置考述（上）》，《东北地方史研究》1986年第2期。

（续表）

再迁州县	初迁州县	渤海州县	位置	备注
显州归义县	奉陵邑	渤海户	辽宁省锦州市北镇市中安镇土堡子村①	
显州康州	奉陵邑	率宾府	辽宁省锦州市北镇市中安镇高力板村②	
乾州延昌县	奉陵邑	韩州/双州	辽宁省锦州市北镇市附近③	
乾州灵山县	奉陵邑	灵峰县	辽宁省锦州市北镇市附近④	
乾州司农县	奉陵邑	麓州	辽宁省锦州市北镇市附近⑤	

　　总体来看，辽灭渤海之后，对其固有的行政建制从最初的原盘接收，设东丹国"一用汉法"加以统辖，到迁徙侨置兼用分割内化，因时改迁，逐步吸收，经历了复杂、长期的过程。通过这种方式，辽相对稳妥渐进地把渤海的势力内化为自身政治肌体的组成部分。从数据统计来看，原渤海十五府皆有州县见于《辽史》；其六十二州见于《辽史》记载的有四十五州，约占 72.6%。从空间分布来看，辽对渤海的迁置基本上以州县为单位，兼顾大杂居和小聚居的形态，形成了以上京临潢府、东京辽阳府、渤海旧境为中心的三个州县聚集点和其他地区的数个

---

　　① 冯永谦：《辽东京道失考州县新探——〈辽代失考州县辨证〉之一》，《辽金历史与考古》第一辑，第 220 页。

　　② 杨保隆：《辽代渤海人的逃亡与迁徙》，《民族研究》1990 年第 4 期。

　　③ 张修桂、赖青寿编著：《〈辽史·地理志〉汇释》，第 101 页。

　　④ 张修桂、赖青寿编著：《〈辽史·地理志〉汇释》，第 101 页。

　　⑤ 张修桂、赖青寿编著：《〈辽史·地理志〉汇释》，第 101~102 页。

散点。其空间变动从方向上来看，整体呈现从东北到西南的迁置趋势；从疆界来看，主要是从原渤海境内向辽的州府内部迁置，遇有叛乱州县则直接迁入腹地；从最终的空间布局来看，据史料所载至少有70%以上的渤海州县融入辽的统治空间之中。

结　语

　　东北古史数字人文体系的建构是以数字人文为依托，以服务东北边疆史研究为基本出发点，为新文科背景下东北古史研究的资源凝聚、方法更新和问题解决提供新的尝试路径。在整体思路上，充分考察国内外史学研究生态和数字人文动态，以文献、文本和历史空间为核心着力点凝聚资源、统合技术，尝试解决东北古史研究中文献资源零散、数据基础薄弱及历史空间叠加交错等重点、难点问题。在实践路径上，从历史研究者的视角出发，本着需求推动、研究实用的原则，打通文献检索、文本抽取、数据计算、空间可视化等数字化研究的技术路径，以此为基础实现平台化融合。

一、东北古史文献体系的建构实践

　　东北地区向来是古代中国君臣视域之内的"吾土"，是治内之地，与中央王朝向来不乏互动，与域外亦有交流。随着汉籍文献数字化进程的加快，东北古史文献尚有较大的挖掘潜力。利用数字技术丰富文献储备、梳理文献体系，可以让史料"说话"。这对于摒弃民族情绪、排除非学术因素和"人造史料"的影响、增强东北古史话语的信度，具有相当的现实意义。

　　笔者从东北边疆史研究的现实需求出发，通过文献的智能搜集、整理和数据库建设，逐步完善文献数据体系，在为东北古史研究提供文献支撑的同时，为研究者高效利用文献探索路径、提供模型。在具体操作上，将不同时代的文献集中管理，并以此为依托利用算法模型实现基础文献的主题分类和专题文献的高效智能抽取，建构贴合研究实际的文献体系；通过智能搜集系统，将不同国家、不同语言文字书写的研究成果定时增量汇聚，按时代、体裁等形成条理清晰、信息翔实的文献题录，以此为基础建构文献增量机制，确保东北古史文献和研究数据体系的长久活力。

文献资源收集方面，东北古史文献的存储单位主要包括公共图书馆、科研机构、出版机构及学术团体等。公共图书馆，诸如中国国家图书馆及东北地区各级各类图书馆等收藏有相关文献，其中大多数文献可以实现书目查询，部分已完成数字化。相关科研机构的文献资源各有特色，其中有很多尚未公开出版的档案、手稿等珍贵文献。近年来，部分学术出版机构将自身出版的学术文献进行数字化加工，并通过数据平台共享，其中也含有东北文献。研究团队主要通过文献整理类课题及相关数据库建设等进行资源的搜集与整理，具有明显的专题性特点。总体来看，与东北古史相关的各机构资源仍处于散布状态，尚未构建统一的数据标准和共享机制。海外汉籍与东北相关的档案文献资源数字化发展迅速。东北古史数字化文献资源体系的构建，主要是通过国内公共文献资源题录采集、海外公共资源监测、国内研究机构自建数据资源的统合、海外研究机构开源数据的采集、灰色文献的收录与数字化整理、音视频资源的收集与整理，逐步建立文献资源动态监测体系，为文献聚合框架的搭建提供基本的数据基础。

文献资源整合方面，主要是通过资源采集和数字化加工实现海内外边疆资源的多维融合。由于东北古史文献类型多样，研究应用方向多元，在文献信息采集过程中需采取最全、最优原则，即对于可以采集原本图像、文本全文和文献详细目录的数据，相关信息要一并采集，尽量提高信息的完整度。对于同一文献出现在多个资源平台的情况，优先选择权威性较高的平台，兼顾其他平台中数据的完整性，并在数据关系中对文献位置进行标注，做好资源备份，确保数据质量，以便研究者查证。采集后的数据通过工具、程序沙箱等进行数据整理，根据边疆研究文献的引用、分析习惯和后期数据库的元数据设计需求形成标准数据。

文献数据库建设方面，通过构建交互性文献存储体系实现文献按需分类和个性化管理；通过基础文献库、研究成果库、海外资源库，为历史研究者自建个性化需求的专题库提供基础数据和技术支撑。数据库的核心功能主要包含：在数据格式上，兼顾数据标准化和数字资源的特殊性，实现更多层次、最大范畴间的文本融通。数字化文献统一采用支持 PDF 附件下载、文档及其目录在线显示的技术框架，并通过接口实现全文检索；文本文献统一支持 TXT 格式，存放在底层，通过文献分类结构，以四库为参照标准构建出经、史、子、集的古典文献分类和现代文献的细部分类，实现跨文件检索。在整体功用上，兼顾人文学科的实用性和数字人文的前沿性，在二者基础上通过拓展解释体系实现从文献阅读到知识学习的无缝衔接和多元拓展。

同时，把数据关联、知识图谱和数据可视化理念融入文献数据库的设计之中，在设计上预留足够的拓展接口，为构建以文献为基础的东北古史知识体系奠定基础。以深度学习的基本理念架构数据库的成长逻辑，通过文献增量机制和知识关系进化机制实现文献数据总量、专题文献子库数量、知识关系网络伴随数据库操作记录多角度共同成长，打破传统数据库的"上传—供给"机制，实现"操作即建设"的交互式成长逻辑。

二、东北古史数据体系的建构实践

在东北古史领域，很多历史争议性问题源自历史文献碎片化和叙述的模糊性。数字人文利用数字技术可以从更宽广的领域发掘、集中文献，并通过数据可视化的形式展示纷杂文献中的逻辑关联，为东北古史论证提供多重证据，也为该领域的定量研究提供数据支撑。同时，数字人文技术在提供分析模式、拓展研究方法和改善书写路径等方面多有助益。我们在围绕东北古史进行专题史料辑录的过程中，发现在历史专业需求明确的情况下，基于古籍文献的专题数据抽取与传统的文献辑录相比具有明显的优势。以专题数据为基础的文献分析模型着眼于历史知识单元，即从文献资料中提取指定主题的实体信息，通过文本计算进行数据分析，以可视化的方式展示分析结果。它在宏观上可以把握专题史料的整体特征；在微观上可以按照研究需求任意抽取指定的信息单元，提高研究效率。抽取文献的准确度方面，通过"文献—文本"的对照阅读实现数据文本与权威版本的一一对照，使数据兼顾效率、信度与常规的学术引用习惯。

　　东北历史中综合问题的研究需要从海量堆叠的复杂文献中高效而准确地提取研究所需信息，这就需要进行文本计算。文本计算的前提是在数字文献的基础上进行深度的文本处理。而深度的文本处理需要大量的高质量文本数据集，这是东北古史数字化研究的数据基础。一般认为，数据基础（Data Infrastructure）主要包括数据资源及其容器，用于管理和提供数据共享的标准和技术，为数据资源和数据基础设施的使用与管理提供参考的指南和政策，管理数据基础设施的组织，参与贡献、维护数据基础的团体，以及对数据基础拥有重要影响力的用户群体。本论题重点探讨了东北古史文本数据资源的聚合、生产与应用平台的架构。

　　东北古史数据生产平台构建的基本理念是专业化、通用化、平台化和简便化。专业化是指平台以东北古史研究为服务对象，其技术、文献、文本和研究模型都是以东北边疆史为中心的，并且在研究实践过程中不断完善；通用化主要是在历史文本的数据处理、研究尝试等专题实践的基础上，不断完善各种常用的操作范例和算法模型，明确东北古史研究的数字人文需求，实现常用功能的复用和历史研究范围内的通用；平台化是指专业的通用功能通过平台统一呈现，实现基于互联网或局域网的共享使用；简便化主要是针对历史研究者这一群体设计，即精简文本计算的编程环节，只需通过程序沙箱便可完成大部分基础工作。

东北古史数据生产平台的基本逻辑架构包含五重内涵：一是基础数据的积累与供给。数据生产平台的基础数据库中存储了数字化研究所需的大量公共数据和专题数据，在数字人文实验室的支撑下，这些数据会持续更新和增添，使数据体量逐渐增大，逐步涵盖东北古史研究的各个方面。同时，文本计算、深度学习和专家校验可使数据内部结构和数据信度不断优化，数据供给质量逐步提升。二是数据模型与操作样例的供给。平台尽量详细地提供操作步骤说明、数据样例和输出结果应用示例，未来逐步添加研究成果展示使研究者只需要通过修改数据样例、导入自有数据即可获得自己的数据，还可以下载平台内可使用的成品数据。关于数据在研究中的应用，平台将提供国内外典型案例作为参照。三是程序和算法的沙箱化。考虑到研究群体的文科特性，平台在设计过程中极力避免代码编辑，程序和算法都通过服务器存储于后端，并且可以通过前端的操作请求多线程并发启动。为了克服前端通用程序在处理特殊数据和特殊需求上的局限性，平台在前端设置了数据请求上传功能，研究者可以根据自身的需求将数据或任务请求上传至平台，平台将以实验室为依托启动定制服务。四是前端互动操作的沙箱化。前端功能基本上只保留数据样例展示、数据上传、结果下载、功能选择等几个核心模块，将各种功能集约形成功能沙箱，力争做到一键解决绝大部分问题。后期，随着应用在全网的展开，平台将根据实际需求逐步优化升级功能，确保数据一次性输出的成品率。五是多种数据样例的可选择性。考虑到不同研究者所使用的数据阅读工具、分析工具不同，每种数据都尽量允许输出多种数据格式，让数据平台在保持高效、简洁的同时，更接近人文学者的日常操作习惯。

三、东北古史空间体系的建构实践

历史空间问题是东北古史体系，尤其是古代边疆体系建构的核心问题，翔实的矢量化空间数据体系对夯实东北边疆历史空间研究、建构信度更高的话语体系具有一定的现实意义。历史空间数据生产充分利用现有的科技与数据资源，根据东北历史空间特点和东北古史研究的实际需求，借鉴海内外成熟技术，以空间数据、历史地图、文本解释等为基础，通过历史自然地理信息数据、人文历史空间数据、历史专题数据的生产实践打通了从文献到数据再到历史制图和空间分析的技术通道，建成了一批东北边疆史空间基础数据集。这在总结技术经验、提高研究效率、拓展研究视域的同时，为东北古史话语体系的数据基础建设探索了可持续的推进机制。

在空间数据基础建设方面，既重视原创数据精度，又重视众源数据的价值，通过中转接口实现数据融合。在历史地理空间数据基础的建设过程中，数据精度始终是历史空间研究信度的基本保障。基于 Web 用户端自由生产的数据缺乏精度验证，信度难以保障，因此历史地理空间数据的生产需要由专业科研团队组织，形成生产、校验、应用验证的数据产出链条。但这种高精度空间数据的生产成本普遍较高，从文献扫描、文本校对，到数据标注、空间信息抽取、空间数据验证，最终获取一套科学数据，此过程中除技术成本之外，其所投入的人力成本和时间成本也是极高的。当前，历史地理空间数据平台的数量不断增加，随之而来的众源数据增量明显，利用好这些数据可以大大提高东北古史空间数据体系的构建效率。但各平台之间的底层架构、数据结构、数据内容差异较大，数据精度参差不齐，想实现数据的融合，就需要在平台架构中做好中转接口，实现全球范围的东北古史空间开源数据的监测与抓取，同时通过完善数据校验体系和专家系统修正数据精度，最终建成基于众源数据的东北古史空间数据生产与融合平台。

以东北边疆历史地理基础数据为核心，以东北边疆为空间范围，以层层叠加的边疆民族、政权为数据单元，结合空间拓展注释，建构图文整合的东北古史空间信息平台。在尊重历史阅读者的操作习惯和技术现状的前提下，通过历史地理文献的可视化阅读、历史地理信息数据的便捷化生产、历史地图的可视化绘制和常用的数据分析等核心功能模块搭建历史空间信息的阅读与数据编辑环境。平台根据历史研究者的文献需求和阅读习惯，对数字文史资源进行了"左图右史"的整合，并通过专题历史空间基础数据建设，实现遗迹、地名定位、历史地图绘制和历史时空数据建模。在呈现基础数字空间的同时，将民族的活动范围、地方政权的疆域在地理信息系统上呈现，形成疆域明确、时代清晰的民族、政权空间谱系。在空间谱系的支持下，研究者可以逐点、逐线、逐面地对不同时期历史空间的客观样态进行观察，并通过多图层叠加功能实现古旧地图、现代地图与矢量数据的贴合对比。在此基础上，对东北古史的空间问题进行多角度探讨，探讨结果可以通过地图编辑器实现对历史地图的修改、绘制和文字标注。

在空间应用实践方面，WebGIS 平台通过标准数据和数据转换模块的开发来实现空间数据的批量导入、导出和格式转换，同时，通过 XML 数据实现注释数据的匹配融合，如此可以实现历史空间数据在 Web 平台和专业软件之间的转换。在数据标绘和历史地图绘制方面，手动用户对要素标绘的需求较为多元，在简便、快速出图及出图的专业化、标准化和个性化方面都有需求。因此，在要素标绘方面，平台在提供标准化要素的同时，也需要提供自绘要素功能。简而言之，对于东北史研究者而言，先进的技术固然重要，但符合自身专业研究需求、操作便利的空间数据基础，以及在数据基础上架构的简便实用的空间数据阅读和编辑平台更加实用。由历史研究者主导的旨在满足历史研究需求的空间数据生产与平台建设，既适用于有一定地理信息技术基础的历史研究群体，也适用于没有相关技术背景的群体。实践活动在保障历史研究者深度参与东北古史空间数据生产、确保数据的学科专业性和严谨性的同时，为普通"兴趣性"参与者利用科学数据传播科普知识提供了便利，基本实现了上下通联的"桥链"功能，即"向上"可过渡到专业地理信息技术平台进行严谨科学研究，"向下"可以沟通基于严谨知识的大众科普进行历史话语传播。

四、融合思维下专题研究模型的建构与反思

将文献、文本、矢量数据凝聚于渤海末期的历史空间变动这一特定专题，综合运用文献分析、文本计算、空间数据分析等数字人文方法进行解读，对东北古史传统问题的解决进行了新的尝试。抽取中外文献中的渤海资料进行文本计算，统计精确的遗迹数据，还原不同时期渤海历史的空间样态，就辽对渤海境内京府州县的占领和人口的迁置进行量化分析，对其空间分布特征和变动形态进行可视化展示，努力复原辽朝稳妥、渐进地将渤海主体部分内化为自身政治肌体的过程。当前，在东北古史研究领域，国际话语的权威性是重要环节，国外对于历史地图的任意绘制和对涉边问题的任意篡改时有发生，试图通过混淆视听引发民族情绪。基于空间的综合研究模型，在考订史实、纠正谬误、传播回应方面具有一定的应用价值。

这一实践过程中，既有便利之处，又有不便之处。便利之处有三：一是原始文献资料和学术研究成果的获取更加便捷。研究专题所需的各项史料可通过文献数据平台和全文数据的信息抽取较为便利地建立起来。海内外研究成果相对容易获取，且通过基于文献题录的检索和分析更容易进行研究动态的梳理。二是在 WebGIS 数据平台的支撑下，历史空间信息的判读更为直观形象。由此，历史地理文献的阅读效率会有较大的提高。与之相对应，基于 WebGIS 的历史研究预判的呈现也使得历史书写和语言描述的精准程度有了较大的提升。三是基于全面数据的统合性研究相较于传统的一城一地或一条交通线的研究，在研究效率上有

较大的提升，尤其是数据可视化传达的应用，可以在不影响信息准确传达的前提下，在一定程度上精简文本写作的篇幅。

不便之处主要有两点：一是基于大量文本的信息数据抽取。目前，在实体识别特别是古籍隐含信息的挖掘上，模型还不够成熟，一些根据研究经验可以预见的数据，在初次抽取时会出现遗漏的情况，需要基于专业背景的数据校正与补缀。在历史绘图中，模型只能绘制已有明确定位的空间信息点，尚不具备基于已有信息进行空间推理的能力。成果多元时，模型会识别所有成果并同时标注，需要拥有专业历史地理背景的研究者介入，返回到传统思维进行辨析、论证。二是数字人文研究的主体是人，研究者的专业程度和数字人文技术的熟练程度会对研究过程产生双向促进，同时会形成双重制约。一方面，研究者技术的熟练程度会在相当程度上制约文本信息的提取效率，也会制约从文本到地图绘制的转换效率。人文研究者在初次操作相关平台和软件时，通常需要花费一定的时间去熟悉技术操作与数据整理的规范。另一方面，当研究者在传统历史研究范式中迁入数字人文中的文本分析、数据可视化结果时会产生叙述逻辑的不兼容等问题，需要花费一定时间和精力去研究业界已经完成的典型研究成果，进行揣摩和学习。

总之，基于数字人文的东北古史体系建设实践致力于将东北古史研究各个环节的技术打通。一方面，以互联网为基础将数字技术融合为历史研究者可以操作的通用平台，进而实现资源共享、技术互助、体系共建、信息互通、传播互联，使东北古史体系建设得以持续推进、不断完善。另一方面，以定量研究推动历史学从"准科学"成为"科学"，使东亚在历史上的一体性得到更为直观且科学的诠释。在技术与人文的融合实践中，降低技术门槛，增加交互性，部分实现通用化、功能模块化是较为有效的途径。在东北古史数字人文体系建设过程中，基于知识谱系的文献全文检索与知识呈现平台是文献基础；基于 WebGIS 基本功能的历史地理空间数据平台和基于历史地图兴趣点的文献知识图谱共同构成空间基础；基于数字人文实验室的数据生产、整理和分析模型建设是人文数据基础，也是东北古史研究数字方向的延展体系，既为这一领域研究提供持续性的国际前沿学术动态数据，又为部分疑难问题的解决提供新的路径。四者深度融合，逐步形成一套新文科背景下数字人文服务于东北古史研究的软环境。其一，数字服务于人文，能够在相当程度上承担研究群体在文献搜集过程中所需要付出的大量重复劳动，提高科研效率。同时，这种与传统文献学不同的思路与方法，可以在一定程度上有利于研究者视野的拓展、方法的创新，以及在此基础上历史书写的改进。其二，数字与人文是交互的，数字技术必须理解历史研究的现实需求，编写出研究真正需要的技术模块。当然，这种交叉合作也可以推动研究者了解数字人文的前沿，理解数字人文的基本思维方法及数字技术能够在研究中发挥积极的作用。其三，数字与人文并不能立即无缝结合，这就要求技术参与者充分考虑现实情况，符合历史研究者知识结构的实际，让技术真正为人文学者利用。实践发现，交互性是软环境构建的最佳方案，能够让研究者在利用工具的同时深入了解数字技术，有效促进数字人文思维的形成。

主要参考文献

一、著作

[1] 司马迁．史记［M］．北京：中华书局，2013.

[2] 房玄龄等．晋书［M］．北京：中华书局，1974.

[3] 欧阳修，宋祁．新唐书［M］．北京：中华书局，1975.

[4] 司马光编著，胡三省音注．资治通鉴［M］．北京：中华书局，1956.

[5] 王溥．唐会要［M］．北京：中华书局，1955.

[6] 王钦若等编．册府元龟［M］．北京：中华书局，1960.

[7] 脱脱等．辽史［M］．北京：中华书局，1974.

[8] 阮元校刻．十三经注疏［M］．北京：中华书局，1980.

[9] 清格尔泰．契丹小字研究［M］．北京：中国社会科学出版社，2018.

[10] 清格尔泰等．契丹小字再研究［M］．呼和浩特：内蒙古大学出版社，2018.

[11] 曹廷杰．东三省舆地图说［M］．1887.

[12] 李慎儒．辽史地理志考［M］．清光绪二十八年（1902）丹徒李氏刻本。

[13] 吴禄贞．光绪丁未延吉边务报告［M］．1908.

［14］金毓黻．渤海国志长编［M］．辽阳金氏千华山馆，1934.

［15］金毓黻．东北通史［M］．重庆：五十年代出版社，1944.

［16］邓衍林编．中国边疆图籍录［M］．北京：商务印书馆，1958.

［17］中国方志丛书：华北地方［M］．台北：成文出版社，1966—1976.

［18］《辞海》编辑委员会编．辞海：地理分册［M］．修订稿．上海：上海人民出版社，1977.

［19］中国第一历史档案馆编．清代档案史料丛编［M］．北京：中华书局，1978—1990.

［20］《中国历史地图集》中央民族学院编辑组．《中国历史地图集》东北地区资料汇篇［M］，1979.

［21］张博泉等．东北历代疆域史［M］．长春：吉林人民出版社，1981.

［22］吴泽主编，陈乐素、陈智超编校．陈垣史学论著选［M］．上海：上海人民出版社，1981.

［23］傅朗云，杨旸．东北民族史略［M］．长春：吉林人民出版社，1983.

［24］辽宁大学历史系．《明实录》中的女真史料选编［M］．1983.

［25］李澍田编著．东北史志文献要略［M］．吉林师范学院，1982.

［26］吉林省图书馆社会科学参考部编辑．东北地方文献联合目录：第三辑［M］．吉林省图书馆，1983.

［27］大连市图书馆社会科学参考部、黑龙江省图书馆采编部编辑．东北地方文献联合目录：第二辑·外文（日、西、俄）图书部分［M］．大连市图书馆，1983.

［28］黑龙江省志编审委员会办公室、黑龙江省森林工业总局史志办公室．史志编辑参考［M］．1984.

［29］郝瑶甫．东北地方志考略［M］．沈阳：辽宁人民出版社，1984.

［30］黄维翰．渤海国记［M］．沈阳：辽沈书社，1985.

［31］章学诚著，叶瑛校注．文史通义校注［M］．北京：中华书局，1985.

［32］大连市图书馆社会科学参考部、黑龙江省图书馆采编部编辑．东北地方文献联合目录：第二辑·中文图书部分［M］．吉林省图书馆，1987.

［33］严耕望．唐代交通图考：第五卷［M］．台湾"中研院"历史语言研究所，1986.

［34］章学诚著，王重民通解．校雠通义通解［M］．上海：上海古籍出版社，1987.

［35］孙进己、冯永谦总纂．东北历史地理［M］．哈尔滨：黑龙江人民出版社，1989.

［36］孙进己．东北民族源流［M］．哈尔滨：黑龙江人民出版社，1989.

［37］东郭士等编．东北古史资料丛编：第一卷［M］，沈阳：辽沈书社，1989.

［38］吉林师范学院古籍研究所、李澍田主编，王崇实等整理．朝鲜文献中的中国东北史料［M］．长春：吉林文史出版社，1991.

［39］万福麟监修，张伯英总纂，崔重庆等整理．黑龙江志稿［M］．哈尔滨：黑龙江人民出版社，1992.

［40］孙玉良编著．渤海史料全编［M］．长春：吉林文史出版社，1992.

［41］唐晏等撰，张中澍、王承礼点校．渤海国志三种［M］．天

津：天津古籍出版社，1992.

[42]《黑龙江农业百科全书》编辑委员会．黑龙江农业百科全书，北京：中国大百科全书出版社，1993.

[43] 国家文物局主编．中国文物地图集：辽宁分册［M］．西安：西安地图出版社，2009.

[44] 黑龙江省地方志编纂委员会．黑龙江省志：第9卷［M］．哈尔滨：黑龙江人民出版社，1993.

[45] 黑龙江省地方志编纂委员会．黑龙江省志：第78卷［M］．哈尔滨：黑龙江人民出版社，1998.

[46] 蒋秀松，朱在宪．东北民族史纲［M］．沈阳：辽宁教育出版社，1993.

[47] 王国维．古史新证：王国维最后的讲义［M］．北京：清华大学出版社，1994.

[48] 李澍田主编．东北文献辞典［M］．长春：吉林文史出版社，1993.

[49] 杨昭全，孙玉梅．中朝边界沿革及界务交涉史料汇编［G］．长春：吉林文史出版社，1994.

[50] 包文汉、乔吉等编著．蒙文历史文献概述［M］．呼和浩特：内蒙古人民出版社，1994.

[51] 谭其骧主编．中国历史地图集［M］．北京：中国地图出版社，1982.

[52] 姜孟山等主编．中国正史中的朝鲜史料［M］．延吉：延边大学出版社，1996.

[53] 孙进己等编．东北古史资料丛编：第二、三卷［M］，沈阳：辽沈书社，1980—1990.

[54] 孙进己．东北民族研究［M］．郑州：中州古籍出版社，1994.

［55］孙进己等主编．中国考古集成：东北卷［M］．北京：北京出版社，1997.

［56］张博泉、魏存成主编．东北古代民族：考古与疆域［M］．长春：吉林大学出版社，1998.

［57］杨春吉等主编．高句丽史籍汇要［M］．长春：吉林人民出版社，2005.

［58］中国地方志集成［M］．南京：凤凰出版社，2000—2008.

［59］陈寅恪．金明馆丛稿二编［M］．北京：生活·读书·新知三联书店，2001.

［60］杜泽逊．文献学概要［M］．北京：中华书局，2001.

［61］张修桂、赖青寿编著．《辽史·地理志》汇释［M］．合肥：安徽教育出版社，2001.

［62］国家文物局主编．中国文物地图集：内蒙古自治区分册［M］．西安：西安地图出版社，2003.

［63］张三夕主编．中国古典文献学［M］．武汉：华中师范大学出版社，2003.

［64］国家图书馆分馆编．清代边疆史料抄稿本汇编［G］．北京：线装书局，2003.

［65］李治亭主编．东北通史［M］．郑州：中州古籍出版社，2003.

［66］许嘉璐主编．二十四史全译［M］．上海：汉语大词典出版社，2004.

［67］倪其心．校勘学大纲［M］．北京：北京大学出版社，1987.

［68］贾敬颜．五代宋金元人边疆行记十三种疏证稿［M］．北京：中华书局，2004.

［69］陈文伟，黄金才．数据仓库与数据挖掘［M］．北京：人民邮电出版社，2004.

［70］刘晓东．渤海文化研究：以考古发现为视角［M］．哈尔滨：黑龙江人民出版社，2006.

［71］刘子敏，苗威．中国正史《高句丽传》详注及研究［M］．香港：香港亚洲出版社，2006.

［72］佟冬主编．中国东北史［M］．修订版．长春：吉林文史出版社，2006.

［73］魏国忠，杨雨舒．渤海史［M］．北京：中国社会科学出版社，2019.

［74］陈高华、陈智超等．中国古代史史料学［M］．修订本．天津：天津古籍出版社，2006.

［75］朱道清编纂．中国水系辞典［M］．修订版．青岛：青岛出版社，2007.

［76］田广林等．契丹时代的辽东与辽西［M］．大连：辽宁师范大学出版社，2007.

［77］李云生主编．松辽流域"十一五"水污染防治规划研究报告［M］．北京：中国环境科学出版社，2007.

［78］朴兴镇主编．中国廿六史及明清实录东亚三国关系史料全辑［M］．延吉：延边大学出版社，2007.

［79］吉林省文物考古研究所等编著．西古城：2000—2005年度渤海国中京显德府故址田野考古报告［M］．北京：文物出版社，2007.

［80］魏存成．渤海考古［M］．北京：文物出版社，2008.

［81］杨雨舒，蒋戎．唐代渤海国五京研究［M］．香港：香港亚洲出版社，2008.

［82］陈久金．中朝日越四国历史纪年表［M］．北京：群言出版社，2008.

［83］沈彭主编．土地管理知识大全［M］．北京：中国大地出版社，2009.

［84］李建成，闫利．现代测绘科学技术基础［M］．武汉：武汉大学出版社，2009．

［85］李治安，薛磊．中国行政区划通史：元代卷［M］．上海：复旦大学出版社，2009．

［86］黑龙江省文物考古研究所编著.1998—2007 年度考古发掘调查报告 渤海上京城［M］．北京：文物出版社，2009．

［87］国家文物局主编．中国文物地图集：吉林分册［M］．北京：中国地图出版社，1993．

［88］王健．中国古代文化史论［M］．济南：齐鲁书社，2010．

［89］刘顺利．朝鲜文人李海应《蓟山纪程》细读［M］．北京：学苑出版社，2010．

［90］《边疆史地文献初编》编委会编．边疆史地文献初编［M］．北京：中央编译出版社，2011．

［91］王禹浪．神秘的东北历史与文化［M］．哈尔滨：黑龙江人民出版社，2011．

［92］苗威．高句丽移民研究［M］．长春：吉林大学出版社，2011．

［93］程妮娜．古代中国东北民族地区建置史［M］．北京：中华书局，2011．

［94］黑龙江省文物考古研究所编著．考古：黑龙江［M］．北京：中国地图出版社，2011．

［95］温有奎，焦玉英．基于知识元的知识发现［M］．西安：西安电子科技大学出版社，2011．

［96］杨占风．鸭绿江、图们江及乌苏里江流域的新石器文化研究［M］．北京：文物出版社，2013．

［97］赵炳林．东北地区古代民族政权研究［M］．广州：暨南大学出版社，2013．

［98］吉林省文物考古研究所等编著．八连城：2004—2009 年度渤海国东京故址田野考古报告［M］．北京：文物出版社，2014.

［99］谭衢霖等编著．地理空间信息技术应用高级实验教程［M］．北京：北京交通大学出版社，2014.

［100］范恩实．靺鞨兴嬗史研究——以族群发展、演化为中心［M］．哈尔滨：黑龙江教育出版社，2014.

［101］鲁西奇．中国历史的空间结构［M］．桂林：广西师范大学出版社，2014.

［102］乌云毕力格主编．满蒙档案与蒙古史研究［M］．上海：上海古籍出版社，2014.

［103］李凤飞、刁丽伟主编．东北古代边疆史料学［M］．哈尔滨：黑龙江教育出版社，2014.

［104］东北地方日、俄文文献目录［M］．田帝、蒋三军，编译．哈尔滨：东北林业大学出版社，2014.

［105］沈力．地理信息系统技术解析与应用概论［M］．沈阳：东北大学出版社，2015.

［106］吴元丰．满文档案与历史探究［M］．沈阳：辽宁民族出版社，2015.

［107］国家文物局主编．中国文物地图集：黑龙江分册［M］．北京：文物出版社，2015.

［108］王禹浪．东亚视野下的东北史地研究［M］．北京：社会科学文献出版社，2015.

［109］苗威．乐浪研究［M］．北京：高等教育出版社，2016.

［110］彭刚．后现代史学理论读本［M］．北京：北京大学出版社，2016.

［111］尹铉哲主编．高句丽史研究文献目录：朝鲜、韩国、日本部分［M］．延吉：延边大学出版社，2016.

［112］尹铉哲主编．高句丽、渤海国史研究文献目录［M］．延吉：延边大学出版社，2016.

［113］王绵厚，朴文英．中国东北与东北亚古代交通史［M］．沈阳：辽宁人民出版社，2016.

［114］龙从军，刘汇丹．藏文自动分词的理论与方法研究［M］．北京：知识产权出版社，2016.

［115］王衍榛，王虹．论"互联网+"与全民健身新常态的融合创新［M］．北京：九州出版社，2016.

［116］赵永春辑注．奉使辽金行程录［M］．增订本．北京：商务印书馆，2017.

［117］庄友刚．空间生产的历史唯物主义阐释［M］．苏州：苏州大学出版社，2017.

［118］艾明耀、胡庆武编著．高级 GIS 开发教程［M］．武汉：武汉大学出版社，2017.

［119］李西建、金惠敏主编．美学麦克卢汉：媒介研究新维度论集［M］．北京：商务印书馆，2017.

［120］宋锋林．认知的维度［M］．北京：北京邮电大学出版社，2018.

［121］刘大平、孙志敏．渤海国建筑形制与上京城宫殿建筑复原研究［M］．哈尔滨：哈尔滨工业大学出版社，2018.

［122］葛剑雄．天地史谭［M］．上海：上海辞书出版社，2018.

［123］侯丕勋．中国古代历史地理概论［M］．兰州：甘肃人民出版社，2018.

［124］李安．语料库语言学及 Python 实现［M］．济南：山东大学出版社，2018.

［125］刘信君，邓树平．夫余史［M］．北京：中国社会科学出版社，2019.

［126］赵红梅．前燕史［M］．北京：中国社会科学出版社，2019．

［127］田立坤．后燕史［M］．北京：中国社会科学出版社，2019．

［128］尚永琪．北燕史［M］．北京：中国社会科学出版社，2019．

［129］苗威．箕氏朝鲜史［M］．北京：中国社会科学出版社，2019．

［130］苗威．卫氏朝鲜史［M］．北京：中国社会科学出版社，2019．

［131］蒋戎、蒋秀松．东夏史［M］．北京：中国社会科学出版社，2019．

［132］黄松筠．后金史［M］．北京：中国社会科学出版社，2019．

［133］高扬．智能摘要与深度学习［M］．北京：北京理工大学出版社，2019．

［134］秦艺帆、石飞编著．地图时空大数据爬取与规划分析教程［M］．南京：东南大学出版社，2019．

［135］杨德麟等编著．测绘地理信息原理、方法及应用［M］．北京：测绘出版社，2019．

［136］李红、任金铜主编．MapGIS 与地质制图［M］．重庆：重庆大学出版社，2019．

［137］星环科技人工智能平台团队．机器学习实战：基于 Sophon 平台的机器学习理论与实践［M］．北京：机械工业出版社，2020．

［138］李宏伟等编著．地名本体理论方法与应用［M］．北京：测绘出版社，2020．

［139］王言．RPA：流程自动化引领数字劳动力革命［M］．北京：机械工业出版社，2020．

［140］王敌非．欧洲满文文献总目提要［M］．北京：中华书局，2021．

［141］胡迪编著．清代东北打牲史料编年［M］．长春：长春出版

社，2021.

[142]［日］鸟居龙藏．满蒙古迹考［M］．陈念本，译．上海：上海商务印书馆，1933.

[143] 马克思，恩格斯．马克思恩格斯选集：第 1 卷［M］．北京：人民出版社，1995.

[144]［美］安妮·伯迪克等．数字人文：改变知识创新与分享的游戏规则［M］．马林青、韩若画，译．北京：中国人民大学出版社，2018.

[145]［德］斯特凡·贝格尔主编．书写民族：一种全球视角［M］．孟钟捷，译．杭州：浙江大学出版社，2018.

[146]［日］平田茂树、余蔚主编．史料与场域：辽宋金元史的文献拓展与空间体验［M］．上海：上海人民出版社，2021.

二、学术论文

[1]［日］外山军治．评金毓黻《渤海国志长编》［J］．史林，1934（4）.

[2] 朱贵．辽宁朝阳十二台营子青铜短剑墓［J］．考古学报，1960（1）.

[3] 郭毅生．辽代东京道的通州与安州城址的考察［J］．社会科学战线，1978（3）.

[4] 赵铁寒．辽史地理志州军方位考实［J］．食货月刊，1979，9（3）.

[5] 李健才．松花江名称的演变［J］．学习与探索，1982（2）.

[6] 何速．《东北地方文献联合目录》第一辑出版［J］．图书馆学研究，1982（3）.

[7] 张松柏．辽怀州怀陵调查记［J］．内蒙古文物考古，1984（3）.

[8] 李健才，陈相伟．辽代宾、祥、益、威四州考［J］．史学集

刊，1984（3）.

[9] 冯永谦. 辽宁地区辽代建置考述（上）[J]. 东北地方史研究，1986（2）.

[10] 陈国庆，关强. 黑龙江省肇东县哈土岗子遗址试掘简报 [J]. 北方文物，1988（3）.

[11] 荐闻. 建国以来东北民族史之研究 [J]. 黑龙江民族丛刊，1989（3）.

[12] 傅朗云. 中国东北地方文献学刍议 [J]. 古籍整理研究学刊，1990（1）.

[13] 杨保隆. 辽代渤海人的逃亡与迁徙 [J]. 民族研究，1990（4）.

[14] 宫兵. 长白丛书研究系列首批成果出版 [J]. 农业考古，1991（1）.

[15] 赵云田. 清代东北的军府建置 [J]. 清史研究，1992（2）.

[16] 张博泉. 论东北民族宏观与微观研究的统一 [J]. 社会科学战线，1993（2）.

[17] 吕患成. 明、清、民国时期辽河流域历史地理述略 [J]. 吉林师范大学学报（人文社会科学版），1994（3）.

[18] 冯永谦. 辽代部分州县今地考 [J]. 北方文物，1994（4）.

[19] 王雪梅. 辽金政治制度的比较 [J]. 吉林师范学院学报，1995（2）.

[20] 肖添意. 对高校图书馆应用学科分类原则的探讨 [J]. 图书馆杂志，1997（3）.

[21] 刘厚生. 亟待加强东北边疆史的研究 [J]. 中国边疆史地研究，2001（1）.

[22] 徐新建. 从边疆到腹地：中国多元民族的不同类型——兼论"多元一体"格局 [J]. 广西民族学院学报（哲学社会科学版），2001

（6）．

　　［23］范毅军等：空间信息技术应用于汉学研究的价值与作用
［J］．汉学研究通讯，2001（2）．

　　［24］刘子敏．高句丽疆域沿革考辨［J］．社会科学战线，2001
（4）．

　　［25］刘晓东．“车书本一家”的考古学诠释——论渤海文化与中
原唐文化的趋同性［J］．北方文物，2002（1）．

　　［26］葛剑雄．中国历史地图：从传统到数字化［J］．历史地理，
2002（1）．

　　［27］饶良伦．评李凤飞主编的《东北边疆史料学》［J］．北方论
丛，2002（3）．

　　［28］周雪忠，吴朝晖．文本知识发现：基于信息抽取的文本挖掘
［J］．计算机科学，2003（1）．

　　［29］［韩］金渭显．东丹国变迁考［C］．宋史研究论丛（第13
辑）［M］．保定：河北大学出版社，2003.

　　［30］徐新良等.GIS 环境下基于 DEM 的中国流域自动提取方法
［J］．长江流域资源与环境，2004（4）．

　　［31］关捷，陈志贵．东北民族文化与多元一体中华文化格局
［C］//首届全国民族文化论坛论文集，2004.

　　［32］勾学海等．东北地方志（1949 年前旧志）收藏状况调查与校
核目录［J］．图书馆研究，2004（8）．

　　［33］李国强．“东北工程”与中国东北史的研究［J］．中国边疆
史地研究，2004（4）．

　　［34］孟祥荣，金恩辉．东北地方古文献的跨国性问题［J］．图书
馆工作与研究，2005（2）．

　　［35］刘晓东，李陈奇．渤海上京城“三朝”制建制的探索［J］．
北方文物，2006（1）．

[36] 毛建军．东北地区馆藏古籍数字化资源的建设及其意义 [J]．图书馆学刊，2006（4）．

[37] 都兴智．略论辽朝统治时期辽宁境内的民族 [J]．辽宁工程技术大学学报（社会科学版），2006（6）．

[38] 赵英兰．从满化、汉化，到民族多元一体化——清代东北族际关系之演变 [J]．东北亚论坛，2007（5）．

[39] 张福有．辽宁境内的高句丽部分遗迹遗物 [J]．东北史地，2007（2）．

[40] 马大正．深化边疆理论研究与推动中国边疆学的构筑 [J]．中国边疆史地研究，2007（1）．

[41] 肖瑶．从晚明辽东民族格局看"多元一体"理论 [J]．大连民族学院学报，2007（4）．

[42] 陈慧．战国之燕对辽东的经营开发 [J]．辽宁大学学报（哲学社会科学版），2007（5）．

[43] 都兴智．论金代辽宁境内的猛安谋克与人口 [J]．东北史地，2007（6）．

[44] 苗威．山戎、东胡考辨 [J]．中国边疆史地研究，2008（4）．

[45] 商文俊．基于 Supermap Objects 的地图标绘系统的设计实现 [J]．电脑知识与技术，2008（1）．

[46] 李治亭．东北地方史研究的回顾与思考——写在建国60周年 [J]．云南师范大学学报（哲学社会科学版），2009（2）．

[47] 郑永晓．基于传统目录学的古籍文献数据库建设之思考 [J]．科研信息化技术与应用，2010（2）．

[48] 章宏灿，薛巍．集群 RAID5 存储系统可靠性分析 [J]．计算机研究与发展，2010（4）．

[49] 曾红伟等．Arc Hydro Tools 及多源 DEM 提取河网与精度分析——以洮儿河流域为例 [J]．地球信息科学学报，2011（1）．

［50］杨申茂等．明长城军事聚落历史地理信息系统体系结构研究
［J］．建筑学报，2012（2）．

［51］周全．黑龙江境内之陶器遗存与黑陶文化散论［J］．绥化学
院学报，2012（2）．

［52］周雪莹．采用双层 PDF 形式将方正书版文件制作为可检索式
PDF 文件［J］．编辑学报，2012（6）．

［53］朴玉顺，邱弈．丸都山城宫殿建筑复原［C］//中国建筑史
学学术年会论文集，2011.

［54］赵永春．"中国多元一体"与辽金史研究［J］．中央民族大
学学报（哲学社会科学版），2011（3）．

［55］马兰艳等．基于 SRTM DEM 和 ASTER GDEM 的辽河流域河
网提取研究［J］．安徽农业科学，2011（5）．

［56］杨雨舒．渤海国时期与辽金时期的吉林城镇［J］．辽宁工程
技术大学学报（社会科学版），2011（5）．

［57］冯永谦．《辽史·地理志》东京道建置厘正［C］//辽金历
史与考古国际研讨会论文集（上），2011.

［58］王培新．渤海都城城址布局比较分析［C］//魏坚、吕学明
主编．东北亚学术古代聚落与城市考古国际学术研讨会论文集，北京：
科学出版社．2012.

［59］牛秋业．当代中国科学技术发展文化软环境建设研究［J］.
广西社会科学，2012（12）．

［60］金石柱，郑鑫．延边地区渤海时期遗址分布与地理环境关系
研究［C］//中国地理学会 2012 年学术年会论文集，2012.

［61］苗威，韩亚男．战国辽东郡考述［J］．北方文物，2012（4）．

［62］朴玉顺，姚琦．独具特色的高句丽建筑造型艺术［C］//宁
波保国寺大殿建成 1000 周年学术研讨会暨中国建筑史学分会论文
集，2013.

[63] 杨妹. 敖汉旗区域契丹族族源论——契丹遥辇氏的发祥地、世里氏的重要历史活动舞台 [J]. 前沿, 2013 (23).

[64] 石岩. 20 世纪黑龙江省渤海时期考古的历史与成就 [J]. 北方文物, 2013 (2).

[65] 蓝勇. 中国历史地图集编绘的历史轨迹和理论思考, 史学史研究, 2013 (2).

[66] 王绵厚. 关于辽沈历史上"北趋甬道"交通地理的考察——辽宁地域文化交通地理在沈阳地区的一段历史个案解析 [J]. 辽宁大学学报 (哲学社会科学版), 2013 (2).

[67] 张鹏伟, 李建文. 数据库系统开发中字符编码问题的研究 [J]. 陕西科技大学学报 (自然科学版), 2013 (5).

[68] 谷长春等. 吉林地域文化的形成及传统特色——《中国地域文化通览·吉林卷》绪论. 社会科学战线, 2013 (10).

[69] 金石柱, 李东辉. 地理学视角下的渤海史研究 [J]. 延边大学学报 (社会科学版), 2013 (4).

[70] 朴玉顺, 姚琦. 从壁画和现有遗存看高句丽早中期建筑的造型特点 [J]. 古建园林技术, 2014 (2).

[71] 袁剑. 2013 年的中国边疆研究: 使命、范式与转型 [J]. 中国图书评论, 2014 (1).

[72] 王禹浪, 于彭. 近十年来渤海国五京的考古发现与研究综述 [J]. 黑龙江民族丛刊, 2014 (3).

[73] 朴玉顺, 姚琦. 丸都山城宫殿建筑群使用功能划分探析 [J]. 沈阳建筑大学学报 (社会科学版), 2014 (2).

[74] 孙晓剑, 樊军. 众源地理数据及在城市规划中的应用探讨 [C] //2014 中国城市规划信息化年会论文集. 2014.

[75] 孙卫国. 朝鲜王朝"小中华"思想的核心理念及其历史演变 [J]. 韩国研究论丛, 2014 (2).

［76］宋卿．试述唐代东北边疆重镇营州的权力伸缩［J］．史学集刊，2014（3）．

［77］陈刚．"数字人文"与历史地理信息化研究［J］．南京社会科学，2014（3）．

［78］刘晓东．"术"与"道"：清王朝儒学接受的变容——以吉林文庙的设立为中心［J］．中国边疆史地研究，2014（3）．

［79］邵正坤．古籍数字化的困局及应对策略［J］．图书馆学研究，2014（12）．

［80］朱尖，苗威．中国边疆研究的文献计量分析［J］．云南师范大学学报（哲学社会科学版），2015（1）．

［81］金石柱等．朝鲜境内的渤海国遗址空间分布研究［J］．延边大学学报（社会科学版），2015（5）．

［82］刘永连．《韩国历代文集丛书》学术价值初探［J］．暨南史学，2015（1）．

［83］金石柱等．渤海国遗址空间分布与环境关系研究［J］．延边大学农学学报，2015（2）．

［84］牟振宇．数字历史的兴起：西方史学界中的书写新趋势［J］．史学理论研究，2015（3）．

［85］赵晓刚．沈阳地区辽金城址刍议［J］．辽金历史与考古，2015，（00）．

［86］佟大群，李路华．清代吉林中西部土地财政问题述略［J］．社会科学战线，2015（11）．

［87］李湘东等．采用LDA主题模型的多种类型文献混合自动分类研究［J］．图书馆论坛，2015（1）．

［88］董振，金石柱．基于Logistic回归模型的延边地区渤海国遗址预测研究［J］．延边大学学报（自然科学版），2015（2）．

［89］赵永春．论认识历史疆域的"历史共享"原则［J］．黑龙江

社会科学，2015（5）.

［90］万红.以《著作权法》第三次修订为视角的图书馆电子书版权保护［J］.图书馆工作与研究，2015（5）.

［91］卜庆华等.WebGIS下的中国城市历史地理信息平台的设计与实现［J］.测绘通报，2015（12）.

［92］金石柱，肖龙.吉林省东部地区高句丽、渤海国遗址分布对比［J］.延边大学学报（社会科学版），2016（1）.

［93］张伯伟.新材料·新问题·新方法——域外汉籍研究三阶段［J］.史学理论研究，2016（2）.

［94］赵思渊.地方历史文献的数字化、数据化与文本挖掘：以《中国地方历史文献数据库》为例［J］.清史研究，2016（4）.

［95］韩炯.从计量史学迈向基于大数据计算思维的新历史学——对当代西方史学量化研究新发展的思考［J］.史学理论研究，2016（1）.

［96］郑威.汉帝国空间边缘的伸缩：以乐浪郡的变迁为例［J］.社会科学，2016（11）.

［97］崔向东.载纵载横 接续古今——评《中国东北与东北亚古代交通史》［J］.中国边疆史地研究，2017（2）.

［98］王涛."数字史学"：现状、问题与展望［J］.江海学刊，2017（2）.

［99］赵成杰，牟哥.金毓黻与东北文献研究——以《辽东文献征略》《东北文献零拾》为中心［J］.东北农业大学学报（社会科学版），2017（4）.

［100］王代礼等.数字环境下文献传递模式演化与著作权规制研究［J］.图书馆学研究，2017（3）.

［101］朱本军，聂华.互动与共生：数字人文与史学研究——第二届"北京大学数字人文论坛"综述［J］.大学图书馆学报，2017（4）.

［102］宫健泽.东北地方文化研究品牌：《长白丛书》［J］.古籍

整理研究学刊，2017（3）.

［103］梁晨．量化数据库：“数字人文”推动历史研究之关键［J］．江海学刊，2017（2）.

［104］周磊等．矢量瓦片技术在地理信息公共服务云平台中的应用［C］//地理信息与人工智能论坛暨江苏省测绘地理信息学会2017年学术年会论文集，2017.

［105］申斌，杨培娜．数字技术与史学观念——中国历史数据库与史学理念方法关系探析［J］．史学理论研究，2017（2）.

［106］周晨．国际数字人文研究特征与知识结构［J］．图书馆论坛，2017（4）.

［107］高劲松等．基于关联数据的图书馆数字资源语义互联研究［J］．情报科学，2017（1）.

［108］孙卫国．朝鲜王朝对清观之演变及其根源［J］．廊坊师范学院学报（社会科学版），2017（3）.

［109］苗威．渤海族的凝聚及其消亡［J］．延边大学学报（社会科学版），2017（5）.

［110］张屹峰．文件上传进度跟踪及异步传输的研究与实现［J］．电脑编程技巧与维护，2017（10）.

［111］董博等．基于爬虫的数据监控系统［J］．计算机系统应用，2017（10）.

［112］魏存成．东北古代民族源流述略［J］．中国边疆史地研究，2017（4）.

［113］史睿．数字人文研究的发展趋势［N］．文汇报，2017-8-25.

［114］邓国臣，褚雪梅．学术论文中避免出现“问题地图”的建议［J］．科技与出版，2018（1）.

［115］张萍．地理信息系统（GIS）与中国历史研究［J］．史学理论研究，2018（2）.

［116］关雪峰，曾宇媚. 时空大数据背景下并行数据处理分析挖掘的进展及趋势［J］. 地理科学进展，2018（10）.

［117］叶凯. 基于 WebGIS 技术的塔里木河流域河湖信息系统［J］. 计算机系统应用，2018（2）.

［118］魏大威等. 国家数字图书馆分布式多活存储体系研究［J］. 图书馆杂志，2018（3）.

［119］王蕾等. 基于神经网络的片段级中文命名实体识别［J］. 中文信息学报，2018（3）.

［120］郭晶，王晓阳. 国外数字人文研究演进及发展动向——基于哈佛大学图书馆馆藏相关专著的梳理，图书与情报，2018（3）.

［121］李鹏，张宪功. 辽代降圣州、永安县及龙化县考［J］. 中国历史地理论丛，2018（1）.

［122］胡迪等. 地理与历史双重视角下的历史 GIS 数据模型［J］. 地球信息科学学报，2018（6）.

［123］王涛. 数字人文框架下《德意志人物志》的群像描绘与类型分析［J］. 历史研究，2018（5）.

［124］苗威. 建构中国特色的中国边疆学话语体系［J］. 中国边疆史地研究，2018（3）.

［125］刘晓东. 黑龙江先秦史研究中的几个问题——写在张忠培先生逝世一周年之际［J］. 北方文物，2018（3）.

［126］张生. "空间"在历史书写中的重要意义［N］. 人民日报，2018-09-03（22）.

［127］钮亮. 数字人文视域下的历史客观性理解问题［J］. 图书馆论坛，2018（4）.

［128］刘琼等. 大数据时代人文研究前沿与探索——南京大学"数字人文"学术研讨会综述［J］. 图书馆论坛，2018（3）.

［129］邴正. 东北古代方国属国史总论——《东北古代方国属国

史》总前言［J］. 社会科学战线，2018（9）.

［130］邵奇等. 跨越三十载的皇皇巨著——《东北历史地理》评介［J］. 北方文学，2019（23）.

［131］陈涛等. 知识图谱在数字人文中的应用研究［J］. 中国图书馆学报，2019（6）.

［132］刘彦. 基于动态解析方法的多线程数据高效抓取仿真［J］. 计算机仿真，2019（7）.

［133］杜小勇等. 数据整理——大数据治理的关键技术［J］. 大数据，2019（3）.

［134］张正. 数字人文的工具属性研究［J］. 图书馆研究，2019（5）.

［135］许鑫等. 数字人文研究领域的知识图谱构建与分析——基于WoS 文献关键词和引文上下文的实证［J］. 图书情报工作，2019（7）.

［136］周义刚，姜赢. 语义网下动态知识组织模型构建研究［J］. 图书馆理论与实践，2019（9）.

［137］李凤亮，新文科：定义·定位·定向［J］. 探索与争鸣，2020（1）.

［138］赵文友. 基于开放共享理念的古籍数字资源服务——以"中华古籍保护计划"为中心［J］. 古籍保护研究，2020（2）.

［139］陈涛等. 数字人文图像资源语义化建设框架研究［J］. 数字人文，2020（2）.

［140］武宝瑞. 新文科建设需要解决好的三个前置性问题［J］. 上海交通大学学报（哲学社会科学版），2020（2）.

［141］高志超. 清代吉林地区的棉花试种［J］. 清史研究，2020（4）.

［142］白鸿叶. 图写边疆 图证历史——国家图书馆藏边疆舆图整理研究［J］. 中国社会科学报国家社科基金专刊，2020-10-27.

［143］王甜甜．书签考［J］．图书馆研究，2020（4）.

［144］樊丽明．"新文科"：时代需求与建设重点［J］．中国大学教学，2020（5）.

［145］马路遥等．面向句法结构的文本检索方法研究［J］．电子学报，2020（5）.

［146］郑浩等．众源矢量融合技术在数据生产与更新中的应用［J］．地理空间信息，2020（5）.

［147］龙家庆等．数字人文对我国档案领域的影响：挑战、机遇与对策［J］．档案学研究，2020（1）.

［148］赵耀龙，巢子豪．历史 GIS 的研究现状和发展趋势［J］．地球信息科学学报，2020（5）.

［149］陆小华．数据话语权：国际传播的战略性竞争焦点［J］．现代传播报，2020（10）.

［150］许鑫，杨佳颖．国外语义网研究现状与动向——基于2002—2018 年 ISWC 会议［J］．情报学报，2020（7）.

［151］唐江浩等．人文学者数字学术能力理论框架构建研究——基于数字人文视角［J］．图书馆，2020（11）.

［152］宋玲玲，郭晶晶．科学知识图谱视角下国内外数字人文领域研究分析［J］．图书馆杂志，2020（7）.

［153］刘合艳．中国知网的全文批量下载和重命名实例［J］．办公自动化，2020（23）.

［154］王增智．运用数据话语推动话语体系建设［N］．中国社会科学报，2020-12-24（01）.

［155］葛全胜，朱会义．两千年来中国自然与人文地理环境变迁及启示［J］．地理学报，2021（1）.

［156］李惠等．钩玄提要——古籍目录智能分析工具构建［J］．中国图书馆学报，2021（4）.

［157］龚旗煌．新文科建设的四个"新"维度［J］．中国高等教育，2021（1）．

［158］周建新，谭富强．数字人文：作为学术资料再分配的新形式［J］．图书馆杂志，2021（2）．

［159］马敏，薛勤．大数据历史与新文科建设［J］．新文科教育研究，2021（1）．

［160］刘石，李飞跃．大数据技术与传统文献学的现代转型［J］．中国社会科学，2021（2）．

［161］王家耀．地图集：重构复杂非线性地理世界的"百科全书"［J］．测绘地理信息，2021（1）．

［162］张玉柳，赵波．国内外知识图谱发展趋势和研究热点演变分析［J］．图书馆理论与实践，2021（4）．

［163］刘忠宝，赵文娟．古籍信息处理回顾与展望［J］．大学图书馆学报，2021（6）．

［164］赵哲夫等．黑龙江宁安市渤海时期山城址和长城遗迹调查简报［J］．北方文物，2021（4）．

［165］蔡迎春．数字人文评价：学科性、专业性、技术性［J］．中国图书馆学报，2021（4）．

［166］邓小南．数字人文与中国历史研究［J］．中国文化，2021（1）．

［167］侯晋升等．基于多数据源的论文数据爬虫技术的实现及应用［J］．计算机应用研究，2021（2）．

［168］张耀铭．数字人文的研究与评价［J］．江南大学学报（人文社会科学版），2021（5）．

［169］赵薇．数字时代人文学研究的变革与超越——数字人文在中国［J］．探索与争鸣，2021（6）．

［170］陈建红，史话．数字人文在边疆历史研究中的应用［J］．

云南师范大学学报（哲学社会科学版），2021（4）.

［171］邱伟云，严程. 数字人文视野下中国近代边疆概念群研究
［J］. 云南师范大学学报（哲学社会科学版），2021（4）.

［172］袁毓林，曹宏. "语义网—本体知识—知识图谱"和语言研
究［J］. 汉语学报，2021（1）.

［173］李文硕. 美国城市史研究的空间取向［J］. 史学理论研究，
2021（6）.

［174］朱尖. 学科交叉与融合视角下中国边疆研究文献计量分析
的注意事项与遵循原则［J］. 四川师范大学学报（社会科学版），2021
（6）.

［175］高炽扬等. 基于 Python 的 Excel 文档批量转换生成自定义形
式 Word 文档工具的实现和应用［J］. 数字通信世界，2021（11）.

［176］王禹浪，王天姿. 辽、金春州再考［J］. 哈尔滨学院学报，
2021（12）.

［177］闵昭浩，杨卓凡. NoSQL 数据库与关系型数据库对比［J］.
电子技术与软件工程，2021（14）.

［178］欧阳剑，任树怀. 数字人文研究中的古籍文本阅读可视化
［J］. 图书馆杂志，2021（4）.

［179］蔡银琼等. 基于多表达的第一阶段语义检索模型［J］. 计
算机工程与应用，2023（4）.

［180］呼雪梅等. 基于 GIS 的历史文化资源挖掘机制与可视化探
索——以陕西历史文化地理信息平台为例［J］. 测绘与空间地理信息，
2021（10）.

［181］范恩实. 中国东北边疆史研究回顾与展望［J］. 中国边疆
学，2021（1）.

［182］魏亮亮. 面向数字人文的档案知识服务模式转型探析［J］.
档案学研究，2021（4）.

［183］欧阳剑等．数字人文项目可持续性研究［J］．图书馆杂志，2021（11）．

［184］王保成等．基于 LDA 和卷积神经网络的半监督图像标注方法［J］．计算机工程与科学，2022（1）．

三、学位论文

［1］朱晓东．基于支持度变化的关联规则挖掘算法及实现［D］．南京：南京航空航天大学，2005.

［2］解丹．金长城军事防御体系及其空间规划布局研究［D］．天津：天津大学，2011.

［3］陈跃．清代东北地区生态环境变迁研究［D］．济南：山东大学，2012.

［4］孙志敏．渤海上京城宫城主要建筑群复原研究［D］．哈尔滨：哈尔滨工业大学，2014.

［5］韩亚男．渤海国城址研究［D］．长春：东北师范大学，2015.

［6］马颖忆．中国边疆地区空间结构演变与跨境合作研究［D］．南京：南京师范大学，2015.

［7］佟薇．空间视域下的渤海国五京研究［D］．长春：东北师范大学，2017.

［8］仝野．基于 NoSQL 数据库的系统设计与开发［D］．南京：南京邮电大学，2018.

［9］赵里萌．中国东北地区辽金元城址的考古学研究［D］．长春：吉林大学，2019.

［10］王欣媛．高句丽"南进"研究［D］．长春：东北师范大学，2018.

［11］刘加明．渤海国"北进"研究［D］．长春：东北师范大学，2020.

［12］宋雪雅．渤海上京城第一宫殿及其附属建筑复原研究［D］.黑龙江：哈尔滨工业大学，2005.

［13］徐冉．渤海上京宫城第三、四宫殿复原研究［D］．黑龙江：哈尔滨工业大学，2007.

［14］孙志敏．渤海上京城内苑复原研究［D］．黑龙江：哈尔滨工业大学，2008.

［15］刘川．渤海上京城第二与第五宫殿复原研究［D］．黑龙江：哈尔滨工业大学，2008.

［16］李霞．渤海上京城城门复原研究［D］．黑龙江：哈尔滨工业大学，2008.

［17］郑元喆．高句丽山城研究［D］．长春：吉林大学，2010.

［18］崔庆君．基于开放百科的概念关系抽取技术研究与实现［D］．北京：北京航空航天大学，2012.

［19］李君婵．汉语文本中的时间、事件及其属性识别［D］．太原：山西大学，2013.

［20］陈磊．辽宁境内辽代墓葬分期研究［D］．大连：辽宁师范大学，2015.

［21］韩瑞昕．面向分布式的通用网络爬虫系统关键技术研究与实现［D］．北京：北京工业大学，2019.

［22］张笑文．基于知识图谱的 OCR 转换文本纠错方法研究与应用［D］．宁夏：北方民族大学，2019.

［23］张承宇．基于网络爬虫的 Web 组件自动化检测系统的设计与实现［D］．北京：北京邮电大学，2021.

［24］骆元鹏．基于 Cesium 框架的 3D WebGIS 空间叠置分析设计与实现［D］．徐州：中国矿业大学，2021.

四、外文文献

［1］［韩］民族文化促进会．韩国文集丛刊：影印圈点本［M］，韩国：景仁文化社，1990.

五、资源和数据平台

［1］国家文物局数据中心［EB/OL］．http：//www. cchicc. org. cn.

［2］中国历代人物传记资料库［DB/OL］．https：//projects. iq. harvard. edu/chinesecbdb.

［3］北京大学数字人文研究中心［DB/OL］．https：//pkudh. org/project.

［4］国家基础地理信息中心（NGCC）［EB/OL］．http//www. ngcc. cn/ngcc/html/1/391/392/16114. html.

［5］中国历史地理信息系统（CHGIS）［EB/OL］．https：//www. people. fas. harvard. edu/~chgis/.

［6］国际数字人文中心网络官网（Center Net）［EB/OL］．http：//dhcenternet. org/centers.

［7］中华文明之时空基础架构（CCTS）［DB/OL］．http//ccts. sinica. edu. tw/. intro. php？lang=zh-tw.

［8］复旦大学历史地理研究中心［EB/OL］．http：//yugong. fudan. edu. cn/views/.

［9］复旦大学丝绸之路地理信息系统［DB/OL］．http：//silkroad. fudan. edu. cn/project. html.

［10］汉典重光古籍数字化平台［DB/OL］．https：//wenyuan. aliyun. com/home.

［11］北京书同文 i—慧眼 OCR［DB/OL］．https：//dzcj. unihan. com. cn.

［12］中国科学院地理科学与资源研究所资源环境科学与数据中心［EB/OL］. https：//www. resdc. cn.

［13］MARKUS［DB/OL］. https：//dh. chinese-empires. eu/markus.

［14］中国历史地名查询系统［DB/OL］. https：//newarchive. ihp. sinica. edu. tw.

［15］智慧古籍平台：［DB/OL］. http：//csab. zju. edu. cn.

［16］籍合网古籍自动标点系统［DB/OL］. http：//ancientbooks. cn.

［17］古诗文断句［DB/OL］. https：//seg. shenshen. wiki.

［18］汉籍电子文献资料库［DB/OL］. http：//hanchi. ihp. sinica. edu. tw.

［19］吉林大学图书馆特色资源［DB/OL］. http//lib. jlu. edu. cn/portal/resource/tese/index. aspx.

［20］丝绸之路历史地理信息开放平台［DB/OL］. http：//www. srhgis. com/ptjj.

［21］腾讯地图 API［EB/OL］. https：//lbs. qq. com/.

［22］高德地图 API［EB/OL］. https：//lbs. amap. com/.

［23］天地图 API［EB/OL］. http：//lbs. tianditu. gov. cn/.

［24］结巴分词（jieba）［EB/OL］. https：//github. com/fxsjy/jieba.

［25］NLPIR 汉语分词系统［DB/OL］. http：//ictclas. nlpir. org/.

［26］Neo4j 平台［EB/OL］. https：//neo4j. com/.

［27］PKUSeg［EB/OL］. https：//github. com/lancopku/pkuseg-python.

［28］哈尔滨工业大学语言技术平台 LTP［DB/OL］. http：//ltp. ai/.

［29］Echarts 可视化示例［EB/OL］. https：//echarts. apache. org/examples/zh/index. html.

［30］北京龙泉寺古籍酷 AI 服务［DB/OL］. https：//ocr. gj. cool.

［31］佛学规范资料库［EB/OL］. https：//authority. dila. edu. tw/.

［32］吾与点古籍自动整理系统［DB/OL］. http：//wyd. kvlab. org.

［33］美国国会图书馆［DB/OL］. https：//www. loc. gov/books/.

［34］Dublin Core［EB/OL］. http：//dublin-core. org/.

［35］DDBC［DB/OL］. http：//authority. dila. edu. tw/docs/open_
content/download. php.

［36］HanLP［EB/OL］. http：//hanlp. com/.

［37］Papago［EB/OL］. https：//papago. naver. com/.

［38］大英图书馆［DB/OL］. https：//www. bl. uk/.

［39］东北亚历史资料中心［DB/OL］，http：//www. hflib. kr/.

［40］哈佛大学图书馆［EB/OL］. https：//curiosity. lib. harvard.
edu/chinese-rare-books/.

［41］KISS（Koreanstudies Information Service System）［DB/OL］.
https：//kiss. kstudy. com/index. asp.

［42］RISS（Research Information Sharing Service）［DB/OL］. ht-
tp：//www. riss. kr/index. do.

［43］Springer Link［DB/OL］. https：//link. springer. com.

［44］SRTM（Shuttle Radar Topography Mission）［EB/OL］. ht-
tps：//e4ftl01. cr. usgs. gov/.

［45］百度地图 API［EB/OL］. https：//lbsyun. baidu. com/.

［46］边疆会议项目［DB/OL］. http：//frontiers. loc. gov/intldl/mt-
fhtml/mfdigcol/.

［47］藏书阁［DB/OL］. http：//jsg. aks. ac. kr.

［48］美国国会图书馆［DB/OL］. https：//www. loc. gov/books/.

［49］哈佛大学古旧地图数据［DB/OL］. https：//curiosity. lib. har-
vard. edu/scanned-maps/.

［50］奎章阁［DB/OL］. http：//kyujanggak. snu. ac. kr.

［51］中华人民共和国民政部全国行政区划信息查询平台［DB/OL］. http：//xzqh. mca. gov. cn/map.

［52］维基文库［DB/OL］. https：//zh. wikisource. org/wiki/Wikisource：%E9%A6%96%E9%A1%B5.

［53］中国哲学书电子化计划（Chinese Text Project）［EB/OL］. https：//ctext. org/zh.

［54］哈佛燕京图书馆［DB/OL］. https：//library. harvard. edu/libraries/yenching/.

［55］藏族口述史项目［DB/OL］. https：//www. loc. gov/collections/tibetan-oral-history-project/.

［56］《朝鲜王朝实录》［DB/OL］. http：//sillok. history. go. kr.

［57］《承政院日记》［DB/OL］. https：//db. itkc. or. kr/dir/item？itemId＝ST#/dir/list？itemId＝ST&gubun＝book.

［58］日本东洋文库珍贵踏查文献系列［EB/OL］. http：//dsr. nii. ac. jp/toyobunko/sitemap/index. html. ja#class1.

［59］尊经阁［DB/OL］. https：//east. skku. edu.

［60］首尔大学图书馆［DB/OL］. https：//library. snu. ac. kr/.

［61］韩国公共数据门户［EB/OL］. https：//www. data. go. kr/ugs/selectPublicDataUseGuideView. do.

［62］韩国国史编纂委员会历史地理数据库［DB/OL］. http：//db. history. go. kr/hgis/.

［63］韩国历史信息综合系统［DB/OL］. http：//www. koreanhistory. or. kr/.

［64］韩国学资料中心［DB/OL］. http：//kostma. aks. ac. kr.

［65］韩国古典综合数据库［DB/OL］. https：//db. itkc. or. kr/.

［66］日本国立公文书馆数字馆［DB/OL］. https：//www. digital. archives. go. jp/.

［67］早稻田大学古籍库［DB/OL］. http：//www. wul. waseda. ac.
jp/kotenseki/advanced_search. html.

［68］东京大学东洋文化研究所［EB/OL］. http：//shanben. ioc. u-
tokyo. ac. jp/.

［69］日本国立公文书馆亚洲历史资料中心［DB/OL］. https：//
www. jacar. go. jp.

［70］东洋文库［DB/OL］. http：//www. toyo-bunko. or. jp/library3/
shozou/.

［71］ 宫 内 厅 书 陵 部 ［DB/OL］. http：//db. sido. keio. ac. jp/
kanseki/T_bib_search. php.

［72］京都大学人文科学研究所［DB/OL］. http：//edb. kulib. kyo-
to-u. ac. jp/exhibit/index. html.

［73］日本国立国会图书馆［DB/OL］. https：//www. ndl. go. jp/.

［74］日本综合学术信息数据库［DB/OL］. https：//ci. nii. ac. jp.

［75］日文研［DB/OL］. http：//www. nichibun. ac. jp/pc1/ja.

［76］京都大学人文科学研究所［DB/OL］. http：//edb. kulib. kyo-
to-. ac. jp/exhibit/index. html.

［77］中华人民共和国著作权法［M］. 中国新闻网［EB/OL］. ht-
tps：//www. chinanews. com. cn/gn/news/2010/02－26/2141928. shtml.

后　记

本研究起步较早。21 世纪初，我们都在延边大学，当时中国东北史的研究面临困境，而数字技术在国内方兴。那时，苗威是年轻的教授，执着于东北边疆史的研究；陈建红是朝气蓬勃的硕士，对数字技术表现出强烈的兴趣与动手能力。我们在文件存储与资料查询的过程中，围绕学术问题与解决问题的路径，开始探讨，并尝试合作。

2010 年，苗威在东北师范大学历史文化学院从事东北民族民俗的教学与科研，在中原地区做中学教师的陈建红专程来长春，我们继续探讨"历史+技术"。但事业与理想的分量，终究没有抵得过柴米油盐。我们合作完成的"东北研究所""东北工作站"的静态网页，在东师历史文化学院的官网上，"展览"了十年。

2018 年，经过审慎的思考与全方位的权衡，陈建红毅然辞去原来的教职，离别贤妻爱女幼子，只身回归大学，在苗威教授的指导下，攻读博士学位，研究目标保持初心，即通过数字技术，解决东北史中存在的问题。

也是在 2018 年，我们师徒二人正式着手建设以历史为主导、以技术为辅助的"数字人文实验室"。在山东大学的支持下，我们反复描画了十余年的设计图，有了实现的条件：安静独立、距离黄海不足百米的文海苑 A 座别墅，是宽阔的工作台，也是数字人文创新团队温暖的家。我们在这里开发了数字人文平台，并逐步建设起实验室。2021 年，数字人文实验室建设被列入山东大学工作要点，并入选为山东省 A 类文科实验室。实验室为研究工作的顺利推进和持续生长，提供了系统保障。

2022 年，陈建红完成了博士论文《东北古史研究的数字人文体系建构》。作为创新型研究，虽然我们师徒努力让表述更"历史"，但在外审环节，仍然非常紧张，因为从历史学的角度，毕竟有些出离。不过，评审专家给予高度认可，也更坚定了我们创新的决心。在博士论文的基础上，我们完成了本部书稿。

在一个新兴的交叉学科领域，从一粒种子到一棵小树，我们受到了太多的帮助与惠泽。在这一过程中，山东大学提供了所有适宜生长的条件。中国社会科学院中国边疆研究所邢广程研究员、范恩实研究员在我们起步之初，就将国家社科基金重大专项的子课题放心交给我们，这本小书的个别部分也是在做子课题时产生的灵感。我们团队的年轻人王一钒、吴雪松、李博等，为相关数据的标注与呈现贡献了智慧，丁绍通、于亦璇、吴贻、亓越、姜思彤核对了书稿，一并致谢。

当前沿、尖端的研究突破了单一学科的局限，"交叉学科"越来越多地得到了学界的重视。作为国家社科基金资助冷门"绝学"团队之一，我们所关注的"东北边疆古史谱系研究及数字人文平台建设"，既是传统与现代的融合，也是悠久历史与现代技术的结合。虽然在实践过程中存在各种困难与挑战，但基于传统的创新，给"冷门"学问带来了温度，也给绝学带来了复苏的力量。

对于交叉学科的探索，道阻且长。我们虽然很努力，但粗疏甚至错误在所难免，感谢包容，我们会一直努力。

苗威、陈建红
2023 年 8 月于山东大学数字人文实验室